中央高校基本科研业务费项目（B210207003）
国家社科基金一般项目（15BGL054）　资助

河海大学社科精品文库

基于流域生态系统管理的自然资源资产负债表编制与应用

Preparation and Application of Natural Resources Balance Sheet Based on Watershed Ecosystem Management

唐勇军◎著

中国财经出版传媒集团

经济科学出版社
Economic Science Press

图书在版编目（CIP）数据

基于流域生态系统管理的自然资源资产负债表编制与
应用／唐勇军著 . -- 北京：经济科学出版社，2023. 2
　 ISBN 978 - 7 - 5218 - 4573 - 0

Ⅰ . ①基…　Ⅱ . ①唐…　Ⅲ . ①自然资源 – 国有资产 –
资金平衡表 – 编制 – 研究 – 中国　Ⅳ . ①F231. 1

中国国家版本馆 CIP 数据核字（2023）第 031694 号

责任编辑：杜　鹏　常家凤　胡真子
责任校对：靳玉环
责任印制：邱　天

基于流域生态系统管理的自然资源资产负债表编制与应用
唐勇军◎著
经济科学出版社出版、发行　新华书店经销
社址：北京市海淀区阜成路甲 28 号　邮编：100142
总编部电话：010-88191441　发行部电话：010-88191522
网址：www. esp. com. cn
电子邮箱：esp_bj@ 163. com
天猫网店：经济科学出版社旗舰店
网址：http：//jjkxcbs. tmall. com
固安华明印业有限公司印装
787 × 1092　16 开　15. 25 印张　320000 字
2023 年 2 月第 1 版　2023 年 2 月第 1 次印刷
ISBN 978 - 7 - 5218 - 4573 - 0　定价：98. 00 元

序

改革开放以来，社会经济迅速发展所带来的资源消耗、环境破坏、生态失衡等严峻问题与日俱增，而国民经济核算体系（SNA）更多是关注经济增速及产值，没有考虑到自然资源高效率利用、经济与环境的和谐发展，这阻碍了我国的生态文明建设。"探索编制自然资源资产负债表"不仅对推动我国实施生态文明建设具有里程碑的意义，还能完善中国传统的国民经济核算体系。

党的十八届三中全会以来，我国正式开始了对自然资源资产负债表编制的探索工作，全面披露具有生态功能的自然资源存量和流量情况，客观评估自然资源的利用效率及环境损害率，不仅提高了公众的自然资源环境保护意识，而且加快了我国生态文明建设的步伐。自然资源资产负债表编制中的理论创新和实践探索已成为当务之急，如何界定自然资源的核算范围、明确其理论依据、构建自然资源的核算框架和推广编制经验等成为了学术界的热点话题。资源科学、统计学和会计学等学科的相关学者纷纷展开了对自然资源资产负债表的深入探索，不断推进自然资源资产负债表的编制。2015 年，国务院发布的《编制自然资源资产负债表试点方案》中指出，在内蒙古自治区等地先行推进编制工作。地方各级人民政府、统计局等在各地也进行了许多实践探索。自 2017 年以来，国家统计局在全国各地试点基础上，出台了《自然资源资产负债表编制制度（试行）》全国版本，多省也在实践的基础上印发了本省的版本，为实践提供了指导。2019 年 4 月，中共中央办公厅、国务院办公厅颁布了《关于统筹推进自然资源资产产权制度改革的指导意见》，再次强调了"建立自然资源资产核算评价制度，开展实物量统计，探索价值量核算，编制自然资源资产负债表，建立自然资源动态监测制度，及时跟踪掌握各类自然资源变化情况"相关探索的重要性。总体上，我国在自然资源资产负债表编制的制度、理论和实践方面取得了诸多成绩与经验。但是，自然资源资产负债表的推进工作在领导方式、管理模式、产权制度等方面仍存在较大阻碍，在编制主体、编制方法、要素确认等方面的争议也有待进一步的探讨，研究一套合适的推进机制是亟须完成的任务。

正因为如此，为更好地助力与推广自然资源资产负债表的实际应用，揭开当下相关的研究谜团，对其展开进一步的研究与探讨就显得非常重要。本书聚焦流域生态系统管理，系统研究自然资源资产负债表的编制与应用，既可以探讨自然资源资产负债表编制中的一般性问题（如自然资源资产负债表价值化编制的理论和方法），也可以结合流域管理、生态补偿等制度安排和流域自然资源属性探讨流域自然资源资产负债表的一些特殊问题。一方面，流域面临着水域环境污染、生态破坏的局面，生态环境的需求与供给的不匹配导致开发与保护之间的矛盾日益突出；另一方面，流域资源富集，不仅具有丰富的水资源，还有数量众多的森林、土地等资源，生态保护任务繁重。可见，流域本身就是一个富有自然资源的生态系统，为探索自然资源资产负债表提供了有利的研究场景。国家有关部门和机构对于流域内自然资源的管理和核算已经进行了一些有益尝试，水利部也对水资源资产负债表进行了试编。本书在借鉴和总结现有的理论和实践经验的基础上，系统地研究流域自然资源资产负债表编制的相关理论、编制方法及其应用。

本书的主要内容可以总结为以下五个方面：第一，从流域视角，以生态系统理论和产权理论为理论基础，运用会计学、统计学、生态学等多学科的理论和方法，比较我国自然资源资产负债表编制的不同典型模式的特征和内容，归纳总结我国制度文化特征下自然资源资产负债表试编经验。第二，通过对我国太湖流域进行调研和分析，揭示了我国流域地区自然资源资产负债表编制的现状并指出亟待解决的问题。第三，借鉴国际经验构建了我国自然资源编制的理论框架，并据此设计了会计核算账户体系。第四，从流域和行业两个方面形成自然资源账户表式，并将多层次多重价值的自然资源框架在太湖流域地区进行了试编应用，旨在为流域地区的自然资源资产负债表编制提供一套可操作的指南，为相关管理机构的自然资源监管决策和持续开发提供借鉴。第五，对我国流域自然资源资产负债表编制的推进机制和应用展开研究，构建了推进自然资源资产负债表编制和应用的协同机制及实施路径。

本书的出版与发行，具有以下几个方面的重要意义。第一，本书对自然资源资产负债表编制的理论基础、与国民经济核算体系衔接等内容的研究，既是绿色 GDP 的重要组成内容，也是对绿色 GDP 核算体系的有益补充，可以拓展与丰富宏观环境会计的内容与范围。第二，本书提出了多层次多重价值的流域自然资源资产负债表编制的综合框架体系，从流域视角对自然资源资产负债表编制进行了系统性研究，有助于加快我国流域自然资源资产负债表编制工作的步伐。第三，本书创新性地构建了"三位一体"的领导干部自然资源资产负债表离任审计的理论框架，即由我国的审计机关、内审机构和注册会计师分别采取专门的审计程序与方法，对自然资源资产等活动进行监督、评价和鉴证，为树立绿色生态绩效考核观提供了可行的逻辑借鉴。第四，本书注重自然资源资产负债表的应用研究，以太湖流域为例，在统计相关数据的基础上编制了太湖具体资源类型的资产负债表，分析了太湖流域自然资源的使用状况，有助于太湖流域自然资源的规划、开发、管理和利用。第五，为加强跨学科、跨领域研究，强化部门间的交叉合作，本书建立了推进流域自然资源资产负债表编制的协同机制，在分析自然资源资产负债编制和应用的外部条件以及内在需求的基础上，构建了包括顶层设计、制度协调、技术协调和监督协调的协同保障体系，并探索了实施和落实协同机制的路径。

这本书的思路和作者本人的行事风格非常相似，思维缜密，全局感强。研究方法别出心裁，科学可行。作者对流域管理机构和水利部门相关人员开展实地访谈、问卷调查，对流域地区自然资源核算及负债表编制中存在的难题和相关需求进行了细致全面的调查，应用意愿价值评估法对流域自然资源附加价值进行估算并纳入自然资源资产负债表，提高了自然资源商品价值、生态价值和文化价值核算的准确性，同时在自然资源资产负债表的编制和应用中采用生态学动态系统管理方法、会计学报表编制平衡方法和流域生态系统观等多学科方法，建立了一套适合我国的流域自然资源资产负债表编制方案，提高了成果的应用性。

"建设生态文明是中华民族永续发展的千年大计"在党的十九大报告中被提出，"绿水青山就是金山银山"被写入党章，如今生态文明建设越来越受到关注及重视。自然资源作为经济社会发展的物质基础、生态产品的主要来源和生态文明建设的主战场，重要性逐渐得到人们的重视。对自然资源进行科学的管理与保护，不仅是维护改革发展稳定大局的需要，而且是实现经济社会全面协调可持续发展新常态的重要任务。可以预期，随着中国社会经济的发展，自然资源保护事业也会进入新的阶段。现实的生态环保需求必将推动自然资源资产负债表研究的不断深入，希望这本《基于流域生态系统管理的自然资源资产负债表编制与应用》能够起到抛砖引玉的作用，使自然资源资产负债表相关会计研究的成果得到更为广泛的传播与应用。最后，我衷心地期望这一研究领域能在不久的未来产出更加丰硕的成果。

周守华教授

中国会计学会常务副秘书长

2023 年 1 月 10 日

前　言

四十多年来，我国经济长期保持高速发展，取得举世瞩目的成就，然而经济活动对自然资源的过度使用或消耗引致的环境问题使得人们陷入沉思。2003 年由环境污染和生态破坏造成的损失已占 GDP 的 15%，超过了经济增长占比（9%）。[①] 党中央非常重视发展与环保的关系，将环境保护和生态文明建设上升到国家战略，不走工业化国家"先污染后治理"的老路，坚持从经济发展与环境保护两个方面同时发力，相向而行。由此，党的十七大和党的十八大相继提出"两型社会"建设和"生态文明"发展战略，为国家生态文明建设顶层设计和方针政策定下基调并指明方向。党的十九大报告和党的十九届四中全会都进一步强调"建设生态文明是中华民族永续发展的千年大计"，提出要践行"绿水青山就是金山银山"的理念，并致力于将生态文明建设的思想融入经济建设、政治建设、文化建设、社会建设各方面和全过程。

为了把生态文明建设思想和"两山理论"的理念转化为实践行动，党的十八届三中全会提出"探索编制自然资源资产负债表，对领导干部实行自然资源资产离任审计"的任务要求。自此以后，我国兴起了自然资源资产负债表编制的相关理论研究和应用实践探索的热潮。2015 年 11 月，国务院办公厅印发了《编制自然资源资产负债表试点方案》，并在内蒙古自治区呼伦贝尔市、浙江省湖州市等地开展编制自然资源资产负债表试点，推进了自然资源资产负债表的编制工作。通过编制自然资源资产负债表，可以反映出自然资源的存量和流量的动态变化情况，有利于规范人们合理开发和使用自然资源，有序地调控和管理自然资源。

为此，本书选择从流域视角着眼，以生态系统理论和产权理论为基本理论，运用会计学、统计学、生态学等多学科的理论和方法，比较我国自然资源资产负债表编制的不同典型模式的特征和内容，归纳总结我国制度文化特征下自然资源资产负债表试编经验；通过对我国太湖流域地区进行调研和分析，掌握了我国流域地区自然资源资产负债

[①] 解振华：我国新时期环境保护 [EB/OL]. https://www.cas.cn/zt/jzt/ltzt/zgkxyrwlt/dwdy/200512/t200512062670918.shtml.

表编制的现状并指出尚存在的问题；融合 SEEA 综合框架思想和 NAMEA 框架体系等思想构建我国自然资源编制的理论框架，并据此设计了相关账户体系；从流域和行业两个方面形成自然资源账户表式，并将多层次多重价值的自然资源框架在太湖流域地区进行了试编，提供了太湖流域的自然资源的管理和生态资本的详细情况，旨在为我国流域地区自然资源资产负债表编制提供一套可操作的指南，为流域自然资源管理机构的自然资源决策和持续开发利用提供借鉴；对我国流域自然资源资产负债表编制的推进机制和应用展开研究，在此基础上进一步分析了在政府绩效考核中纳入自然资源状态考察的考核评价模式和方式，以及衍生出的领导干部自然资源资产负债表离任审计的程序、方法和路径研究，并从行为视角对水资源的自然资源资产负债表离任审计进行了探讨；最后，本书构建了推进自然资源资产负债表编制和应用的协同机制并分析了具体实施路径。

总之，本书以流域为载体，从理论和实际意义出发，建立了一套符合我国实情的自然资源资产负债表的编制理论和方法体系，并设计了我国流域自然资源的账户表式，既可以丰富我国环境会计的理论体系、扩展环境会计核算的范围，也可以完善我国国民经济核算理论，还可以为我国经济发展转型、政府绿色绩效考核提供有益参考。

本书是国家社科基金一般项目"基于流域生态系统管理的自然资源资产负债表编制与应用研究"（批准号：15BGL054）和河海大学中央高校基本科研业务费项目"多层次、多重价值的流域自然资源资产负债表编制体系及应用研究"（批准号：B210207003）的阶段性研究成果。由于流域自然资源资产负债表编制涉及会计学、统计学、生态学等多学科方法和多部门工作，较为复杂，且目前也不存在可以借鉴的较为成熟的方法体系。鉴于 2019 年底新冠疫情对自然资源资产价值确认、计量工作带来的影响与波动，本书未再对最近的数据进行更新。当然，以上的种种原因并不能减轻文责，书中存在的不当和谬误之处，恳请读者多提宝贵意见，鞭策作者在后续研究中纠错除弊和不断完善。

作者

2022 年 12 月 15 日

目　录

第1章 绪　论

1.1　研究背景

现阶段，人类面临着一个共同的非常棘手的问题——生态环境问题，这个问题既缘于人类社会经济活动发展与生态环境之间的矛盾，又缘于制度层面的欠缺（方世南和张伟平，2004）。改革开放以来，我国经济保持中高速增长，经济总量和规模不断扩大，现已稳居世界第二位。然而，以高投入、高污染、高能耗为主要特征的传统经济发展模式，使得环境被严重污染、资源过多消耗和流域生态系统的退化越发明显，突出表现为水环境污染、雾霾、高碳排放等环境事件频频发生。据统计，我国环境污染成本约占实际国内生产总值的十分之一，与经济欠发达地区相比，经济发达地区的环境污染成本明显偏高（杨继生等，2013）。环境库兹涅茨曲线告诉我们，环境状况会随着经济发展不断恶化，直到污染程度上升到顶点后，环境状况才会逐渐改善。然而，我国经济发展不能再走西方国家经济发展"先污染后治理"的老路。那么，如何协调资源、经济、环境和社会发展的关系成为我国政府尤为关心的一个话题。

党中央非常重视经济转型和环境保护问题，党的十六届五中全会明确提出"建设资源节约型、环境友好型"两型社会，党的十七大报告首次倡导"建设生态文明"的目标，发展循环经济，优化调整产业结构，转变经济增长方式。党的十八大报告进一步将生态文明列为国家重点战略，将其放在突出的地位，融入"五位一体"总体布局，加快绿色发展、循环发展和低碳发展，将建设美丽中国作为奋斗目标，实现可持续发展。为推进生态文明建设，党的十九大报告和党的十九届四中全会都提出"建设生态文明是中华民族永续发展的千年大计"，强调"绿水青山就是金山银山"的发展理念，将节约资源和保护环境作为基本国策，致力于建设美丽中国，实现"生产发展、生活富裕、生态良好"的发展蓝图。

为把国家生态文明建设的国家战略和"两山理论"落到实处，党的十八届三中全会通过的《中共中央关于全面深化改革若干重大问题的决定》（以下简称《决定》）提出"探索编制自然资源资产负债表，对领导干部实行自然资源资产离任审计"，开启了我国对自然资源资产负债表的理论研究和实践探索工作。为推动我国自然资源资产负债表实践工作的发展，2015年9月，中共中央、国务院印发了《生态文明体制改革总体方案》，提出"要编写自然资源资产负债表编制指南"。同年11月，国务院办公厅印发了《编制自然资源资产负债表试点方案》（以下简称《方案》），并在内蒙古自治区呼伦贝尔市、浙江省湖州市、湖南省娄底市、贵州省赤水市、陕西省延安市从国家层面开展编制自然资源资产负债表试点工作。各省各级政府、统计局等在各地也进行了许多实践探索。在总结试点经验、征求有关部门和各省意见基础上，国家统计局会同国务院有关部门联合制定了《自然资源资产负债表编制制度（试行）》，于2018年12月印发。多个省份也在实践的基础上自行制定了编制制度，为实践提供了指导。2019年4月，中共中央办公厅、国务院办公厅颁布了《关于统筹推进自然资源资产产权制度改革的指导意见》，再次强调了"研究建立自然资源资产核算评价制度，开展实物量统计，探索价值量核算，编制自然资源资产负债表；建立自然资源动态监测制度，及时跟踪掌握各类自然资源变化情况"，表明我国自然资源资产负债表的编制和试点工作进入了新的阶段。总体上，我国在自然资源资产负债表编制的制度、理论和实践方面取得了显著的成绩。不过，在自然资源资产负债表的编制主体、编制方法、要素确认等方面仍存在许多争议，需要进一步探讨。

基于流域来研究自然资源资产负债表是一条可行的探索之道，既可以探讨自然资源资产负债表编制中的一般性问题（如自然资源资产负债表价值化编制的理论和方法），也可以结合流域管理、生态补偿等制度安排和流域自然资源属性探讨流域自然资源资产负债表的一些特殊问题。一方面，流域面临着水域环境污染、生态破坏严重的局面，生态环境的需求与供给的不匹配导致开发与保护之间的矛盾日益突出，由此，习近平总书记在2018年4月召开的深入推动长江经济带发展座谈会上指出"长江病了，而且病得还不轻"[①]；另一方面，流域资源富集，不仅具有丰富的水资源，而且还有数量众多的森林、土地等资源，生态保护任务繁重。可见，流域本身就是一个富有自然资源的生态系统。国家有关部门和机构对于流域内自然资源的管理和核算进行了一些有益尝试，水利部也对水资源资产负债表进行了试编。本书在借鉴和总结现有理论与实践经验的基础上，系统地研究流域自然资源资产负债表编制的相关理论、编制方法及其应用。

---

① 习近平系列重要讲话数据库. 习近平在深入推动长江经济带发展座谈会上的讲话 [EB/OL]. http：//jhsjk. people. cn/article/30056137.

1.2 研究目的与意义

1.2.1 研究目的

（1）通过理论研究和实践调研，系统地总结出我国流域自然资源资产负债表编制的理论和方法体系，建立一套适用于我国流域的自然资源账户方案，包括自然资源资产负债表编制的综合分析框架和实践中应用的账户表格设置。

（2）利用调研获得的有关太湖流域自然资源状况的数据，探索编制嵌入流域生态系统观的自然资源资产负债表；在对太湖流域进行了自然资源资产负债表现状以及编制理论和方法调研的基础上，取得相关数据，进行分析，并设置了多重价值的动静结合的自然资源资产负债表范式。

（3）为了探索流域自然资源资产负债表编制的应用性问题，作者研究了流域自然资源资产负债表在政府绩效评价中的应用效果和领导干部自然资源资产离任审计的应用分析。

1.2.2 研究意义

研究的理论意义有：（1）完善我国国民经济核算体系和理论。国民经济核算体系和制度需要引入资源、环境因素，已经成为理论界和实践界的共识。本书对自然资源资产负债表编制的理论基础、与国民经济核算体系衔接等内容的研究，既是绿色国内生产总值（Gross Domestic Product，GDP）的重要组成内容，也是对绿色 GDP 核算体系的有益补充。（2）创新我国环境会计的理论和核算体系。自然资源核算及资产负债表编制属于宏观环境会计范畴。宏观环境会计核算是一项有利于评价国民经济发展水平的工作，能帮助我们客观科学地了解资源环境耗减的状况（杨世忠和曹梅梅，2010）。本书的研究还丰富了环境会计的研究内容，对自然资源核算、自然资源资产和负债要素确认等方面的研究，可以丰富环境会计内容，拓展了其研究范围。

研究的实践意义有：（1）探索一套适用于我国流域地区的自然资源资产负债表编制方法和体系，一是可以摸清我国流域地区自然资源"家底"；二是可以反映流域自然资源的使用与变化情况；三是可以为我国流域区域联动机制管理、自然资源产权制度提供支撑，也为在全国范围推广自然资源资产负债表的编制工作提供参考。以太湖流域为例，统计分析收集的相关数据，编制具体资源类型的资产负债表，可为不同区域、不同主体编制自然资源资产负债表提供参考和借鉴；同时，运用相关的数据分析太湖流域自然资源的使用状况，了解目前太湖流域自然资源的存量和流量，有助于太湖流域自然资源的规划、开发、管理和利用，为太湖流域的自然资源管理建言献策。（2）编制和应用自然资源资产负债表为我国经济发展道路转型、不走西方的"先发展后治理"老路提供支撑，也为政府转变观念和树立绿色生态绩效考核观提供了可行路径。应用领导干部离任审计制度，构建评价体系，真正做到有据可循的考察体系。（3）从领导模式、制度层面、监管机制和人才培养与公众参与四个层面构建流域资产负债表推进机制，加快推动我国流域自然资源资产负债表编制工作的步伐。

1.3　研究综述

自然资源资产负债表的编制源于国民经济核算将自然资源纳入核算的过程，形成于对自然资源核算的制度创新和实践的过程。国内外的研究大致经历了三个阶段，包括国民经济和环境综合核算阶段、自然资源核算和自然资源资产负债表编制提出阶段、自然资源资产负债表编制理论和方法的发展阶段。

1.3.1　国民经济核算和综合环境经济核算

国民经济核算是对一个国家或地区的生产、分配、交换、消费所进行的计量，方便不同国家或地区间的国民收入和消费的比较。国民经济核算体系（System of National Accounts，SNA）主要是通过一系列的指标，从实物量到价值量，从存量到流量，从投入到产出，从费用到收益，对社会再生产的循环过程加以量化的描述与分析（高敏雪，2005）。早在1933年以前，美国政府就开始对"国民收入"进行核算，只不过那时"国民收入"是借助在美国经济发展中居于重要地位的公司的"全部账面收入"来估算的。美国于1929年爆发的经济大危机凸显了宏观经济信息匮乏所带来的弊端。由此，美国参议院决定正式开展国民收入统计工作，商务部下属的国内外商务局聘任库兹涅茨负责指导实施这项研究工作。库兹涅茨（Kuznets）指导完成的《国民收入报告（1929—1932)》，首次对全美国民收入进行了估算，清楚地表明美国国民收入从1929年的810亿美元左右下降到1932年的490亿美元左右。

此后，美国商务部开始真正实行专人负责每年统计和发布国民收入数据的制度。米尔顿·吉尔伯特（Milton Gilbert，1942）在分析战争开支对美国经济的影响时，论证了国民生产总值（Gross National Product，GNP）指标相对于国民收入指标所具有的优势，对 1929～1941 年的年度 GNP 作了初步估算。1947 年，美国商务部总结和综合了国民收入和产出的各种核算方法，构建了一个以 GNP 为核心的、具有内在联系的账户体系，即国民收入和生产账户（National Income and Product Accounts，NIPAs），并首次对 1929～1946 年各个年份的 NIPAs 做了估算。

英国经济学家理查德·斯通（Richard Stone）对国民收入后期定义的形成和发展做出重大贡献。他和米德（Meade）合作发表了《国民收入和支出》一书，系统深入地研究了国民经济核算的原理和方法，开创了国民经济核算研究的先河。1947 年，他撰写了有关统计方法研究的"国民收入和相关总量的定义与计算"联合国分会报告，为联合国研究和建立标准化国民核算体系奠定了基础。1953 年，联合国秘书长指定的专家小组在纽约召开会议，颁布了名为《国民经济核算体系及其辅助表》的联合国报告，标志着标准化国民核算体系正式诞生。SNA 包括 6 个标准账户和 12 个标准的辅助表。其中，6 个标准账户是对企业、住户和私人非营利性机构这 3 个基本的机构部门以及一般政府的生产账户、支出账户、资本调节账户、对外交易账户进行编排和合并，因而可以说它们中的每一个都涉及一个常见而重要的经济总量；12 个辅助表列示了上述标准账户中的详细流量和替代分类。世界银行在 1978 年发布的世界发展报告中，率先引入 GDP 指标对各国经济总量进行横向比较（戴雪梅，2001）。此后，许多国家在国民经济核算的实践中引入 GDP 指标。以 GNP 或 GDP 为核心的传统国民核算体系，在为各国政府提供宏观经济信息进行经济决策以及各国经济对比方面发挥了重要作用。因此，经济学大师凯恩斯（Keynes）对 GDP 核算指标推崇有加，将国民收入核算视为经济学研究的核心，特别是在第二次世界大战后全球经济普遍复苏的背景之下，GDP 在衡量一个国家经济社会是否真正进步上发挥着重要作用（Heinz D. Kuzz et al.，1997）。

由于传统的国民经济核算侧重经济效率的衡量与核算，广受人们的诟病。1968 年 3 月，罗伯特·弗朗西斯·肯尼迪（Robert Francis Kennedy）在竞选总统的公开演讲中猛烈抨击了美国的 GNP 崇拜现象，一针见血地指出："它没有考虑孩子们是否健康、快乐，是否得到了良好的教育；它不考虑诗歌是否优美，婚姻是否美满，辩论是否明智，官员是否廉正；它不衡量人们的勇气、智慧、知识、学问和爱国热情。简而言之，GNP 衡量一切，但那些使我们的生活有价值、有意义的东西除外。"诺德豪斯和托宾（Nordhaus and Tobin，1973）主张应将休闲、地下经济、非市场的生产成果、政府服务的价值等纳入核算体系，提出通过计算"经济福利指标"（measure of economic welfare，MEW）对 GNP 或 GDP 进行修正，该指标在数值上等于 GDP 减去污染造成的损害，同时删除无益的产品如国防成本。达利和柯布（Daly and Cobb，1989）进一步提出"可持续经济福利"的概念，认为在计算 GDP 时应考虑社会因素所造成的成本损失，其不能算作对经济的贡献。卢佩托等（Rober Repeto et al.，1989）认为有必要计算净国内生产值指标，考虑自然资源的耗损与经济增长之间的关系，并以印度尼西亚为例计算的 GDP 结果表明扣除了自然资源损耗的损失之后 GDP 下降了 2.3 个百分点。此后，联合国、国际货币基金组织、经济合作与发展组织、世界银行等国际组织加强合作，研究界定资源环境核算的概念，于 1993 年首次推出了与 SNA 相一致的"综合环境与经济核算体系"（System of Integrated Environmental and Economic Accounting，SEEA）。在各国实践的基础上，联合国不断对 SEEA1993 进行完善，先后推出了 SEEA2000 和 SEEA2003，为进一步规范各国绿色国民经济核算体系提供了可靠指南和保障（高敏雪，2005）。SEEA2000 和 SEEA2003 报告提出了生态国内产出（environment domestic products，EDP）的概念，即现在常常被学者们称为绿色国内生产总值（greened gross domestic product），其核算简称绿色"GDP"核算。荷兰统计局的克宁（Keuning，1998）与其合作者设计出"包括环境账户的国民经济核算矩阵体系"（National Accounting Matrix including Environmental Accounts，NAMEA）。NAMEA 体系将排放物、全球环境议题和国家环境议题三个环境账户纳入国民经济核算体系内，采用社会核算矩阵（Social Accounting Matrix，SAM）进行实物核算，以反映经济对环境影响的度量。在多年研究和综合权衡的基础上，联合国在 SEEA2003 中将 NAMEA 核算体系及方法纳入进来，并正式向所有会员推出。修订的 SEEA2012 进一步完善了环境资源的核算，建立了涵盖各种自然资源与环境卫星账户（satellite accounts）核算体系。

国民经济核算在 20 世纪 90 年代开始传入中国。国内学者对其进行了大量的研究，主要有介绍国外国民经济核算体系和经验的研究（杨多贵和周志田，2005；王德发，2004；朱启贵，2006；马梦挺，2019）、关于我国绿色 GDP 与绿色社会核算矩阵的研究（李金华，2008；雷明和李方，2006；岳文淙和徐琳瑜，2008；郭志等，2013）以及关于行业的环境经济核算研究。其中，关于环境会计与国民经济核算的研究有：关于行业的环境经济核算研究（张长江等，2009）。谢诗芬（2004）提出公允价值计量是我国引入绿色 GDP 理念的前提。杨世忠和曹梅梅（2010）构建了一个宏观环境会计核算框架，旨在反映国家或地方资源环境状况、剔除资源环境因素对经济发展的影响。唐德才等（2018）建立了扩展型 2012 年绿色社会核算矩阵（SAM），以此为基础进行了乘数分析，并将资源与环境账户加入传统社会核算矩阵中，为后续研究提供了基础。此外，2004~2006 年，国家环境保护总局和世界银行联合启动"建立中国绿色国民核算体系研究"项目，完成了《中国绿色国民经济核算研究报告 2004》，以切实推进绿色国民经济核算体系在中国的应用进程（国家环境保护总局等，2006）。

1.3.2　自然资源核算和自然资源资产负债表编制提出

戈勒（Golley，1990）提出可持续发展"生态论"。博伊德和班茨哈夫（Boyd and Banzhoff，2007）提出了类似看法，认为必须把自然资源的生态服务系统纳入考量，构建绿色 GDP 核算体系。康世坦等（Costanza et al.，1997）对全球的生态系统服务进行了核算并得出结果，之后将全球的 GDP 与之进行了比较分析。斯托纳姆（Stoneham，2012）等通过计算生态系统交易对 GDP 的贡献值，在环境经济综合核算体系内探索构建了一个实物环境资产账户。国民经济核算将环境影响纳入核算思路中形成了两种表现形式，即环境综合国民核算和绿色 GDP，两者都离不开如何将自然资源进行计量和并入核算体系。

由此，各国都对自然资源核算的实践进行了相关探索。挪威是世界上第一个研究自然资源计量的国家，1981 年其公布了"自然资源核算"数据。经过对能源、鱼类、森林、土地、矿产资源连续六年的探索研究，挪威发布了"挪威自然资源核算"的研究报告，构建了包含实物资源和环境资源的自然资源账户核算体系（Knut Alfsen et al.，1987）。1985 年，芬兰结合国情，在 NAMEA 体系基础上进行新的探索，建立了新的自然资源核算框架，包含森林资源、环境保护支出和大气污染排放等项目。美国亨利·佩斯金（Henry Peskin，1998）教授创立"环境与自然资源核算计划"项目（environmental and natural resources accounting project，ENRAP），应用于菲律宾自然资源核算实践（Peskin，1998）。同期，在联合国 SEEA 框架体系下，无论是像美国、德国、加拿大、韩国等发达国家，还是像墨西哥、泰国等发展中国家，都逐步进行了自然资源环境核算的探索和实践。

从 20 世纪八九十年代起，我国统计、国土、林业、草原、水利等部门陆续对自然资源开展了统计和分类核算。2001 年，国家统计局开展了自然资源核算工作，重点试编土地、矿产、森林、水四种"全国自然资源实物表"（齐援军，2004）。有学者对环境自然资源核算的一些基本理论问题进行了研究（杨缅昆，2006）。王永瑜（2009）探讨得出 SEEA2003 所推荐的三种资源租金的核算方法中，两种"间接"推算法存在理论缺陷，并进行了论证分析和实证检验。王立彦（1998）探讨了环境成本核算、环境成本追踪、分配和管理等问题。吴新民和潘根兴（2003）以池州国家生态经济示范区为例，计算得出了自然资源交换价值、生态效益价值、自然资源资本价值。张宏亮（2007）探讨了自然资源耗减的估价方法及其应用问题。吴荷青（2009）以石油天然气企业为例，分析了现行资源耗减成本的构成和现行的会计核算办法，对资源耗减成本核算模式进行了改进。

为推进我国生态文明建设的重大国家战略的实施，坚持绿色发展道路，做好节约资源和保护环境，党的十八届三中全会通过的《决定》正式提出"探索编制自然资源资产负债表，对领导干部实行自然资源资产离任审计"。这是国家从重大方针政策的角度确认编制自然资源资产负债表的重要性，也是我国制度方面的重大创新。

1.3.3 自然资源资产负债表编制的理论和方法的发展

自 2015 年以来，我国在自然资源方面的理论研究显著增多，主要包括：自然资源资产负债表的编制目的和主体研究（耿建新等，2017；张卫民和李辰颖，2019；向书坚和朱贺，2017），基本概念和关键问题研究（陈艳利等，2015；吕晓敏等，2020），会计要素确认（耿建新和唐洁珑，2016；向书坚和郑瑞坤，2015），编制框架研究（封志明等，2014；黄溶冰和赵谦，2015；何利等，2019；沈镭等，2018），表格设计研究（耿建新，2014；杨艳昭等，2017；耿建新等，2017；唐勇军和张鹭鹭，2020），自然资源资产负债表离任审计研究（蔡春和毕铭悦，2014；唐勇军和杨璐，2016；黄溶冰，2016；郭旭，2017）。上述成果为本书研究奠定了基础并提供了可以借鉴的经验。

为全面了解我国近年来的研究进展，作者在中国知网（CNKI）期刊数据库中以"自然资源资产负债表"为主题和关键词，检索 2013～2019 年的核心期刊，并手动剔除重复文献，共得到 333 篇自然资源资产负债表相关高质量文献。然后作者运用信息可视化软件 UCINET 6 对以上文献关键词绘制共现图谱，以分析自然资源资产负债表的研究趋势。

运用 UNICET 6 分析主题和关键词（频次大于等于 8），生成的关键词共现网络如图 1-1 所示。

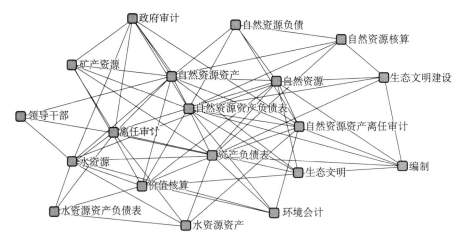

图 1-1 自然资源资产负债表研究相关热门话题

通过图 1-1 我们大致可以得出与自然资源资产负债表有关的研究热点的排名情况，自然资源资产作为主题或关键词的研究最多，表明自然资源资产及价值确认的重要性，其次为自然资源、资产负债表、离任审计等。此外，与自然资源资产负债表的应用有关的生态文明建设和政府审计也是研究的热门话题。具体研究领域排名情况见表 1 – 1。

表 1 – 1　　　　　　　　自然资源资产负债表编制相关的热门话题

排名	关键词
1	自然资源资产
2	自然资源
3	资产负债表
4	离任审计
5	水资源
6	编制
7	价值核算
8	生态文明
9	政府审计

图 1 – 2 显示了各热门话题联系的紧密程度和相互关系。将知识网络中心结构（K-cores）与知识网络中心度（Centrality-Degree）相互结合进行分析，可以评价自然资源资产负债表研究方向的联系紧密程度。应用 K-cores 分析时，某节点的 K 值越大，在网络图中就处于更加核心的位置，K 值较高的节点在网络图中以方块标识，有自然资源资产负债表、自然资源、资产负债表、编制、自然资源核算、自然资源资产、自然资源资产离任审计、水资源、矿产资产、价值核算。应用知识网络中心度分析时，根据关键词共现次数赋予节点要素值，该值越大，知识网络节点之间的连线就越多，关键词之间的联系程度也就更为紧密，从而说明其为热点研究领域，在网络图中呈现出更大的面积。

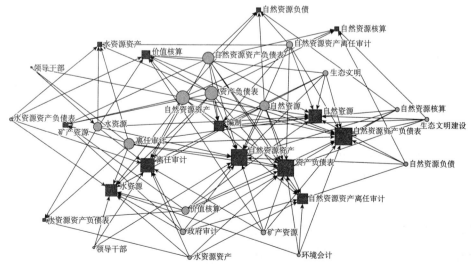

图 1 – 2　自然资源资产负债表研究相关话题的关系

1.3.4 研究评述

综上所述，自然资源资产负债表的编制和应用是我国的一项制度创新，从国内的研究来看，大致经历了国民经济和环境综合核算、自然资源核算和自然资源资产负债表编制提出、自然资源资产负债表编制的理论和方法发展三个阶段。国外较少综合编制自然资源资产负债表，通常是将自然资源纳入国民经济核算中形成环境经济的综合核算分析框架，或者从某类资源编制核算报表，如澳大利亚的水资源核算和报表编制（汪劲松和石薇，2019；陈波和杨世忠，2015）。而同期国内开始编制独立的自然资源资产负债表，并从理论上进行了许多探讨，实践上进行了许多试编工作。这些理论和实践经验为本书研究提供了许多借鉴。然而，编制自然资源资产负债表是一项系统工作，在一些关键问题、负债确认、自然资源价值化编制和框架体系等方面缺乏共识和统一。相关研究存在的局限概括起来有以下几点。

（1）缺乏基础理论的系统性研究。

已有的大多数关于国民经济核算的研究，要么没有将自然资源纳入核算范围，要么是作为成本纳入核算。自然资源资产价值基础理论研究争议较大，尚未达成一致的结论。缺乏自然资源资产负债表编制目的、编制主体、要素确认等系统性研究。鲜有研究去探讨自然资源资产负债表与国民经济核算及国家资产负债表的关系、从自然资源属性和自然资源产权结构来考虑自然资源资产负债表的编制。

（2）较少有研究基于生态系统和产权分层双重理论研究自然资源资产负债表编制。

目前国内外对自然资源核算和报告进行了一些探索，然而这些尝试常常是分行业的实践和总结，比如森林资源、土地资源、水资源核算以及报告编制。从生态系统观和自然资源产权层次双重理论来构建流域自然资源资产负债表编制框架，各行业的自然资源往往相互影响，形成自然资源的生态系统，以系统观整体反映自然资源的存量、流量、物质量和价值量比分行业反映更为科学和准确，因而应以产权分层理论分析自然资源资产负债表的编制主体，分析政府资源资产负债表和企业资源资产负债表编制的区别。

（3）自然资源资产价值计量和评估方法不成熟。

尽管目前对自然资源资产价值的评估常常可以采用市场估价法、恢复成本法、净价法、替代市场法、旅行费用法等，但在我国的实际操作中仍然存在数据难以收集、参数难以确定的问题，需要分析和寻找一种更为容易操作的科学方法。更为重要的是，现有的评估方法中，常常只考虑自然资源耗费和退化成本，而没有考虑自然资源生态系统服务价值。

（4）编制自然资源资产负债表的方法和体系不完善。

国内外国民经济核算或环境经济核算均设计了环境账户，将部分自然资源纳入核算范围，但对于如何全面核算自然资源并建立一套科学的核算账户体系，目前并没有定论。鲜有研究者去系统地研究自然资源资产负债表编制的理论和方法。

（5）自然资源核算和报表编制实践推行存在困难。

我国虽然从 20 世纪 80 年代起就已经开展了资源核算的研究和试点工作，在森林资源核算和水资源核算上均取得了一定的成绩，但将这些行业经验在全国推广，存在较大难度。同样，推行自然资源资产负债表编制工作在领导方式、管理模式、产权制度等方面存在较大阻碍，研究一套合适的推进机制是亟须完成的任务。

因此，运用会计学理论，立足国情，形成我国流域自然资源核算体系及资产负债表编制框架，提升流域自然资源管理的科学性、合理性、精细化、使用效益和效率的最大化，谋求自然环境与社会经济可持续发展，促进资源的可持续利用，具有十分重大的意义。

1.4　研究思路和研究内容

1.4.1　研究思路

首先，运用会计学、统计学、管理学、生态学等多学科的理论知识，以生态系统观和产权理论为基础，归纳概括我国制度文化特征下自然资源资产负债表编制的试点经验，通过对我国太湖流域地区开展调研和分析，系统地总结出我国流域自然资源资产负债表编制的理论和方法，融合 SEEA 综合框架思想和 NAMEA 框架体系的 SAM 理论构建我国流域自然资源账户系统理论框架。其次，从流域和行业两个方面形成自然资源账户表式，并将多层次多重价值的自然资源框架在太湖流域地区进行试编，提供太湖流域多年的自然资源管理和生态资本的详细情况，为流域自然资源管理机构的自然资源决策和持续开发利用提供借鉴。最后，对我国流域自然资源资产负债表编制的推进机制和应用展开研究，分析政府绩效考核中纳入自然资源的考核评价模式和方式以及领导干部自然资源资产负债表离任审计的程序、方法和路径，并从行为视角对水资源的自然资源资产负债表离任审计进行探讨，构建了推进自然资源资产负债表编制和应用的协同机制，分析其实施路径。

1.4.2　研究内容

本书以自然资源资产负债表编制作为研究对象，通过阅读自然资源资产负债表编制的国内外文献和借鉴国际先进经验，系统地总结出我国流域自然资源资产负债表编制方法和框架体系，设计出符合我国国情的账户方案，并探索我国流域自然资源资产负债表的应用效果。具体包括以下几个方面。

（1）自然资源资产负债表编制的理论与经验比较及借鉴。

本书分析了自然资源资产负债表编制的理论基础，系统分析了国外自然资源核算模式及报告编制的理论和实践经验，着重比较联合国统计局（United Nations Statistics Division，UNSD）推出的综合环境与经济核算体系（SEEA）、欧盟统计局开发的欧洲环境的经济信息收集体系（Eurpean System for the collection of economic information on the environment，SERIEE）以及德国、荷兰、挪威等实施的欧盟环境经济综合核算矩阵（NAMEA）体系在自然资源核算的特点、账户设计等方面的经验；比较分析了我国贵州、浙江湖州、广东深圳大鹏新区等地自然资源资产负债表编制的试点经验及启示。

（2）自然资源资产和负债计量方法的研究。

自然资源资产核算是多重价值的核算过程，并受到自然资源属性和自然资产产权分层结构对自然资源价值计量的影响。使用市场比较法、净现值法、影子价格法、边际机会成本法、意愿价值评估法等评估自然资源多重价值的适用性和时机问题时需要进行比较和分析。不同方法适用范围会受到一定限定，对数据的具体处理过程也不同，计量结果也会呈现较大差异。

（3）嵌入生态系统和产权结构双重理论的流域自然资源资产负债表编制框架。

本书将流域生态系统观嵌入自然资源资产负债表编制理念并进行契合性分析，考虑我国自然资源产权委托代理的复杂关系和层次结构，进一步对自然资源编制带来难度。SEEA框架体系内含生态系统观，而NAMEA体系以卫星账户和社会核算矩阵为出发点。本书通过融合两种体系思想，将生态服务系统观念和自然资产产权分层理论相结合，构建我国自然资源资产负债表编制框架，并设计相应的表格样式；对多层次多重价值的自然资源资产负债表框架以太湖流域为例进行了试编，分析和核算太湖流域的"生态账"，为太湖流域相关机构进行自然资源的持续开发、利用和管理提供借鉴。

（4）我国流域自然资源资产负债表的应用分析。

本书应用风险导向审计、绩效审计方法和程序探索流域地区的领导干部自然资源资产负债表离任审计目的、责任主体、程序、方法和模型；分析流域领导干部自然资源资产负债表离任审计与领导干部离任审计的关系与衔接；考虑如何连接流域自然资源资产负债表与政府资产负债表，并研究其在流域地区政府生态环境绩效考核中的应用，建立受托责任观的政府绩效评价模型，在此基础上提出流域地区实施绿色 GDP 考核的建议。

（5）推进我国流域自然资源资产负债表编制和应用的协同机制。

政府机构改革中宏观管理和制定政策的自然资源部刚成立不久，要改变长期沿袭的自然资源管理"条块化""碎片化"的状态，协调各方利益矛盾，需要建立自然资源资产负债表编制和应用的协同机制。本书在分析自然资源资产负债编制和应用的外部条件及内在需求的基础上，结合顶层设计、制度协调、技术协调和监督协调，探索了实施和落实协同机制的路径。

1.5　研究技术路线和方法

1.5.1　研究技术路线

作者以自然资源为主线，以自然资源价值核算和自然资源资产负债表编制为主要内容，在调研我国自然资源资产负债表和流域自然资源情况及自然资产负债编制实施情况的基础上，运用会计学、统计学和生态学等学科的理论和方法，采用理论分析、案例研究、实证分析等方法对自然资源资产、负债的确认和计量、自然资源资产价值评价方法等进行研究，构建了包括自然资源资产编制的理论基础、核算对象、编制主体和账表设置的理论框架，并在太湖流域地区进行试编。详细的技术路线见图 1-3。

1.5.2　研究方法

本书主要采用了理论和实证分析相结合的方法，具体包括以下四个方面。

（1）文献阅读和理论分析。分析和比较联合国 SNA、SEEA 与 NAMEA 等核算体系关于自然资源核算模式、账户设计等方面的异同；分析和归纳我国自然资源资产负债表编制的模式和特征，汲取编制的经验；分析不同自然资源价值核算方法的特征和适用范围；归纳和构建了流域自然资源资产负债表编制的综合框架；构建了自然资源负债中自然资源损失与环境退化成本的函数模型；理论分析和构建了自然资源资产负债表编制的协同机制。

（2）实地调研和数据分析。以实地调研为主，通过访谈、问卷调查分析流域地区自然资源资产负债表编制的现状以及存在的问题，总结流域自然资源属性和产权分层结构理论下自然资源资产负债表编制的方法和步骤；实地调研和了解自然资源多重价值下自然资源价值评价方法的选择，总结出我国第一批生态文明先行示范区三大流域地区自然资源核算及负债表编制存在的难题。作者认为编制自然资源资产负债表的最大难题在于：自然资源价值估量与资源及环境损失衡量。为破解难题，本书应用意愿价值评估法（Contingent Valuation Method，CVM）和选择实验（Choice Experiments，CE）两种方法对流域自然资源价值进行估算。由于在前面的可行性分析中进行了详细论述，此处不再赘述。同时，本书也采用分析性方法构建自然资源损失与环境退化成本的函数模型来进行具体分析。

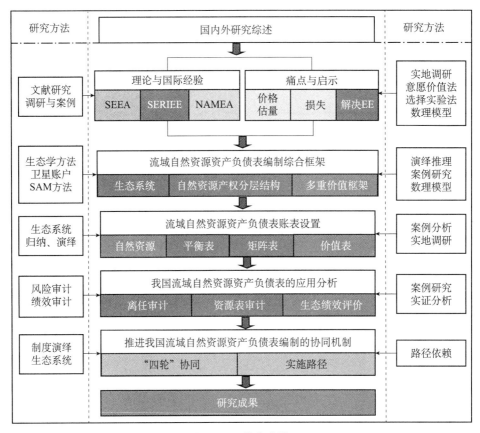

图 1 - 3　技术路线

（3）案例分析。本书对我国自然资源实践中的典型案例进行了详细的案例分析，运用案例研究方法，设计土地、水和森林资源的资产负债表和资源基础核算数据表，分析它们的相互关系并汇总形成流域自然资源资产负债表。

（4）本书应用风险导向审计、绩效审计方法和程序探索流域地区的领导干部自然资源资产负债表离任审计，以实地调研和案例研究为手段，评估流域自然资源资产负债表在领导干部离任审计、领导干部自然资源资产负债表离任审计和政府的生态绩效考核这三个层面的应用效果，建立受托责任观的政府绩效评价模型。

1.6 创新之处

（1）本书首次提出多层次多重价值的流域自然资源资产负债表编制的综合框架体系。从流域生态系统和自然资源产权的分层结构理论出发，探索编制自然资源资产负债表的综合理论框架，设计账户编制的具体方案，并从流域和资源类型两方面建立了我国自然资源资产负债表编制的账户核算体系，在流域自然资源生态系统服务功能的基础上，将自然资源资产的经济价值、附加价值（提供产品、生态价值和社会文化价值）均纳入表内核算，① 全面、客观反映自然资源的整体价值，并以太湖流域地区为例，试编了该区域的水资源、森林资源和土地资源分类存量表、流量表、负债表、资产负债表及汇总的自然资源资产负债表，并分析与比较了太湖流域近年来分类的与汇总的自然资源资产、负债及净资产的状况和动态变化情况。

（2）本书创新性地构建了"三位一体"的领导干部自然资源资产负债表离任审计的理论框架，即由我国的审计机关、内审机构和注册会计师（Certified Public Accountant，CPA）分别采取专门的审计程序与方法，对国内开采、使用、管理自然资源资产等活动的真实性、合法性和效益性进行监督、评价和鉴证。

（3）本书建立了推进流域自然资源资产负债表编制的协同机制。为促进流域自然资源资产负债表编制的实施效果，作者在访谈和研究的基础上提出构建"顶层设计、制度协同、技术协同和监管协同"的协同机制，同时注意处理与流域自然资源管理、生态补偿制度、"河长治"等重大制度改革的良性互动。

（4）研究方法心裁别出、科学可行。本书采用实地访谈、问卷调查流域管理机构和水利部门相关人员的方法，了解流域地区自然资源核算及资产负债表编制存在的难题和相关需求；应用意愿价值评估法将流域自然资源附加价值纳入自然资源资产负债表内核算，提高了自然资源提供产品、生态价值和社会文化价值核算的准确性；在自然资源资产负债表的编制和应用中采用生态学系统管理方法、会计学报表编制平衡方法和流域生态系统观等多学科方法，建立一套适合我国的流域自然资源资产负债表编制方案，提高应用性。

---

① 根据联合国等的核算方式，自然资源主要提供四类服务功能，包括提供产品、调节、文化和支持功能，由此我们绝大部分地方将提供产品作为附加价值一类单独核算。实际上从分类和方便理解的角度，提供产品价值也可以并入经济价值一起核算。

第 2 章　自然资源资产负债表编制的理论基础、实践经验和启示

　　党的十九大报告提出"建设生态文明是中华民族永续发展的千年大计"，"增强绿水青山就是金山银山的意识"被写入党章，如今生态文明建设越来越受到关注及重视。工业化进程下的粗放式经济增长方式在带动中国经济腾飞的同时，也引发了生态破坏、自然资源枯竭等一系列环境问题。为此，2013 年 11 月 12 日，中国共产党第十八届中央委员会第三次全体会议通过《决定》，首次明确提出探索编制自然资源资产负债表、对领导干部实行自然资源资产离任审计、建立生态环境损害责任终身追究制，从而开启了健全国家自然资源资产管理体制的改革的步伐，尝试自然资源资产负债表的编制，从自然资源层面审计领导干部的业绩，对干部履行自然资源责任建立终身追究制，追究领导干部为政绩损害自然资源的责任。2015 年 9 月 22 日，中共中央、国务院印发《生态文明体制改革总体方案》，进一步要求完善生态文明绩效考核和责任追究制度，探索编制自然资源资产负债表。同年 11 月，国务院办公厅经党中央、国务院同意，印发了《编制自然资源资产负债表试点方案》，在内蒙古自治区呼伦贝尔市、浙江省湖州市、湖南省娄底市、贵州省赤水市、陕西省延安市开展编制自然资源资产负债表试点工作，由此拉开了我国自然资源资产负债表编制工作的全国范围的实践工作。一些没有进入试点范围的省份的审计、财政、水利等部门也在管辖范围内进行相关的编制工作试点。可以说自《决定》提出以来，我国对自然资源资产负债表编制和应用的理论研究和实践工作取得了不少的成绩，但是对于自然资源资产负债表的编制和应用，一方面，理论界尚未形成统一的理论体系和编制方法（边晶莹等，2018；杜文鹏等，2018）；另一方面，实务界也是疑点重重，存在编制技术理念不统一、统计标准欠规范、数据支撑难等待解的难题（姚霖，2017），在编制调研过程中，与实践编制工作的工作人员接触时，仍存在着"我们为什么、怎样提供"和"我们可能能够提供这样的数据，但是却不见得能够达到要求者的满意"等问题（耿建新和唐洁珑，2016）。

　　由此，这一部分主要对我国自然资源资产负债编制的理论基础和实践展开分析，总结我国自然资源资产负债表编制的成功经验以及流域自然资源资产负债表带来的启示，

为我国流域自然资源资产负债表的编制和应用分析奠定基础。

2.1　自然资源资产负债表编制的理论基础

委托代理理论、信息传递理论和生态系统理论是本书分析流域自然资源资产负债编制的基础理论。它们对流域自然资源的产权、自然资源资产负债表和报告主体、自然资源管理过程分析提供支撑。

2.1.1　委托代理理论

有关委托代理理论的提出可以追溯到 20 世纪 30 年代的企业管理领域，美国经济学家伯力（Adolf Berle）和米恩斯（Gardiner Means）首次发现当时的大型美企股东兼有企业所有者和经营者的双重身份，这种两权不分离的做法存在严重的弊端。原因是企业规模与经营决策难度呈正比例关系，经营规模的壮大放大了管理者在各个层面的局限性，例如知识储备、管理技巧和精力等，独立控制企业经营活动变得越来越困难（陈敏和杜才明，2006）。因此，两权分离的做法被高度提倡，并成为现代企业制度发展的起点。学者们开始倡导企业所有权和经营权的分离，即所有者拥有索取收益的权利，经营者对企业进行管理。

在实践中，委托人和代理人即受托人分别站在了不同的阵营，他们之间存在一致的目标但也有利益的冲突。一般情况下，代理人由于比委托人掌握更多的信息而处于信息优势地位，形成了信息非对称。信息非对称主要由逆向选择（adverse selection）和道德风险（moral hazard）的原因造成（Perrigne & Vuong，2011）。由此，委托人为保障自身利益的实现和避免不必要的利益流失，必须建立预防监督机制，双方订立明确权利义务关系的合约，违约损失往往由代理人承担。受限于订立的契约，代理人会尽量规避道德风险行为以免支付违约损失。同时，为尽量降低契约成本，代理人会采取加大信息披露力度的手段，通过披露更多有效的信息从而减少信息不对称，进而降低契约成本。

委托代理理论在经济发展的推动下衍生出单一委托人、单一代理人、多项代理事务的多任务代理关系，多任务代理关系和双边委托代理关系构成共同代理理论（王小芳和管锡展，2004）。联系到本书的研究内容，一味地追求 GDP 增长而置当地环境和自然资源的可持续发展于不顾，导致经济效益增长却伴随着不可再生自然资源的枯竭，无论是对当前的社会经济发展抑或是子孙后代的可持续发展都不公平。《宪法》规定，"矿藏、水流、森林、山岭、草原、荒地、滩涂等自然资源都属于国家所有，即全民所有"。但是公民由于自身能力的局限性无法在宏观层面管理自然资源，因此，公民与政府间形成委托代理关系，将自然资源的管理处置权让渡给政府。但制度的缺失造成政府短期行为的出现，在追求利益的同时，必然一定程度上造成环境破坏和自然资源的枯竭。这不利于整个社会的可持续发展，因此，完善制度以克服政府的短期行为，对完善生态文明建设、实现社会可持续发展具有重大的理论和现实意义。

2013 年 11 月 12 日发布的《决定》中明确指出，要探索编制自然资源资产负债表，对领导干部实行自然资源资产离任审计。这就从国家政策层面为社会公众了解自然资源资产价值提供保障，不仅能够提高公民保护环境、节约资源的意识，而且不失为一项重要的信息披露制度。政府作为管理自然资源的受托人，比委托人（公民）掌握更多的信息，为避免自身权益损害，公民会希望加大自然资源信息披露力度。在政府层面可利用翔实的数据资料披露一国或某地区自然资源在某一时点的状况，全面反映各主体对自然资源的利用程度。

2.1.2 信号传递理论

在信息经济学中，决策的准确程度和科学程度取决于信息的数量和质量。在信息的收集过程中，每个个体拥有信息的程度和获取信息的意愿并不一致，有人倾向于多支付成本以获取高质量的信息，而也有人不愿为此付出较多成本，更有甚者在交易过程中一方掌握了另一方完全不知道的信息而导致了严重的信息不对称现象。例如，在企业管理领域，信号传递理论对企业自愿进行信息披露的行为做出合理的解释。身处激烈市场竞争之下的企业为树立自身良好的公众形象会倾向于选择自发的信息披露行为从而突出优势，来竞争有限的资源。又如，在投资市场中，外部投资者对于被投资项目的收益、风险等信息缺乏了解的渠道和途径，而被投资项目的管理者通常采取不披露不利信息以向市场传递虚假的"良好"信号，外部投资者无法了解项目的真实收益与风险进而做出了错误决策。正如前面所述，信息不对称产生两类代理问题——逆向选择和道德风险，而信号传递理论主要是为了解决信息非对称中的事前信息非对称——逆向选择而产生。

作为信号理论的奠基者，迈克尔·斯彭斯（Michael Spence，1973）提出雇佣市场的信号理论。在雇佣市场上，雇主往往对雇员的能力不甚了解，因此雇主处于信息劣势而雇员恰恰处于信息优势。由于不了解雇员，学历水平会成为雇主的参考依据，雇主以此来判断雇员是否胜任该岗位。在这种情况下，学历水平成为一种传递信息的工具。

国内信号传递理论的应用范围大部分集中于企业管理、财务、金融等领域。谭劲松和宋顺林（2010）将该理论运用于分析公司信息披露水平的选择中，发现提高公司透明度对具备信号传递动机的公司是有利的。由于投资者会将某种信息不及时披露的现象当成坏的信号，绩优公司为向外界传达有利信号、建立好的公司形象，往往会主动披露更多有效及时的信息，从而提升企业透明度来提高经营业绩。对于绩优公司而言，其传递信号的成本低于绩差公司。林斌和饶静（2009）以 2007 年沪深 A 股上市公司作为研究对象，实证分析发现，出于再融资目的和降低股权融资成本的考虑，内部控制质量越好的企业越倾向于通过披露鉴证报告向市场传递利好，部分公司自愿披露内部控制鉴证报告的动机越强。随着时间的推移，信号传递理论开始逐渐扩展到社会、政府、制度等领域。基于信号传递理论，沈洪涛和黄珍（2014）以环境信息披露为切入点，对企业环境表现和环境信息披露间的关系做出了合理解释，企业出于树立良好形象的动机将披露重点置于披露客观环境表现指标，而环境表现差的企业则会选择保持沉默。在国家治理层面，魏明和邱钰茹（2015）认为，可将国家审计作为一种传递信号，向作为信息劣势方的社会公众传递信息以实现市场均衡的有效。

作为人类活动的基础条件，自然资源禀赋状况对国家的经济社会可持续发展具有长久的影响，因此，必须对自然资源进行科学合理的管理，实现保护自然资源资产、加强生态文明建设的意识和水平、促进国家实现生态治理体系和治理能力现代化。随着资源约束趋紧、环境污染严重、生态系统退化，"对领导干部实行自然资源资产离任审计"也成为国家治理的核心组成部分（李胜和阳立高，2016）。根据信号传递理论，自然资源资产负债表列报和披露以及自然资源审计也具备了信号传递的功能。自然资源资产负债表的编制和披露，对相关责任人、政府自然资源管理能够起到信号作用。自然资源审计独立于社会公众和政府，可以减少风险和损失，审计政府的资源管理行为，保障了政府信号传递的可信度。自然资源审计独立性、可靠性和有效性越高，公众对政府管理行为的效果和效率评判得越准确，越能促进国家生态治理水平的提升。

2.1.3　生态系统理论

生态系统理论是本书研究的重要理论基础之一。生态系统理论衍生于系统论。1945年，美国生物学家贝塔朗菲（Bertalanffy）在其发表的论文《关于一般系统论》中首次提出了系统论的思想。系统论主要研究系统的一般模式、结构、性质和规律，也是研究系统的思想和方法的哲学理论（赵绘宇，2006）。系统论产生和形成后被广泛应用于各个学科的研究中。我国科学家钱学森将系统论思想引进，并提出系统论、信息论、控制论"三论归一"的重要论断，在此基础上奠定了我国的系统工程科学。系统论也被广泛应用于物理、化学、生物、计算机、生命科学、社会科学等研究。整体性、关联性、等级结构性、动态平衡性、时序性是系统论最基本的特性。把所研究和处理的对象当作一个系统就是系统论的基本思想方法，在静态层面分析系统的结构和功能，而系统、要素、环境三者的变动规律是动态层面研究的主要内容，进一步优化系统观点看问题，此刻这个世界上所存在的任何事物都是一个系统，系统无处不在。从系统论的视角，宏观的渺茫宇宙，微观的原子、一粒种子、一群蜜蜂、一台机器、一个工厂、一个学生会团体……都是一个个子系统，而整个世界就是各个子系统的集合。

因此，世界上存在自然生态子系统和社会经济子系统，即社会系统与生态系统。自然资源在自然生态系统和社会经济系统中循环，通过地下、地表、生物圈而发生物质变化和自然变动。社会经济子系统对自然资源的消耗、自然生态系统的影响日益加剧。毋庸置疑的是，人类依赖自然生态系统而活，人类社会能够持续存在的必备条件之一就是健康的生态系统（王中宇，2010）。人类获取生存资源和排放废弃物等行为对自然生态系统造成了扰动，在亿万年时光的沉淀下，维持生态系统稳定性的是复杂的相互制衡机制。一旦人类行为超出制衡机制的承载力，生态系统遭到破坏，最终将走上衰亡的道路。

流域是一种典型的生态子系统。综合生态系统管理的理论基础和方法论是系统论。综合生态系统管理是一种综合管理方法，它关注生态系统各生态功能和服务之间的关联，由此可以将流域定义为"自然—经济—社会"复合生态系统。在这个生态系统里，人与自然互相影响，在系统内部，子系统与整个系统息息相关，任何子系统甚至子系统的局部性变化都会影响整个流域系统。康世坦等对全球生态系统服务进行了评估，开启了生态服务价值对人类福祉的贡献研究。用系统论来指导流域管理，就是视流域为一个生态系统，在流域管理的各个环节引入综合生态系统管理理念和方法，例如，立法环节、制度构建环节、生态恢复环节和产业结构调整和布局环节，使得生态系统能够承载经济发展的速度，实现流域可持续发展。

2.2 自然资源资产负债表编制的历史演进与发展

2.2.1 从国民经济核算到环境综合核算

传统的国民经济核算体系是以特定的国家或地区经济整体为对象，以 GDP 作为主要指标，用于衡量各国国民经济状态。该体系是300多年来诸多经济学家、统计学家共同钻研探索的结果，最早可以追溯到17世纪英国威廉·配第（William Petty）以及格利哥里·金（Gregory King）等对国民收入账户的研究，其发展经历了如表 2-1 所示的几个时期。

表 2 – 1　　　　　　　　　　国民经济核算体系发展

时间	理论	意义
20 世纪 30 年代	凯恩斯经济学	推动了国民账户建设和国民收入分析工作的发展
1939 年	美国使用复式记账法及会计账户形式对国民收入数字进行估算	理查德·斯通和詹姆斯·米德被称为"国民经济核算之父"
1940 年	《国民收入与支出估计数字》白皮书	确立了 SNA 的理论基础、账户标准、核算方法、核算范围
1953 年	联合国发布《国民账户和补充表体系》	由流量账户和补充表组成的第一个指导各国进行国民经济核算的规范性文件
1968 年	联合国提出 SNA	总结各国实践经验并引入投入产出法
1993 年	1993 年修订的国民经济核算体系 1993；提出的综合环境与经济核算体系	环境和经济核算体系逐步发展起来

2.2.2　从环境综合核算到自然资源核算

综合环境与经济核算是国民经济核算体系的卫星账户体系。它提出要建立一个环境的卫星账户，即运用"GDP—固定资产折旧—自然资源的损耗—环境退化损失"这一公式计算环境资产，体现可持续发展和环境核算理念。《综合环境与经济核算——业务手册（2000）》在 2001 年出版，这一手册是由内罗毕小组、UNSD 和联合国环境规划署（United Nations Environment Programme，UNEP）合作出版的。《环境经济核算体系 2012——中心框架》在 2012 年出版，这一版与以前版本的不同体现在三个层面，分别是：（1）核算方法，拓展了环境退化的含义，提出新的环境退化估值方法，并完善了 SEEA 选项中相关的核算方法；（2）搭建了一个数据档案网络平台，各国核算的相关数据及案例都可在线查阅；（3）生态系统账户的设立，依据这个账户可评估生态系统物质量。

SEEA 将环境保护支出、环境维持成本和环保效益、环境资产等整体纳入核算，主要研究探讨的内容有环境与经济综合核算体系的基本概念、框架结构以及估算耗减资源价值和对环境降级退化的评估。相关的核算结果还应用于国民经济核算体系，调节传统的国民经济核算指标，以资源核算账户和环境核算账户为着力，将资源环境因素纳入 SEEA 框架，统一指标，以数据为手段，全面反映环境与经济体之间的相互关系，据此分析资源的可持续发展状况。真实可靠的数据就是这一框架为决策、评价可持续发展战略带来的最无法取代的优势。同时，有必要在人们不断加深对自然资源稀缺性、耗竭性的认识之上建立一个系统，用这个系统进行自然资源信息汇总统计，这有利于信息化管理自然资源，更科学地制定保护自然资源的制度。正是这样的优势，资源核算账户的应用成为探讨 SEEA 框架的关键点，本书基于此点研究如何符合国情实际来设计流域自然资源核算框架。

2.2.3 从自然资源核算到自然资源资产负债表

自然资源存量及流量的核算是自然资源核算的主要内容，这两个层面对自然资源的衡量，核算指标不同，单位也不相同。

对某一地域范围的某一时点的自然资源现有数量、价值量甚至品质的总体状况进行计量就是自然资源静态（存量）核算。根据资源品类不同、特点不同，所运用的方法、单位、工具也有所不同，主要是考察两个方面的资源状况，即实物量及价值量，一般将对应的国际单位用作实物量单位，价值单位则是本国货币，核算表、账户或矩阵表是主要的核算工具。以矿产资源为例，对矿产资源进行汇总的重要指标既可以计量主要矿产资源的基础存量，也可以利用各类自然资源的总量占世界总量比例来测算相对含量。此外，利用矿产资源拥有总量除以本国的领土面积和人口数量数据，分别得到单位面积矿产资源量和人均矿产资源拥有量指标，用以度量矿产资源的具体分布情况。在价值量核算时，矿产资源进入人类经济生活通常可以分为两个环节。开采即资源勘探开采企业先进行粗开采是第一个环节；第二个环节是冶炼，经过冶炼再投入生产过程。结合我国石油、铁矿等矿产资源的实际情况，发现需要将国内生产的矿产资源和国外进口的矿产资源分开来进行核算。SEEA 核算框架认为矿产资源不同于矿产，进口的矿物资源应计入SNA，将其定义为经过国外矿产开采企业冶炼加工过的矿物质。所以，我国大量进口的石油资源，即使进口的资源没有改变其原始形态，也并不将其纳入直接的矿物资源。围绕国内矿产资源，主要核算的是进入人类生产过程的部分，这个价值主要取决于开采行业市场的开采价格，通过市场价值进行测算。分析矿产资源生产活动的流程就可以知道，开采前的勘测技术投入和开采时的人工、物料、技术投入以及开采后的经营投入构成了矿产资源的生产者价格。对于没有进入市场交易环节的矿产，则没有可供测算的市场价值来计算这部分矿产的货币价值，就需要采用净现值法进行测算。资源租金的测算方法大致为占有法、永久存货法及资本服务流法，在此不一一列举。下面仅简单介绍占有法的计算方法。我国《宪法》规定，自然资源归国家所有。政府作为国家的代理者行使收取资源租金的权利，常见的方式就是税收、收取服务费以及特许使用费。自然资源总量会产生变化决定了要对自然资源进行动态核算，即包括实物量、价值量和资源质量三个层面的动态核算。由于目前资源质量的动态核算还没有合适的标准，且统计数据不够支撑围绕资源质量状况进行动态核算，本书先进行资源实物量和价值量的动态核算。同样，以矿产资源为例，矿产资源变动原因可分为包括偶然性火山喷发、硫铁矿重新出现等现象的自然原因和人为原因，自然原因极具随机性和不确定性，因此动态核算时不考虑这一因素。人为原因导致矿产资源发生量变的形式主要有矿产资源的重分类和其他因素导致的资源增减变动，动态核算主要考虑这些现象。价值量层面的变动原因主要有四种：第一种是市场供求曲线改变影响价格；第二种是通货膨胀或紧缩状态下引起的价格变化；第三种是政府对资源租金的收取发生变化，进而影响到矿产资源的最终价格；第四种是不同资源的不同使用寿命，影响资源的最终价格。矿产资源是有限且不可再生的，随着耗减矿产资源的增加，剩余矿产资源变得越来越稀缺，自然资源价格会上升。例如，挪威、芬兰、美国、日本、加拿大等一批发达国家早就开展了自然资源的核算，部分发展中国家如印度尼西亚、菲律宾也早在 20 世纪末开始了有关研究。可以看出，世界各国格外关注自然资源的核算工作，取得了较为丰富的研究成果。"建设生态文明是中华民族永续发展的千年大计"在党的十九大报告中被提出，"增强绿水青山就是金山银山的意识"被写入党章，如今生态文明建设越来越受到关注及重视。工业化进程下的粗放式经济增长方式在带动中国经济腾飞的同时，也引发了生态破坏、自然资源枯竭等一系列环境问题。为此，《决定》提出，建设美丽新中国、深化生态文明体制改革，加快生态文明制度建设，建立资源环境承载力能力监测预警机制；健全国家自然资源资产管理体制，探索编制自然资源资产负债表，对领导干部实行自然资源资产离任审计，建立生态环境损害责任终身追究制。自然资源为人类生存与发展提供物质保障，为创造社会财富奠定基础，因此，自然资源资产负债表的编制，一方面，有助于厘清自然资源的"家底"、了解自然资源的使用、损耗情况；另一方面，利用自然资源资产负债表评估生态环境质量，对实现生态环境损害责任终身追究制具有重要意义。

2.3　我国自然资源资产负债表编制的实践：
"模式"与比较

　　资源是指用于人类生存和经济发展、在一定的生存空间与地域范围中的所有资源条件总和。自然资源属于资源，广泛分布于自然环境中。人类经济生产活动不仅依赖直接的自然资源，还依赖生产过程中形成的资源，但是追根溯源，生产过程中形成的资源来源于自然资源。联合国环境开发计划署对自然资源的界定是：为提高人类现时和未来利益为导向的、能够产生经济价值的自然环境因素和社会条件的总和。自然资源资产负债表是运用会计资产负债表和统计报表方法等，将一个国家或者地区的所有自然资源资产、负债和权益状况分门别类地列报在一套表格上，以反映其在某一时点上的自然资源资产、负债和权益的数量和价值量的平衡状态与一定时期内自然资源的数量和价值量的增加或减少变化情况，揭示自然资源的"生态账"和"家底"。由此，自然资源的核算范围常常分为两个层次：不同类型资源的实物量及价值量、存量及流量、增减变动量的核算；利用价值量进行的自然资源总量增减变动的综合核算（周国梅和周军，2009）。

自然资源资产负债表及其编制尽管是中国首创的概念，是一项重要的理论和制度创新（史丹和王俊杰，2020），但并不意味着自然资源本身最近才出现，它早就存在于自然资源系统和社会经济系统的循环和转化之中。自然资源核算在我国很早就存在了，不过新中国成立以来自然资源核算都是由行业主管部门开展的分类核算占多数，多种资源的综合核算较为少见，只有在国民经济核算体系中纳入了部分自然资源的核算。

自 2013 年《决定》提出"探索自然资源资产负债编制，对领导干部实行自然资源资产离任审计"以来，全国各地对自然资源资产负债表编制的试点工作轰轰烈烈地开展，如火如荼地进行，既有国务院办公厅主导的在内蒙古自治区呼伦贝尔市、浙江省湖州市、湖南省娄底市等开展编制自然资源资产负债表试点工作，也有各省份自行开展的各类试点编制工作，如深圳大鹏自然资源资产负债表编制试点。由此，本书先对我国早期的自然资源的分类核算实践进行阐述，然后总结我国试点地区自然资源资产负债表编制的典型案例，分析其中存在的问题，为我们探索流域自然资源资产负债表编制提供借鉴。

2.3.1 中国自然资源分类核算实践分析

2.3.1.1 森林资源资产核算

我国对森林资源核算最早可以追溯到国家林业局 1973 年起开展的森林资源清查。根据《中华人民共和国森林法》的有关规定，我国早就建立了森林资源定期清查制度，每 5 年完成一轮全国清查工作，主要核算了各省份的林木、林地和林区内的野生动植物及其他自然环境因素，为我国森林资源的物质量方面的数据收集打下了良好的基础。第九次全国森林资源清查从 2014 年开始，到 2018 年结束。《中国森林资源报告（2014—2018）》数据显示，截至 2018 年，中国森林覆盖面积达 2.12 亿公顷，森林覆盖率为 22.08%。联合国粮农组织发布的 2020 年《全球森林资源评估》报告显示，2010～2020 年，中国报告的年均净增长量达 190 万公顷，成为世界上森林面积年均净增加量最多的国家。

自从 2013 年《决定》提出"探索自然资源资产负债编制，对领导干部实行自然资源资产离任审计"后，国家林业局和国家统计局等部门联合领导，加强合作，森林资源价值核算正式拉开帷幕，研究主要围绕着"林地林木资源核算""森林生态系统服务核算""森林社会与文化价值核算""林业绿色经济评价指标体系"四个方面展开。2014年，国家林业局联合国家统计局发布《中国森林资源核算报告》，为加快推进生态文明建设、编制自然资源资产负债表、实施领导干部自然资源资产离任审计等提供了制度支撑。2017年，国家林业局资源司和中国林业科学研究院合作开启了中国森林资源及其生态功能四十年动态变化研究工作，并出版了《中国森林资源及其生态功能四十年监测与评估》一书，首次披露了我国1973～2013年实施的8次森林资源连续清查的数据规律、变化及原因，并连续、动态地评估了四十年间我国的森林生态服务功能（国家林业局中国森林生态系统服务功能评估项目组，2018）。该书的出版标志着我国森林资源及其生态功能监测与评价工作进入新的阶段。

内蒙古林业部门也对森林资源资产的核算进行了探索。在统计林地和林木价值时，内蒙古自治区政府有关部门认为只要掌握准确的实物量，根据市场价值换算即可得到。但林业的价值还包含了涵养水源、保育土壤、净化大气等难以量化的价值，由此，有关部门建立了有关林业8项功能即涵养水源、保育土壤、固碳释氧、林木积累营养物质、净化大气环境、森林防护、生物多样性保育和提供林产品共计13类指标的评价体系。此外，内蒙古自治区林业监测规划院研究团队研发了资源信息管理系统，该系统可在初次数据正确的基础上，逐年根据设定的模型自行运算和更新数据，提高了数据的精确度。这一套新系统还能与原来的系统连接，充分利用基础数据，并在此基础上不断更新数据资料，全方位检测森林资源状况（耿国彪，2016）。

贵州省林业厅也同样高度重视自然资源资产负债表的编制工作，成立了专门的省林业资源资产负债表编制专题组，邀请行业内外的专家作为顾问。贵州省林业厅在历年开展的各种调查和统计工作的基础上，落实了贵州省林业自然资源资产负债表实物量表的指标体系，它包括7个一级指标和23个二级指标。与此同时，贵州省林业厅开展了全省林业自然资源资产负债表（实物量表）编制试点，以进一步完善林业自然资源资产负债表（实物量表）编制的技术方法，解决关键技术难点，形成科学实用的林业自然资源资产负债表（实物量表）。

2.3.1.2　水资源资产核算

我国水资源较为短缺。国家统计局数据显示，2020年我国人均水资源量为2 239.8立方米，人均水资源量仅为世界人均水平的1/4，资源分配不均衡、用水方式过于粗放以及过度开发都是我国水资源短缺的原因。《全国水资源综合规划（2010—2030）》表明，我国多年平均缺水量高达536亿立方米，到2030年，全国用水总量力争控制在7 000亿立方米以内。《2021年中国水资源公报》数据显示，2021年全国用水总量为

5 920.2 亿立方米，较 2020 年增加 107.3 亿立方米，我国用水总量已经逐步接近天花板，即国务院确定的 2030 年用水总量控制目标，开发空间有限，情况不容乐观。"开源节流"，无法"开源"，那只能"节流"，因此要进一步提高水资源利用的效率和效益，就需要加强水资源核算及资产负债表的编制和管理工作。

水利部公开的文件表明，我国大规模的水资源物质量核算始于 1997 年。当时水利部开始要求流域和各省份每年编制水资源公报，并正式对外公告。水资源公报主要涉及各流域和各省份水资源量、水质指标、水资源利用情况、水资源保护及水资源管理等内容和指标。

为响应国家政策需求，水利部和国家统计局近年来都在推进和完善水资源资产核算的相关研究工作。水利部主张推广水资源存量及变动表的编制，并联合国家统计局选择北京怀柔、天津蓟县、内蒙古呼伦贝尔、陕西延安、湖南娄底、浙江湖州、贵州赤水及河北省共 8 个试点区，开展了以水资源资产负债表的编制作为主要自然资源负债表之一的国家试点。这 8 个试点区于 2016 年 8 月完成了水资源资产负债表的编制任务。

其中，浙江省湖州市通过"总表—主表—辅表—底表"的报表体系对水资源、土地资源、林木资源进行核算（杨艳昭等，2018）。仅以水资源为例，总表内水资源科目以体积为单位反映了水资源资产的期初值、期末值以及按类别分类的自然资源负债的期末值；自然资源实物核算表和价值核算表中，以资源类别为一级分类，按照一定标准将水资源进行分类，分别以实物量和价值量为计量标准，核算各类水资源的期初量、期末量以及本期变化量（期末量－期初量）；环境实物核算表和价值量表以核算污染物为主，以重量为单位，将水污染物划分为重金属、氰化物、化学需氧量、石油、氨氮、废水等六项指标，分别以实物量和价值量为计量标准，核算各类污染物的期初量、期末量以及本期变化量（期末量－期初量）。

2.3.1.3 土地资源资产核算

我国土地资源的核算也具有较长的历史。第一次全国土地调查始于 1984 年 5 月，结束于 1997 年底。第二次全国土地调查开始于 2007 年 7 月 1 日，结束于 2009 年 12 月 31 日，获得了全国所有城市和建制镇的土地数据及汇总，包括农村土地和城镇土地数据及汇总。第三次全国国土调查始于 2017 年 10 月，结束于 2019 年 12 月 31 日。此外，2009 年以来，国土资源部地籍管理司（不动产登记局）组织中国土地勘测规划院每年对全国所有城市和建制镇的土地利用数据进行逐级汇总，并向社会公开发布。总之，这些数据为我国土地资源核算奠定了良好的基础。

我国耕地资源紧张，为保障粮食安全，耕地资源的重要性不言而喻。科技发展带来了高效的土地利用手段，但随之而来的还有水土流失、荒漠化、土地资源供需矛盾突出、土地资源浪费严重、重利用轻保护、土地退化日趋严重、土地污染、土地质量下降等一系列土地利用问题。为此我国政府采取世界上最严格的耕地保护政策，人们也开始密切关注和讨论土地资源可持续发展问题。由此，深入开展"土地资源环境价值核算"研究工作，能够实现土地利用与社会经济之间的协调发展，满足当前和未来人类生存和发展的需要。

在全国各地土地资产负债表核算试点中，浙江省湖州市通过"总表—主表—辅表—底表"的报表体系对土地资源进行核算。总表内土地资源科目反映了土地资源资产的期初值、期末值以及按类别分类的自然资源负债的期末值；自然资源实物核算表和价值核算表中，以资源类别为一级分类，按照一定标准将土地资源分成耕地、林地、草地、园地、水域、其他土地六类，分别以实物量和价值量为计量标准，核算各类土地资源的期初量、期末量以及本期变化量（期末量－期初量）；环境实物核算表和价值量表以核算污染物为主，将土地污染物划分为工业固体废弃物、生活垃圾两类指标，分别以实物量和价值量为计量标准，核算各类污染物的期初量、期末量以及本期变化量（期末量－期初量）。

2.3.2　中国自然资源资产负债表编制的不同模式的比较与分析

2015 年 11 月，国务院发布了《编制自然资源资产负债表试点方案》，内蒙古自治区呼伦贝尔市、浙江省湖州市、贵州省赤水市等 5 个地区在 2016 年底完成了该项探索工作。除国家试点外，各地也积极响应号召，开展了自然资源的试点和编制工作，如上海市崇明县、深圳市大鹏新区、海南省三亚市等多个地区都在着手试点工作，探索编制自然资源资产负债表的不同模式，以科学准确地核算当地的"生态账"，摸清家底。本书对浙江省湖州市、贵州省、上海市崇明区、深圳市大鹏新区四地的自然资源资产负债表编制的模式和实践进行比较，具体见表 2 - 2。

表 2 - 2　　　　　　　中国自然资源资产负债表编制的典型模式分析

项目	"湖州模式"	"贵州模式"	"崇明模式"	"大鹏模式"
编制主体	政府部门＋专业机构	分管部门＋专业机构	第三方	政府部门＋专业机构
理论基础	环境综合核算＋统计＋会计	统计理论＋会计理论	环境综合核算理论	会计资产负债表理论＋统计理论
编制范围	土地、水、林木	土地、水、森林	水资源、能源资源、气候资源、土壤资源、林业资源、其他资源	林地、湿地、饮用水、近岸海域等 10 类自然资源资产

续表

项目	"湖州模式"	"贵州模式"	"崇明模式"	"大鹏模式"
编制路径	先实物后价值、先存量后流量、先分类后综合	分部门，分类核算	分类核算	先分类后汇总，先实物量，后价值量
账表设计	"总表—主表—辅表—底表"体系	自然资源资产负债表	"简式二栏式"实物量资产负债表	自然资源资产负债表＋台账
核算内容	实物量和价值量	实物量	实物量	实物量价值和生态价值
编制周期	一年一编	一年一编	一年一编	一年一编

通过表 2-2 我们可以看出，不同地方在自然资源资产负债表核算和编制方面存在不同的特征，本书选择的典型地方既有国务院试点的地区，也有各省份自行开展的编制。

从编制主体和工作开展来看，目前自然资源资产负债表的编制大多是由当地政府或者主管部门聘请专业的机构对自然资源进行核算，试行编制，但具体组织形式也存在较大差异。"湖州模式"中，湖州市人民政府亲自挂帅，委托中国科学院课题组，开展了湖州市自然资源资产负债表编制工作。其管辖下的国土、水利、林业等主管部门积极参与，协调分工，做好规划、数据、统计等基础支撑工作，专业机构广泛开展调研，取得了良好效果。深圳"大鹏模式"与其类似，其自然资源资产负债表的试编工作由深圳大鹏新区生态保护和城市建设局主导负责，并聘请了深圳市环境科学研究院项目组团队，共同构建了新区自然资源评估核算等实操性强的方法体系，逐步开展并完善了新区自然资源资产实物量采集和生态服务功能评估等工作，建立了较完备的自然资源资产数据库。

与此不同的是，"贵州模式"是在该省全区域内开展，范围广泛，工作量大，任务重，所以采取了由各分管部门负责分行业的自然资源资产负债表编制工作。2014 年 5月，贵州省政府颁布的"生态文明建设促进条例"从法律层面增强了该省自然资源资产负债表的权威性。贵州省统计局与贵州财经大学联合开展的探索编制自然资源资产负债表的课题研究已经形成了自然资源资产负债表编制思路与框架，为各主管部门在具体编制自然资源资产负债表的工作方面统一了思路和基本框架，然后，由该省统计局牵头，国土资源厅、环境保护厅、农委、水利厅、林业厅等各部门配合，推进了自然资源资产负债表的编制工作的落实。贵州省统计局与国土资源厅合作，在对国土资源的核算、统计和加工的基础上，初步形成了以乡镇为单位的土地资源资产负债表；与水利厅合作，开展了水资源核算工作，编制了水资源资产负债表的框架，绘制了水资源利用流向及流程图，实现了水资源资产负债表的试编工作；与林业厅合作，借助林业行业历年开展的各类调查和统计工作积累的组织体系、技术体系和基础数据，开展和完成了林业行业的自然资源资产负债表编制工作。

从编制范围和账表设计来看，不同地区在某些方面存在较大差异。"湖州模式"和"贵州模式"按照 2015 年国务院办公厅试点方案的建议选择了土地、水、森林这三种资源进行了核算，而"崇明模式"和"大鹏模式"试图尽可能将所有自然资源纳入核算。由此，"崇明模式"仅核算了水资源、能源资源、气候资源、土壤资源、林业资源、其他资源等七类资源，而"大鹏模式"核算了林地、湿地、饮用水、近岸海域等十类自然资源资产。

账表设计上也是特征鲜明，各有千秋。"崇明模式"采用了"简式二栏式"实物量资产负债表形式。崇明区是国家首批 57 个（地区）生态文明先行示范区建设地区之一，崇明独特的地理位置、自然禀赋以及上海市环境综合统计报表制度为编制自然资源资产负债表工作带来便利，借鉴生态岛建设的核算技术和方法体系，"崇明模式"对该地区各类自然资源资产按类别在下属二级科目予以核算确权。虽然"贵州模式"由省统计局与贵州财经大学联合开展调研，探索了统一思路的自然资源资产负债表编制思路与框架，但由于各类资源的差异性以及各主管部门分头负责的管理机制，导致形成的土地资源资产负债表、水资源资产负债表和森林资源资产负债表格式并不完全统一。土地资源资产负债表包含了耕地、林地、草地等不同类型土地资源期初和期末资源资产量表以及本期资源变动的实物量表等。水资源资产负债表包含了界定水资源核算对象、对水资源进行实物统计、绘制水资源利用流向及流程图（明确水资源增减的原因、数量和利用结构情况，建立水资源的核算账户服务）、对水资源进行估价、对水资源进行分类核算、对水资源进行综合核算、水资源质量指数七大部分的核算报表体系。森林资源资产负债表包括了两个层级的指标体系：第一层体系包括 7 个一级指标，它们是林业面积、林地质量、森林面积、森林蓄积、森林质量、湿地面积和湿地质量；第二层体系则在 7 个一级指标的基础上对每个指标进行细分，形成了与一级指标对应的 23 个二级指标。

其余两个模式与它们不同，除了自然资源资产负债表以外，设置了更多的"卫星"账户核算体系。"大鹏模式"构建了"自然资源资产负债表加台账"的核算和报告体系，对自然资源资产的核算和报告工作做出了创新，方便后续的连续编制及管理，便于后期数据核验校对工作。"湖州模式"更进一步，设计了由"总表—主表—辅表—底表"组成的自然资源资产负债表报表体系，提出了由资源过耗、环境损害、生态破坏构成的自然资源资产负债表表式结构，为土地资源、水资源、林木资源等几类主要自然资源的核算提供了工具，形成了自然资源资产负债表编制的"湖州模式"，并编制完成了全国首张市/县自然资源资产负债表（闫慧敏等，2017）。

从理论基础、编制路径和编制周期来看，四种模式差异较小，大多均以环境综合核算、统计报表和会计资产负债表理论为基础，核算和编制自然资源资产负债表。虽然不同模式核算的自然资源的种类不同，但是基本上都遵循"先实物后价值、先存量后流量、先分类后综合"的编制路径；所有的模式基本上都遵循一年一编的频率，每年采集基础数据，分类核算自然资源，再汇总核算和编制报表。

2.4　我国流域自然资源资产负债表编制实践的调研

除了从理论层面分析流域地区自然资源核算与编制的现状，本研究还设计了调查问卷（见附录），从实际操作层面发现流域自然资源资产负债表的相关问题。调查问卷为实地调查法，具体方法采用意愿价值评估法中的德尔菲法，同时为结合后面自然资源资产负债表的编制，故研究对象设置为太湖流域①涉及的江苏省、浙江省、上海市、安徽省的水利厅、自然资源厅、林业局等部门工作人员，研究目的是借助专业人员的视角（以下简称专业人员），为我国自然资源状况编制现状、价值核算和具体资源的资产负债表编制数据提供依据。

2.4.1　自然资源资产负债表编制相关的人员因素

调查时间为 2018 年 7 月 10 日至 7 月 31 日，4 个地区中每个地区发放 100 份调查问卷，由研究小组成员现场收回。问卷的 1～3 题是基础性问题，4～12 题是现状问题，13～17 题是价值计量问题。本小节涉及 4～13 题。收回的有效问卷中，江苏省 97 份，浙江省 95 份，上海市 94 份，安徽省 98 份。问卷填写人员的基本情况是：月均收入集中在 5 000～8 000 元，占比 84%；学历多为本科以上，占比 71%，也有不少为大专学历。

在 384 份问卷中，关于自然资源资产负债表的编制与核算问题，其统计情况如下。

由图 2 - 1 可知，四省份对自然资源资产负债表项目了解程度尚可，具体情况是："了解一点"的占比最大，为 47.66%，"比较了解"的占 37.24%，但有把握自己非常了解的专业人员仍为少数。统计结果说明，江苏省、浙江省、上海市和安徽省各相关部

---

① 太湖流域面积 36 900 平方公里，行政区划包括江苏省苏南地区、浙江省的嘉兴和湖州两市及杭州市的一部分、上海市的大部分，但鉴于自然资源进入社会经济子系统的再生产运动和数据的可获得性，我们核算了"三省一市"的整个行政区域，即江苏省、浙江省、安徽省和上海市。

门专业人员能结合自己工作内容，主动学习了解自然资源相关知识。原因可能是《编制自然资源资产负债表试点方案的通知》仅涉及研究地域中的浙江省湖州市，所以各人员因工作要求所需，对自然资源资产负债表仍没有足够的重视，需要进一步提高相关专业性知识。

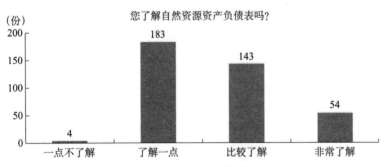

图 2 - 1　自然资源资产负债表了解程度

图 2 - 1 表示的只是对专业人员了解自然资源状况的较为模糊的测试，因此作者又具体设置了其了解自然资源情况的渠道来源问题。从图 2 - 2 可知，绝大部分专业人员了解自然资源状况的途径是通过政府部门，如政府部门公告、各统计年鉴和自然资源部等部门，这种选择和其所处的工作部门相关。即各专业人员自然资源的信息来源仅局限于现有手头资料；有少数人能通过各类数据库和共享平台主动了解自然资源状况，如通过清华规划院、中国科学院等专业数据搜集及研究机构。

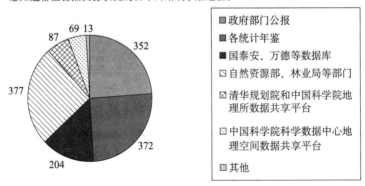

图 2 - 2　了解的自然资源公布网站或途径

2.4.2　自然资源资产负债表编制相关的管理概况

自然资源资产负债表编制是一项综合且复杂的工作，需要很多专业人员的参与协作。为进一步了解在实务工作中具体需要哪几类专业人员，设置了该问题。由图 2 - 3

可知，目前在自然资源的核算工作中，各类专家都比较稀缺，如环境、资源、统计、计算机和公共政策领域的专家。环境、资源类领域的专家主要是在与资源与会计等交叉的领域提供意见，统计和计算机专家主要负责数据处理分析；公共政策专家主要是确定资源的分类、产权问题。在"其他"项中，得到的反映多为具体资源领域的专家，如海洋资源专家、国土资源专家等。所以除了理论制度层面的跟进，人才的更新培养对自然资源资产负债表的编制工作也同样重要，它涉及该项工作的可操作性、可实施性，是自然资源资产负债表编制工作的"基础设施"。

您认为自然资源核算工作中最紧缺哪几类专业人员？

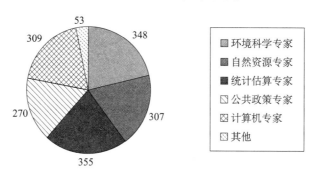

图2-3　自然资源核算的紧缺人才

在自然资源的管理层面，76.82%的专业人员认为存在职责交叉问题，在对被调查者的问卷调查中，有部分专业人员反映在林木资源上，林业局与农业管理部门存在部分交叉管理，水利厅和生态环境厅也存在部分交叉功能，详见图2-4。原因在于不同部门间不是单纯的按资源类型划分，还涉及职责分工问题，使得监测自然资源时，存在重复管理和建设、人员分工重叠的现象。这一现象凸显了开展自然资源工作时，管理制度建设的重要性；只有制度体制设计合理得当，才能高效率地开展工作，对自然资源的管理也有更统一、明确的目标。

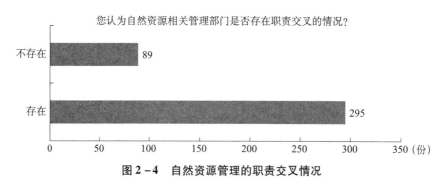

图2-4　自然资源管理的职责交叉情况

通过问卷可总结目前在实践领域编制自然资源资产负债表需要解决的重点问题，见图2-5。最受到关注的是理论建设、价值计量和人才队伍建设，涉及该项工作怎么做、如何做、由什么人做的问题；负债问题和管理制度也有较大需要改进的地方。由此可以看出，无论在理论依据、管理制度、人才队伍等较为宽泛的问题上，还是在价值计量、负债等较为具体的问题上，我们都仍有较大改善进步的空间。在"其他"项中，比较突出的有缺少相关的教育培训、自然资源审计的建设不足等问题。因此，基于重要性原理，我们要着重解决好理论建设、价值计量和人才队伍建设等方面的问题。

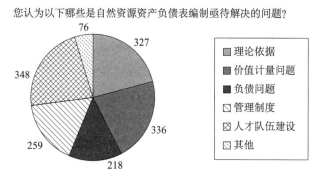

您认为以下哪些是自然资源资产负债表编制亟待解决的问题?

- 理论依据
- 价值计量问题
- 负债问题
- 管理制度
- 人才队伍建设
- 其他

图 2 - 5　自然资源资产负债表编制亟待解决的问题

2.4.3　自然资源资产负债表编制相关参考意见

要想编制自然资源资产负债表，首先要确定编制范围，自然资源种类多样，那么是将其全部纳入核算体系，还是就目前的技术水平，先核算其中的重点资源呢? 在问卷结果中（见图 2 - 6），本书发现，41.67% 的专业人员认为需要整体披露自然资源情况，55.21% 的专业人员认为只需要披露核心部分资源。询问认为需要"整体披露"的被调查者，其中多数回答"应对自然资源有个概貌了解，尽可能多地统计各类资源情况，但不一定都需要披露其价值量，随后再逐步对各资源进行细化核算"。认为"披露核心部分"的被调查者则认为我国地大物博，资源丰富多样，加之目前统计技术、价值计量等各方面尚未成熟，进行整体披露不太现实，因此应抓住对经济社会具有重要意义的资源优先尝试计量核算。

为进一步验证前面所述问题准确性，本书又进一步询问了"自然资源资产负债表中应包括哪些资源"的问题。本书的设想是，若认为需要"整体披露"的人数多，则图 2 - 7 列示的各类资源的统计数值应该比较均衡；若认为只需"披露核心部分"的人数多，则各资源的统计数值会存在较大差异。统计结果显示，绝大部分专家认为，现在应主要披露水资源、森林资源、土地资源、矿产资源和草原资源五种资源的情况，即"披露核心部分"，这为我们具体编制自然资源资产负债表提供了实践支撑。因此，在结合流域特有资源的基础上，本书在上述五类资源中进行选择，决定将水、林木和土地三种主要的自然资源纳入表内核算。

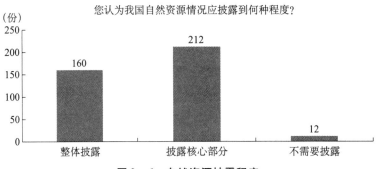

图2-6 自然资源披露程度

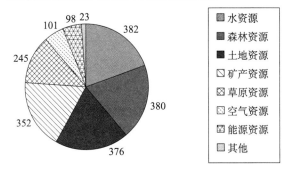

图2-7 自然资源资产负债表中应包含哪些资源

现有编制自然资源资产负债表的理论并不少见，研究者从内容、形式、范围等诸多方面都做过有益探讨，那么现有的理论成果与实践中的具体操作有无出入呢？由图2-8可知，25.26%的专业人员认为现有理论较少，不足以支撑实践操作；41.41%则认为现有理论虽多，但与实践层面不相匹配，两者合计高达66.67%。这说明已有研究理论对实践操作的贡献度不高，启示研究者今后应结合具体实际，充分结合资源禀赋、地区差异等因素开展研究。例如，在本书的研究框架中，不同流域间具有各自的特色资源，而同一流域的上中下游也存在差异，需要进行实地调研，细化编制理论以指导实践。另外，还有25.26%的专业人员没有了解过自然资源的编制核算理论，总之，统计结果显示现有自然资源资产负债表的编制核算理论与实践存在较大差异。

在前面的理论分析层面，作者发现目前理论界对自然资源负债的核算仍有较大争议，本书基于生态补偿观，主张核算自然资源负债。因此实践层面专业人员的意见对本书极为重要。由图2-9可知，高达60.68%的专业人员认可这一思路，即需要对自然资源生态价值的破损进行补偿，后面在编制时也将该性质的负债核算在内。

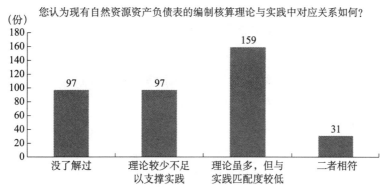

图 2 - 8　自然资源资产负债表理论与实际的对应关系

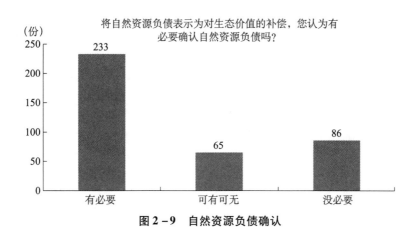

图 2 - 9　自然资源负债确认

2.5　我国自然资源资产负债表编制的实践总结：痛点与启示

　　从本书前面对我国自然资源资产核算和资产负债表编制的试点实践可以看出，我国在分类自然资源核算方面，无论是国土资源、水资源和森林资源方面，还是本书没有重点展开论述的草原资源、海洋资源等方面，都有较为丰富的经验，积累了大量基础数据资料和掌握了相关的核算统计技术方法。在此基础上，全国各地进行了大量的自然资源资产负债表的编制试点工作，进一步为流域自然资源资产负债表的编制和推广积累了良好的经验和基础。然而，在我国的自然资源资产负债表核算和编制工作中仍存在一些痛点和难题，本书对此进行分析，以期寻找到解决问题的关键路径。

2.5.1 我国自然资源资产负债表编制实践中的痛点

本书认为，在我国自然资源资产负债表的编制实践中，存在三大亟须解决的痛点。

（1）基础理论不牢固，关键问题缺乏认识。

我国自然资源资产负债表的编制时间不长，相关理论研究尚不充分，在一些关键理论问题上尚未取得一致看法，如在自然资源资产负债表编制目的、要素确认和价值核算等基础理论的探讨上，存在较大争议，很难达成一致的看法。总之，可以说我国自然资源资产负债表的理论研究相对滞后，至今不论是国内还是国外，都没有成熟的思路与方法（李春瑜，2014）。

从自然资源资产负债表编制目的来看，自然资源资产负债表编制作为国家一项重要政策最初被提出来时，是想纳入国民社会经济核算的国家资产负债表中的，以核算国家资产生态资本"家底"，因而，早期自然资源核算和资产负债表编制工作是由统计局牵头，其他部门配合。不可否认的是，统计部门在自然资源资产负债表编制和表格设计中起到关键的推动作用，但是在实践工作中出现，很多同志在填制统计部门设计的表格时不能很好地理解。填制的工作人员只有会运用会计中账户设置、复式记账、账表体系、平衡原理等会计方法，才能更好地理解和运用自然资源资产负债表（耿建新和唐洁珑，2016）。事实上，编制自然资源资产负债表是一份多学科综合的工作，不仅需要用到统计学和会计学的理论知识，也需要用到生物学、系统学、审计学等多个学科的知识，需要多个部门的人员协同努力才可能完成。从前述四种模式开展的自然资源资产负债表实践来看，各地编制工作基本上都需要运用多学科的专业知识才能编制完成好。

在编制目的认识不清楚的情况下，很多地方认为自然资源资产负债表的编制是一件费力不讨好的事情，核算耗时耗力，将来可能导致离任时被追究责任，造成得不偿失的结果，由此引致很多地方对自然资源核算和资产负债表编制畏手畏脚，缺乏动力，甚至阻碍自然资源资产负债表编制工作的进行。从而，实践工作中有些地方在编制试点时出现"自然资源资产负债表是什么，能做什么，开展编制的目的是什么"一问三不知的情况，常常误认为编制自然资源资产负债表就是为了将来"查领导干部的账"（乔永波，2020）。殊不知，开展确权登记和自然资源资产负债表编制工作，一方面是想通过利用核算和报告体系来摸清自然资源资产负债的"家底"情况，另一方面是想通过自然资源资产负债表核算体系实现对自然资源开发利用和保护的动态监管。

要素确认和计量方面，关于"哪些自然资源应该满足什么条件进入自然资源资产负债核算""自然资源资产负债表上到底是否应该确认自然资源负债"的问题也存在较大的争议，理论界和实践界对此都未达成一致看法。从前面谈到的自然资源资产负债表编制的四种"模式"来看，"湖州模式"和"贵州模式"均只确认了土地、水和森林三种自然资源，而"崇明模式"和"大鹏模式"都确认了更多种类的自然资源。自然资源能够给社会带来经济利益，给人类生活带来便利，但由于其功能多样以及目前数据搜集和资源利用的技术限制，一些自然资源尚不能纳入表内核算（谢兴勇等，2009）。即使纳入表内核算，由于一种自然资源内部可能又可以分为多种亚类，同时，资源的流动性和系统间转化循环具有复杂性，那么该自然资源应满足哪些条件时才能进入自然资源资产负债表核算并不是十分容易说清楚的事情。

至于负债要素，现有研究存在两种截然对立的观点：一种观点认为不需要确认自然资源负债（耿建新等，2017），在目前技术水平下，核算可行性不强（耿建新等，2015），理由是既不符合负债的确认条件，SEEA2012 的自然资源核算表格中也没有确认；另一种观点是需要确认，代表性研究如向书坚和郑瑞坤（2016）的研究，理由是由于存在自然资源的"公共产权"和"私人产权"形态，"自然资源私有产权"存在的自然资源不存在负债确认的问题，而以"自然资源公共产权"存在的自然资源在一定的条件下需要确认自然资源负债。

另外，从自然资源资产负债表中的价值化核算来看，只有"湖州模式"和"大鹏模式"进行了自然资源资产负债的价值核算，而对于价值核算中生态价值和社会价值究竟如何核算也语焉不详，另外两种模式仅进行了数量方面的核算。

之所以产生现在理论上的争论与困境，作者认为应该建立自然资源多主体、多层次、多价值的自然资源资产负债表编制的理论框架。具体本书第 4 章中重点展开讨论，这或许有助于解决现有理论的争执。

（2）核算技术方法体系未统一，基础数据资料匮乏。

国内外国民经济核算或环境经济核算均设计了环境账户，将部分自然资源纳入核算范围，但如何全面核算自然资源，形成一套科学的核算账户体系，目前并没有定论。统计和会计等微观领域涉及具体账表格式的设置，但理论界和学术界并未形成一致看法。

自然资源的价值核算体系也十分复杂。自然资源资产价值组成多样，难以区分估计。自然资源不仅仅具有经济价值，还具有附加价值（提供产品、生态价值和社会价值），但是对于附加价值的核算难度更大，因为首先目前对自然资源的生态等附加价值的认识尚处于探索阶段，其次对生态社会没有统一的界定，都在价值构成方面增加了计量难度（周志方，2014）。目前，对自然资源资产和负债价值的评估常常采用市场估价法、恢复成本法、净价法、替代市场法、旅行费用法等，但在我国的实际操作中存在方法适用性、参数确定等诸多痛点。而且，现有的评估方法中，常常只考虑自然资源耗费和退化成本，不考虑自然资源生态系统服务价值，这也是计量方法中的最大问题。

编制自然资源资产负债表需要不同类型自然资源价值量、实物量以及质量等方面全面准确的信息。但从各地目前试点情况来看，数据主要来源是全国统一安排的普查工作，其他信息和数据则来自一些主管部门，信息零散、缺乏整体性、系统性和可靠性（齐亚芬，2017）。

编制自然资源资产负债表的数据包括自然资源的分布、数量、质量、权属等诸多方面，目前收集整理的数据存在分布情况明确但存量数据提供困难、数量明确但质量无法反映、产权不清、权属不清、数据断档等问题；虽然呈现的数据量比较明确，但多数情况下其推算比例大，精确度不高，致使反映的存量信息与真实值存在差异（顾建蓉，2016）。同时，由于自然资源资产负债数据搜集和统计过程复杂、需要多种技术支持，导致数据采集频率低进而难以满足编表需要；管理职能划分条块分割、管理内容交叉，数据分散在多个职能部门，但并没有统一公布，提取难度大。

（3）缺乏协同机制和对自然资源管理核算的动态监督。

越来越多的经验事实表明，自然资源资产负债表的编制并不是哪一个部门就能做好的，它是一项系统工程，涉及统计、会计、国土、水利、农业、林业、环保、地质、测绘等相关部门的共同协作和紧密配合。可以说，山水林田湖是一个不可分割的生命共同体，本身具有整体性、协调性等特点。但是以往的管理体制和机制等顶层设计是按行业和部门管理，若现在依旧沿袭这一管理机制，就会造成条块分割、各管一块的局面。而且，各部门的标准不一，相互间缺乏联系，也不能形成良好的协同机制。

从四种"模式"来看，相对而言，"湖州模式"和"大鹏模式"直接由政府负责自然资源资产负债表编制和协调工作，因而自然资源核算和编制工作的效果相对较好一些。

此外，自然资源核算和资产负债表编制的动态监管也是非常重要的工作。在国家机构改革中组建自然资源部，既弥补了自然资源管理所有权缺位的职能，统一调查和确权登记，统一行使全民所有权，又是下一步建立自然资源管理动态监督机制的基础，提高了自然资源的利用和使用效率。

2.5.2 我国自然资源资产负债表编制实践的启示

从我国自然资源资产负债表核算实践以及存在的痛点分析，本书在流域资产负债表的试编、理论和方法体系以及账表设置等事项中得到的启示如下。

（1）夯实基础理论，统一共识，构建多层次多重价值的综合编制框架。

对于自然资源资产负债表编制目的、编制范围、资源要素、编制流程、账户表格设计等基础理论，需要多花时间和精力，广泛参与国内外学术研讨，了解国内外自然资源资产负债表理论最新发展成果，并结合流域自然资源种类、自然资源的确权和流域管理等特色内容，进行针对性设置和理论创新。在理论创新方面注重充分汲取国外的自然资源核算理论和国内自然资源的经验总结，也需要注意处理好自然资源资产负债表与国家资产负债表的关系和衔接。

①充分汲取国外的自然资源核算理论的先进之处。

联合国统计局推出的综合环境与经济核算体系、欧盟统计局开发的绿色国民经济核算体系以及德国、荷兰、挪威等实施的欧盟环境经济综合核算矩阵体系各具特点、互有长短，本书应当在深入研究的基础上综合各种方法体系之长处，构建我国的自然资源核算体系及资产负债表的编制框架。联合国统计局推出的综合环境与经济核算体系自 2000 年正式形成和发布以来，经历了 2003 年和 2012 年两次修改。SEEA 体系是由国民经济核算体系和辅助系统表发展而来，企图尽可能地把资源环境因素纳入国民经济核算，包括生产性资产和非生产性资产。生产性资产主要包括了动植物养殖栽培，因而称之为"培育资产"；土地资源、水资源、矿产资源、天然动植物资源则属于非生产性资产。SEEA 尝试弥补 SNA 中没有考虑资源环境成本的问题，将资源环境成本作为经济核算的一个减项，即国内生产总值减去资源环境成本，就得到生态国内产出，由此，GDP 减去资源环境成本等于 EDP。NAMEA 通过设计的环境物质账户和环境主题账户，能够分别分析环境的实物核算和环境热点问题。环境主题账户设计灵活，重点核算和度量人们关注的环境热点问题，以反映不同部门的"贡献"大小存在的差异。

②正确处理好自然资源资产负债表编制与国家资产负债表编制的关系。

在 SNA（2008）中，自然资源在国家资产负债表中通常被列为非金融非生产性资产。自然资源主要包括土地、矿产和能源储备、非培育性生物资源、水资源和其他自然资源。可见，自然资源在国家资产负债表中具有十分重要的地位。然而，自然资源核算和资产负债表编制不仅是为了将自然资源纳入国民经济核算体系中的国家资产负债表进行核算，也是在摸清家底的基础上，更好地对自然资源进行管理，并开展领导干部自然资源资产负债表离任审计，考核一个地区或部门的自然资源管理的领导责任。

③构建多层次、多价值的理论框架。

自然资源资产负债表编制核算主体繁多，既包括政府、自然资源管理相关部门，又包括自然资源型的行政、事业单位，还包括资源型企业等，甚至包括一般企业使用和消耗自然资源效益情况的核算。总体而言，可以分为政府自然资源资产负债表编制和企业自然资源资产负债表编制。其中，企业自然资源资产负债表编制又分为行政事业单位自然资源资产负债表和一般企业自然资源资产负债表编制。因此，多层次多价值的理论框架应该分阶段、分步骤实施。

（2）统一核算技术方法体系，做好基础数据工作。

在自然资源资产负债表编制技术和方法体系上应充分吸收我国自然资源资产负债表

编制试点开展的实践经验，推进自然资源价值化核算，争取早日在全国形成统一的核算框架体系。

本书前面的阐述表明，在党的十八届三中全会提出要探索编制自然资源资产负债表以前，我国在森林资源、水资源、土地资源等自然资源方面就开展了分类核算，为我国自然资源资产负债表编制的方法和技术体系奠定了良好的基础。2015 年《方案》推出以后，全国多地开展了自然资源资产负债表的试编工作。四种"典型"模式的自然资源资产负债表编制中尽管存在某些方面差异，但也取得许多共识，如"先实物后价值、先存量后流量、先分类后综合"的自然资源资产负债表编制路径是所有模式都认同的。

森林资源价值化研究、森林生态系统服务核算、森林社会与文化价值核算、森林会计核算体系、林地林木资源核算、林业绿色经济评价指标体系等的研究和开展，为森林资源资产负债表编制提供了丰富的数据资料，在理论和方法层面，也提供了借鉴的机会。

因此，在流域自然资源资产负债表编制过程中，也可以选择最为常见的水资源、土地资源和森林资源展开试行编制。当然，也需要聚焦流域内的特色资源，如珠江流域江西境内的稀土矿资源就是当地的特色资源，同时流域内有些地方煤炭资源绝对储量大，待条件成熟，可以纳入编制范围。

在数据资料产生、收集和获取方面，可以充分利用遥感、地理信息系统、全球卫星定位系统等现代先进信息技术为自然资源资产负债表的获取提供及时的信息披露；而在基础数据存储、信息标准、披露机制等方面则有待加强建设。

（3）研究和构建协同机制，加强自然资源核算的动态监督。

国内外还没有形成比较统一的、标准的且成熟的自然资源统计核算体系，例如，如何界定纳入编表的自然资源资产及负债、自然资源资产在报表中以何种形式进行列报和披露、建立的编制体系是否科学可行等，存在很多痛点。自然资源资产负债表编制工作内容涉及面广，跨部门协作多，难度大。因此，要考虑如何在流域范围内结合自然资源产权制度、流域管理、生态补偿等制度构建多部门联动的协同机制。另外，在目前自然资源资产负债表编制的编制阶段，可以多利用科研机构的研发能力和指导作用，成立自然资源资产负债表专家编制小组，为编制自然资源资产负债表提供理论指导和技术支撑。

流域开展编制工作可分两步走：其一，选择自然资源丰富的地区作为试点，先行探索自然资源资产负债表的编制工作；其二，在实践领域自下而上地开展工作，先在流域内县域、市区范围内进行尝试，再逐步向省级汇总，最后再到国家层面上。

2.6　本章小结

生态保护和修复的工作变得越来越刻不容缓，在资源约束趋紧的情形下，唯有转变发展模式，提倡绿色发展、低碳发展、可持续发展，才是我国经济发展的必由之路。因此，编制自然资源资产负债表作为生态文明制度建设的重要改革内容之一，已经广泛引起各界的重视。

本章分析认为，委托代理理论、信号传递理论和生态系统理论是自然资源编制的三大理论基础。委托代理理论是编制自然资源资产负债表的理论根源，信号传递理论是其使用价值的体现，生态系统理论是具体编制范围与核算内容的指引。在此基础上，本章分析了自然资源资产负债表编制理论从国民经济核算到环境综合核算，再从环境综合核算到自然资源核算的历史演变进程。在该进程中，对于自然资源的研究方向是从经济学角度出发，其后随着各国对自然资源经济价值、附加价值认知的逐步加深，自然资源对人类社会产生的真实价值逐渐显露，研究也逐渐扩展到管理学、环境学等交叉领域中去，最终上升到开展多学科、全方位的规范性披露的报表层面。

本章从我国自然资源分类核算实践和资产负债表编制试点实践工作进行了阐述，并选择了四种典型自然资源资产负债表的编制"模式"，从其编制主体、理论基础、编制范围、编制路径等方面进行了比较和分析。本章还剖析了我国自然资源核算和资产负债表编制试点实践中的痛点，并总结经验和启示，提出相关的应对策略。

第3章 我国自然资源价值评价方法的 比较与选择

自然资源核算是编制自然资源资产负债表的基础。本书按照"先实物后价值、先存量后流量"的模式进行自然资源核算，重点完成水资源、林木资源、土地资源的核算工作。自然资源核算的重要一环是如何实现在完成自然资源实物量统计的基础上进行价值量核算的转化，尤其是自然资源的价值包含多重价值情形的时候，如果仅以实物量来核算，无法将自然资源与经济增长相结合，报表仅具有统计上的含义；而多重价值计量需选用切合资源禀赋状况的方法。但国内外学者并未对自然资源定价达成一致意见。从不同价值观点出发，目前自然资源评价的方法中研究较多的有市场比较法、净现值法、影子价格法、边际机会成本法、意愿价值评估法等。这些方法的适用范围有所限定，对数据的具体处理过程不同，使得计量结果有较大差异，因而有必要进行深入剖析。

3.1 自然资源价值核算类别

3.1.1 自然资源价值论

自然资源为人类社会提供物质保障，是人类社会的物质基础，对人类生存发展有着举足轻重的贡献。然而，根据马克思劳动价值论的观点，在商品经济出现之前，普遍认为自然资源是不存在价值的，因为自然资源产品不是以交换为目的生产的，即人类投入的劳动不能转换为价值。但在商品经济产生后，从自然资源的产生过程看，自然资源被人类开发利用后大部分成为市场中的商品，因而被认为存在价值，且是一种供应市场化的经济性价值。但长期以来，由于受到自然资源无价理论的影响，人们对于自然资源的开发失去了理性，忽视了自然资源的价值，过度消耗资源，造成资源枯竭、环境污染，且随着社会经济的快速发展，自然资源的自身恢复能力难以满足人类在生产生活中的需要，并带来生态环境恶化的问题，严重威胁人类的生命健康安全，不利于可持续发展的进程。于是，人类开始注重自然资源在可持续发展中所衍生出来的生态性、质量减损等多重价值，并在自然资源再生产的过程中投入劳动，将自然资源再生产与社会再生产过程统一，帮助自然资源恢复再生。对于可再生资源，以水资源为例，人们加强水污染防治工作，建设水资源配置和防洪抗旱工程。对于不可再生资源，以矿产资源为例，人们限制不合理的开采活动，防止过度开采，同时提高矿产资源的利用效率，加强新能源的开发利用。因此，自然资源的再生产过程蕴含着人类的劳动，其价值量就是投入的社会必要劳动时间。

从西方经济学的观点看，效用和稀缺性构成了自然资源的特殊内涵。自然资源价值能够向人类提供物质、生态、环境、文化等方面的效用，支撑经济社会发展。第一，自然资源为人类的生存和繁衍提供最基本的物质保障，工业社会的正常运转离不开自然资源在能源、原材料方面的支持；第二，自然资源是生态系统的重要组成部分，参与地球物质循环，为人类提供生存环境，对保持生态平衡和维护生物多样性具有重大意义；第三，自然资源具有自净能力，可以容纳并清除来源于人类生产生活的排泄物；第四，自然资源能够满足人类的精神文明需求，良好的环境可以调节人们的心理状况，并为人类提供休憩、观赏、游览的机会。上述效用的表现状况与人类的需求密切相关，人类对自然资源的需求决定自然资源发挥的效用，进而形成价值。自然资源的效用价值是天然存在的，人类的劳动投入使得自然资源得到利用，得以发挥其效用，进而实现其潜在的价值关系。

自然资源价值形成的前提是其具有效用，效用是决定自然资源价值的内部因素，而稀缺性体现出自然资源在市场上的紧缺程度，是决定其价值的外在条件。稀缺是指自然资源由于某种原因不能满足人类的需求。一方面，自然资源是在地球演变的过程中形成的，其产生和分布不受人类的影响，因此，自然资源难免存在时空分布不均的问题，不适应人口和生产力的发展状况。以水资源为例，我国是水资源贫乏的国家，总量可观但人均占有量较低；水资源在地区分布上存在不均衡性，具体表现为东南多西北少的规律；水资源年内年际分布不均衡，降水量波动较大，极易出现旱涝灾害。另一方面，随着经济社会的不断发展，人类日益增长的需求与自然资源有限的存量间出现了矛盾，造成自然资源稀缺的状况。此前粗放式的发展模式对自然资源的利用效率较低，过度消耗自然资源，人为导致自然资源存量的急剧下降，对可持续发展构成威胁。此外，生产生活中产生的过量排放物超过了自然资源的承载能力，造成严重的环境污染，导致自然资源质量降低，危害人类的生命健康安全。当自然资源的供给远远不能满足需求时，自然资源便出现稀缺的状况，人们必须通过竞争获取自然资源，产生自然资源稀缺价值，这就要求人们对自然资源合理定价，通过供求关系的调节机制在市场上配置自然资源。

因此，自然资源存在价值本质上是一种内涵多重的价值。自然资源不仅具有经济价值，更蕴含着丰富的附加价值，包括提供产品价值[①]、涵养水源、调节气候的生态价值和兼备观赏和游憩功能的社会文化价值。

3.1.2 自然资源生态价值核算

在自然资源核算中，其经济价值是最先受到关注的，SEEA2012 就讨论了自然资源的基本估价方法，并对净现值法做了详细说明，为世界各国核算自然资源价值提供指引。党的十八届三中全会提出"探索编制自然资源资产负债表"之后，国内学者对自然资源的评价方法开展了大量研究。基于 SNA2008、SEEA2012、NAMEA 等核算体系，我国学者对自然资源核算的理论基础、核算范围和计量方法做了全面梳理。目前具有代表性的自然资源经济价值的计量方法包括市场价值法、净现值法、替代市场法等。

然而，自然资源不仅具有经济价值，还蕴藏着丰富的附加价值。众多学者认为自然资源具有生态属性，在核算自然资源价值量时必须考虑其生态价值。生态系统服务价值的评估受到部分学者的高度关注。欧阳志云等（1999）率先在国内介绍了生态系统服务功能的概念，探究定量评价的方法。从生态价值评估方法看，王燕等（2013）对现有生态系统服务价值的评估方法做出总结，按照直接市场法、替代市场法、假想市场法进行分类。从产生生态价值的资源类别主体看，王金龙等（2016）、陈端吕等（2018）和张正勇等（2018）分别对我国部分地区森林、土地、冰川的生态系统服务价值进行核算。此外，还有一些学者根据流域的特点对计量方法进行创新，刘耕源等（2020）从生产者视角出发，通过能值方法对 2000～2015 年黄河流域的生态系统服务价值进行核算。昝欣等（2020）以永定河上游流域为研究对象，将生态系统服务价值划分为水源供给等 5 项直接使用价值、土壤保持等 5 项间接服务价值，借助市场价值法、影子工程法和生态系统服务和权衡的综合评估模型（Integrated Valuation of Ecosystem Services and Trade-offs，InVEST）模型开展评估。马尔特·布什等（Malte Busch et al.，2012）以德国和意大利的实践案例作为研究对象，对比分析了生态系统服务价值评价的定性和定量方法，详细论述两种方法的适用性。

现阶段研究关注大尺度区域生态系统的服务价值评估，对省市、区县等行政范围的研究较多，对流域、生态保护区等自然范围的研究较少；对于森林、土地等陆域生态系统的研究较多，对于湿地、河流等水域生态系统的研究较少。国内已有研究在评估自然

---

① 虽然单独核算了提供产品价值，但它的计量方法常常与经济价值计量方法接近，所以本章并没有将其单独分析。

资源的生态价值时主要采用直接市场法，包括市场价值法、影子工程法等，而国外较多采用意愿价值评估法，利用大范围的公众调查评估自然资源的娱乐价值。

3.1.3　自然资源耗减价值核算

自然资源为人类带来诸多价值利益的同时，人们也渐渐意识到，当自然资源遭到滥用、损害甚至严重到影响人类生存环境时，自然资源质量、数量的耗减，一方面会影响人类社会正常经济利益的产生与循环，进而产生机会成本；另一方面为恢复或补偿自然资源，还需额外付出一定成本用以维持原有平衡状态。因此，SEEA2012 明确提出将自然资源耗减纳入账户中核算，张宏亮（2007）论述了自然资源耗减的核算思路，提出通过现值法、净价格法和使用者成本法进行核算。在进一步研究中，高敏雪（2016）认为自然资源的过度消耗会产生环境负债，从而为评价特定地区的可持续发展能力提供依据。关于自然资源负债的核算，向书坚和郑瑞坤（2016）梳理了自然资源负债确认的理论逻辑，从资源配置视角研究自然资源负债的计量方法。张友棠等（2014）认为自然资源负债是过去开发破坏资源而引起的净损失，并以水资源污染治理成本为例，介绍了自然资源负债的核算方法。史丹和王俊杰（2020）对自然资源负债核算的研究现状进行评述，引入生态足迹法核算土地资源负债的价值量。在流域补偿方面，陈燕丽和王普查（2017）对已有的生态环境损失价值核算方法进行总结，认为应付自然现象负债也是自然资源负债的组成部分。王奕淇和李国平（2016）通过能值分析法测量生态外溢价值，进而核算渭河流域上游的生态补偿标准。刘耕源等（2019）在比较支付意愿法、生态足迹法、生态系统服务价值评估法的基础上，探究三元价值理论在确定生态补偿标准中的应用。虽然目前国内学者对于是否应当核算自然资源负债存在争议，但依据自然资源资产负债表的框架设计，有必要核算自然资源耗减，将过度耗减确认为负债。根据已有的自然资源资产负债表编制实践，自然资源负债包括资源过耗、环境损害以及生态破坏，主要的核算方法有恢复费用法、机会成本法、调查价值法等。现有研究对于自然资源负债的定义尚未给予科学界定，核算工作大多围绕生态环境损失价值展开，对负债综合核算的方法未进行深入研究。

综上所述，我国对于自然资源核算的研究处于探索阶段，学术界对自然资源资产核算的理论基础、核算方法和实践应用的研究取得了一定成果，就"先实物，后价值""先存量，后流量"的核算体系达成共识。现有研究根据资源的特点对各种计量方法做了比较和分析，在核算中关注自然资源的生态属性，对于生态服务价值和生态补偿的核算也进行了详细研究。但现有研究仍然存在一些不足：首先，现有研究未能对自然资源负债做出清晰界定；其次，现有的自然资源核算方法比较零乱，未形成规范的体系；最后，自然资源核算大多停留在理论研究层面，较少在实践层面检验核算方法的可行性。

3.2　自然资源价值评价方法的调研

3.2.1　对自然资源价值的认识

本节主要探讨可能有机会参与到自然资源资产负债表编制中的专业人员对自然资源价值的整体认识。由图 3 – 1 可知，相对而言，只要求单独核算自然资源实物量或价值量的专业人员较少，分别占总被调查者的 24.48% 和 11.20%，绝大部分被调查者认为既要核算自然资源的实物量，也要核算其价值量，这就对资料的搜集与方法的选择提出了更高的要求。结合第 3 章中的"自然资源披露程度""自然资源资产负债表中应包含哪些资源"的研究，本书可以得出这样的结论，即：目前在探索编制自然资源资产负债表时，可以抓住流域内几类重点资源，同时实行实物量和价值量核算，旨在构建一个核算自然资源资产负债表的范式框架。

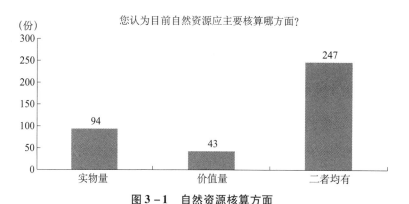

图 3 – 1　自然资源核算方面

目前自然资源价值多使用市场价值进行定价，然而学术界认为该市场价值仅是资源的一种经济价值反映，具有社会生产流通环节的商品价值属性，但并不能反映其无形的生态服务和其他方面的价值。由图 3 – 2 可知，在实践层面，65.36% 的专业人员也认为自然资源的市场价值是低于其真实价值的，即与学术界看法相同，说明寻求一种更为全面的方法体系来反映自然资源价值成为必要。另外，对二者间关系较为模糊的专业人员占 20.83%，认为市场价值高于真实价值的仅占 11.98%，几乎没有人认为目前两者是对等的关系。

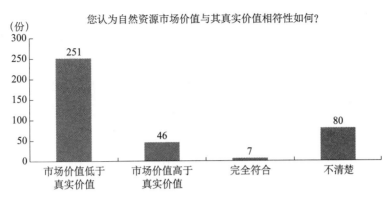

图 3 – 2　自然资源市场价值与其真实价值比较

3.2.2　自然资源价值核算范围

基于前面所述进行深入研究，对于选择自然资源"市场价值低于真实价值"的被调查者，询问对该部分差额即附加价值部分是否需要纳入核算。由图 3 – 3 可知，占被调查者总人数 75.26% 的人认为有必要对该附加价值进行核算。其中，近 63% 的专业人员认为有必要对主要资源尝试附加价值核算，随后再逐步扩大到其他资源；仅 12.24% 的专业人员认为需要对全部资源进行附加价值的核算；有 24.74% 的专业人员认为无须进行该项核算。综上所述，绝大多数专业人员认可自然资源的附加价值，但认为"没必要"核算的人员并不代表不认可该附加价值，只是基于目前技术监测和统计分析等因素的限制而做出的选择。因此，在具体核算自然资源资产价值时，本书努力尝试对附加价值开展核算。

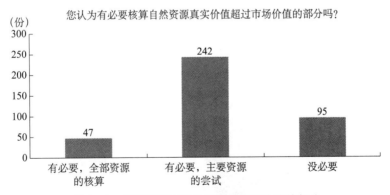

图 3 – 3　是否核算真实价值超过市场价值的部分

目前许多自然资源都已有量化价值，甚至是市场化价值，如土地资源网可以为土地资源的买卖提供竞价交易平台。但是，仍有多数资源的价值难以被核算，其替代价值也较难被找到，如大气资源、生物资源等。对于这部分资源是否需要被核算，专业人员看法不一。其中，48.44%的专业人员认为需要通过对其核算来体现自然资源的重要性；而51.56%的专业人员认为目前不需要对其核算（见图3-4），但要注意相关核算方法理论的探索，以期将来逐步实现更多自然资源的价值核算。在此问题的决策上，本书认为，基于前面的问卷调查结果，研究中针对主要核心资源进行实物量和价值量核算，暂不进行不易量化（包括实物量和价值量）的自然资源的核算。

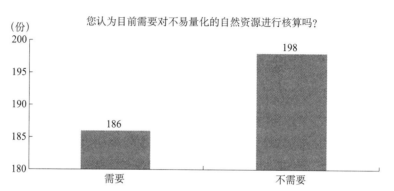

图3-4　不易量化的自然资源的核算

此外，为了解专业人员对自然资源价值评价方法的了解程度，本书在图3-5中列举了8项占主流地位的具体价值评价方法。可以看出，专业人员对各种评价方法的了解有一定规律可循，对市场比较法和替代市场价格法的了解最多，对完全成本加成法、意愿价值评价法和边际机会成本法的了解次之，对重置成本法和收益现值法了解较少，对影子价格法了解最少。而"其他"项中，有专业人员提到了李金昌模型、能值定价模型等方法。经调查小组成员询问，多数专业人员回应，由于对价值计量的接触较少，对一些较为传统方法的了解已经固化，而对新技术方法不甚知悉。但该调查为后面方法选择方面提供了思路。

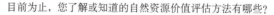

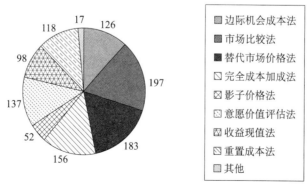

图3-5　自然资源评价方法

3.3　自然资源多元价值的计量方法

自然资源价值计量方法变更经历了漫长的演化进程，在实践核算中取得了一定成果。20 世纪 30 年代，国外学者开始探索自然资源的核算方法，丁伯根（Tinbergen）首次指明了影子价格法的概念，将线性规划方法运用到自然资源核算中去，探究最优配置状况下自然资源的价格。20 世纪 40 年代，旅行费用法被首次提出，该方法将门票收入作为核算公园价值量的标准。到了 50 年代，市场估计法开始被用于评价自然资源的价格，力求客观反映其真实价值。同时，旅行费用法得到改进，引入消费者剩余的概念，并受到学界的高度关注。70 年代，有学者意识到传统的 GNP 核算指标不能体现环境污染带来的影响，主张对国民生产总值进行调整，进而得到经济福利量。80 年代起，旅行费用法和意愿价值评价法开始在实践中广泛运用，成为核算自然资源社会价值的经典方法。90 年代后，自然资源核算方法得到进一步完善。威廉·雷斯（William Rees，1992）首次提出生态足迹法，在不同尺度下测算人类活动所需的生态生产性土地面积。后来经过发展建立了三维模型，利用自然资源存量和流量来反映生态系统承载力。目前，市场比较法成为自然资源价值量核算的首选方法，净现值法和影子价格法也在实践中广泛运用。

相较于国外，我国的自然资源核算起步较晚，但近年来取得了丰富成果，为自然资源资产负债表的编制奠定了坚实基础。改革开放之后，经济快速发展带来的污染排放问题引起了部分学者的关注。李金昌（1991）在其编著的《资源核算论》中详细论述了自然资源的核算框架，并对价值量评价的方法做了简要介绍。在借鉴国际研究方法的基础上，国内学者探索性地开始了对自然资源核算的理论研究。李金昌在马克思劳动价值论的基础上，加入了效用价值论与地租理论，建立了一种自然资源的定价模型。在该模型中，自然资源的价值由其天然价值和经人类劳动参与的价值两部分组成。进入 21 世纪后，国内学者对自然资源核算的框架和基本核算方法进行梳理，运用市场法、替代价格法、重置成本法等对单项自然资源的核算做了大量实践研究。党的十八大以来，国内学者结合自然资源资产负债表的编制需要，对自然资源的综合核算方法进行探究，并从市场属性、蕴含价值等方面对已有核算方法做了总结。目前的研究重点由实物量核算向价值量核算转变，关注自然资源的生态属性。

在人类文明的发展进程中，人们逐渐清晰认识到自然资源的多元价值所在。首先，人类在开采和使用自然资源的过程中获取了经济价值；其次，随着环境问题频发以及人们思想认知水平的提升，自然资源在生态环境支撑、保护等方面的价值凸显；最后，人们丰富的精神文明和多元化的生活，也使得自然资源在人们闲暇娱乐与科研教育等方面的价值被挖掘出来。本书将其依次总结为自然资源的经济价值、附加价值（提供产品、生态价值和社会价值）。虽然目前可选用的自然资源价值计量方式有很多，但多元化的自然资源价值类型为计量方式的选取增加了难度。因此，本书从经济价值、社会价值、生态价值三个方面对自然资源的核算方法进行分类阐述，接着按照自然资源在市场中的交易状况对核算方法进行比较和分析。

3.3.1 经济价值的核算方法

经济价值是自然资源最基本的价值属性，自然资源作为商品在市场交换中所体现的价值就是经济价值。自然资源为人类的生产生活等各项活动提供物质基础，发展采矿业必须以矿产资源为基础，发展畜牧业离不开生物资源和土地资源。人类通过劳动对自然资源进行加工，从而获取其经济价值。人类为认识、开发、保护自然资源所投入的劳动都是自然资源经济价值的组成部分。对自然资源经济价值的计量有较多市场数据参考，因此主要从偏向市场的以下几种方法展开讨论。

3.3.1.1 市场比较法

若自然资源存在成熟的交易市场，便可利用市场比较法核算自然资源的价值量，其定价方式是：以近期市场上相同或类似资源的成交价为参考，直接或间接类比分析比较得到该资源的价值。市场法核算的基本思路是替代原则，市场交易活动遵循等价交换规则，与选定自然资源相同或相似的参照物在市场上存在供求均衡价格。在供求均衡状态下，以参照物的成交价格作为评价自然资源价值量的依据。

若自然资源存在成熟的交易市场，应首先考虑采用市场价格法核算其价值量。由于市场法采用的价格直接来源于市场，评价过程简单，操作方便，易于被各方理解和接受，因此，在市场经济发达的国家得到了广泛的应用。评价思路是参考有成交价格的资源，进行时间因素、地域因素等的调整进而得到待估资源的价格。市场估价法的使用范围是：（1）评价对象有活跃公开市场；（2）评价对象要具备可比性。市场法的缺点是需要相对完善的市场。因为在垄断、信息不对称、公共品或外部性存在而市场失灵的情况下，借助市场法估算出来的自然资源价格往往偏低。总体来说，市场法是最现实可行的自然资源价值评价方法，在能够采用的情况下应尽量采用。

3.3.1.2 净现值法

该方法是通过借助计算出的资源未来预期收益折现来得到现值，进而判断确定资源价值的方法。其估值思路是，通过预期评价对象的投资回报，即预计产出能力和盈利，借助收益折现的方法，确定评价对象的价值。净现值法是以生产要素的边际生产力分配理论作为理论依据。它认为自然资源的价值应该等于该资源为产品生产所做贡献的大小。根据评价对象的预期收益来评价其价值，容易被各方接受，因此净现值法是比较普遍的自然资源价格估价方法。其计算公式为：

$$P = \frac{A}{r}\left[1 - \frac{1}{(1+r)^n}\right]$$

其中，P 表示所计算的自然资源的价格；A 表示纯收益；r 表示折现率或还原率；n 表示自然资源的尚可使用年限。A 具体指总收益扣除相关成本费用后的净额；折现率 r 目前普遍认可的是经风险调整后的值，由公式"短期存款平均利率 + 短期贷款平均利率 × 风险等级系数"计算得来。

净现值法也有很大的局限性，主要是各指标数值的选取需要结合实际情况，需考虑的因素多，主观性强。（1）资源未来的纯收益难以确定。例如，石油价格未来可能因为存量越来越少而升高，也可能因为新的替代能源的发明而降低。纯收益等于收益减去成本，因为成本不确定，石油的纯收益也就不确定。（2）折现率难以确定。在计算期限较长的情况下，折现率会对资源现值起到较大的杠杆作用。因此，尽管净现值法在理论上很完善，但在实际应用中存在一定难度，且容易引起争议。（3）与折现率 r 计算相关的风险等级系数难以确定。需要考虑风险因素，并人为设定指标进行确定，但风险因素并不容易界定（宋协法等，2018）。（4）自然资源的剩余使用年限难以确定。由于自然资源的功能用途多样，且现今技术仍有较大改善空间，自然资源的使用年限也在不断变化。

3.3.1.3　完全成本加成法

完全成本加成法就是把自然资源的价格取作成本加上合理利润。在可持续发展观下，自然资源的成本除生产成本外，还囊括了资源税、生产成本、环境补偿成本等在内的完全成本。例如城市水价，应该包括三个部分：资源水价、工程水价和环境水价（朱永彬和史雅娟，2018）。合理利润是指资源的开发企业应该得到的投资回报，投资回报率一般取该资源行业的平均回报率。

这种方法是基于可持续发展理念提出的，具有理论的创新性和应用的可行性，且该方法计算简便，容易理解，各项费用类指标一般都可从市场中获取，但该方法的计量角度是生产的角度而不是自然资源需求的角度。完全成本加成法的适用范围是有完全竞争市场或接近于完全竞争市场的评价对象，但对于垄断性较强的商品，其价值往往被高估。

3.3.1.4　影子价格法

影子价格主要是针对稀缺资源而设计的资源定价模型，在一定程度上弥补了市场价格定价机制中的不足。影子价格模型有两处来源：一是由处于市场经济体系中的荷兰经济学家詹恩·丁伯根（Jan Tinbergen）为资源的市场效率定价提出的；二是由处于计划经济体系中的苏联经济学家康托罗维奇（Kantofovitch）为资源最优配置提出来的。虽然所处的经济体制不同，但影子价格的这两种来源路径都是以资源有限性为前提，从定量角度出发，综合考虑资源的有效定价和资源配置效率而设计出的一种定价模型。

影子价格的具体操作方法是：以现有的资源市场价格为基础，根据资源的稀缺程度对该市场价格进行调整，以真实反映出社会利用该资源的效益和损失，便于对资源利用效率进行评价和分析管理，这也是该方法的优点所在。其缺点在于只反映了资源稀缺程度和总体经济效益间的关系，导致用该方法计算得来的价格与生产价格、市场价格有很大差别，因此不能作为资源本身的价值。另外，这种方法需要大量的数据信息来支撑，计算复杂，实操性差。

3.3.2 社会价值的核算方法

社会价值体现为自然资源能满足人们精神文明的需要。人类是自然环境的一部分，身心健康受到自然资源潜移默化的影响。随着经济发展水平的不断提高，人们对于美好生活的需要日益增长，在学习工作之余前往户外观赏美景、陶冶情操已经成为一种新风尚。当自然资源成为欣赏对象时，其社会价值便得到充分展现，使人们的审美需求得到满足。此外，由于自然资源的稀缺性，其也会成为科考人员的研究对象，为人类了解生态环境的发展及现状做出贡献。但由于自然资源的社会价值是一种不可交易的价值类别，无法寻得市场价格，因此需要通过一些非市场估值方法进行核算，如意愿价值评价法、选择实验法和旅行费用法。

3.3.2.1 意愿价值评价法

意愿价值评价法也称条件价值法、权变评价法或假想评价法（CVM），具体是指通过咨询被调查者的意愿，推导出人们对资源假想变化的估价值，它能对一系列广泛的非市场交易产品的价值进行评价。意愿调查评价法的思路是直接对有关人员进行咨询调查，进而评估自然资源的价值。该方法通常运用对获得资源的支付意愿或失去资源的受偿意愿来对资源价值进行评价。意愿调查评价法若按照评价时的操作方式，可以分为三类：直接询问被调查对象的支付或受偿意愿、间接询问被调查对象的选择和德尔菲法。

意愿调查评价法最突出的优点是能够解决无法直接在市场上出售，也没法用合适替代品的资源的估价问题。但意愿调查评价法也有缺陷，主要表现在：第一，意愿价值评价法混淆了平均价值和边际价值；第二，意愿价值评价法混淆了个人价值和社会价值；第三，估价依赖于人们的主观看法而不是他们客观的市场行为，而人们的回答中会有大量的难以避免的偏差。

3.3.2.2　选择实验法

选择实验法属于陈述性偏好方法，主要用于核算包括社会价值在内的自然资源的非市场价值，是国外新兴的环境经济计量方法。选择实验法的关键在于设计调查问卷，将环境有关属性和状态组合为选择集，选择集包括在假设条件情境下预先设置的备选方案。在实施调研的过程中，要求被调查者对备选方案认真评价，选择自己认为的最优方案。最后一步进行结果分析，运用计量经济学模型分析各方案的相对价值。选择实验法可以观察被调查者的选择过程，由于每一个假设情景都包含着自然资源的不同属性，通过分析被调查者的权衡结果，就可以计算出最有价值的因素。

3.3.2.3　旅行费用法

旅行费用法由美国经济学家霍特林（Hotelling）于 1947 年提出，经过克劳森和克内奇（Clauson and Knetsch）的进一步发展后被广泛用于国家公园、旅游景点等游憩场所的价值评价。旅行费用法是以人们的旅行费用作为衡量自然资源价值量的标准，将旅行费用作为自然资源社会价值的体现，核算范围包括游客支付的门票费用、交通费用、耗费的时间成本等。具体核算时：第一步，通过抽样调查得到旅游地区的旅游人数，除以该地区的总人口之后得到每千人的游客比例；第二步，构建线性旅游费用函数，引入消费者剩余的概念，利用边际方法估计个人的旅游支出；第三步，将上述结果相乘，得到该地区的旅游总成本。

3.3.3　生态价值的核算方法

生态价值是指自然资源在保障生态系统平衡、维护生物多样性等方面发挥的价值。自然资源在发挥自身结构性功能的基础上，还参与生态系统的物质循环，为生态环境的稳定做出贡献。一方面，自然资源在承载力范围内能够分解人类排放的污染物，发挥其调节功能；另一方面，自然资源在预防自然灾害和减轻损失中发挥重要作用。生态价值不能带来直接的经济效益，但为人类的生存提供坚实保障，发挥间接使用的价值。与自然资源的经济价值和社会价值不同，自然资源生态价值的可计量性适中，例如水资源的生态价值中，既有可参照市价的"生态环境补水"统计数据，又有不便于统计计量的"水质净化"的生态价值，在此基础上，结合相关文献，采用如下市场化和非市场化相结合的计量方式。

3.3.3.1　替代价格法

替代价格法也叫替代市场价格法（sumgate market approach），是指当评价对象没有市场价格时用替代物的市场价格来度量其价值的方法。该方法的理论基础是效用价值论，即商品的价值取决于其提供的边际效用，功能用途相近的商品应具有相同的边际效用。替代的趋势是不断变化的，以前是用煤炭和石油来替代木材作为燃料，随着煤炭和石油可开采量的减少，现在改用沼气、太阳能和乙醇来替代煤炭和石油。

在资源的动态变化中，替代价格法核算价值的准确性在于其确定的可接受替代物的合理性。有些可交易的市场物品只是资源所能提供的全部价值的一部分，同一资源用途不同，其价值量也会有所差异（吴健，2007），所以在具体选择替代物时，可以考虑自然资源的用途和功能。例如，自然资源甲有 A、B 两个差异较大的用途时，可以用有市场价格的乙资源衡量 A 用途下甲的价值，用有市场价格的丙资源衡量 B 用途下甲的价值。当然这种微观思路大多还停留在理想层面，一是现今对自然资源定价的基本理论和框架尚未形成，按类别使用替代价格法就犹如"空中楼阁"，没有基础支撑；二是这种更为细致精确的方法在操作性上存在困难，还需进一步统计自然资源不同功能下的物量走向。所以，当自然资源所属范围过大或数量较多时，用自然资源的整体价格替代法简易可行；当在县级等这类较低统计层面或资源数量不多的情况时，可以按自然资源的用途，分类使用替代价格法估计自然资源的价值。

3.3.3.2 边际机会成本法

机会成本是一个最高收益的概念，它是指在控制所有其他条件不变时，将一定资源用于某种用途而放弃用于其他用途所能带来的最高收益。机会成本适用于缺乏市场价格或无市场价格的自然资源的定价。在此倾向下自然资源价格不仅包括资源开发利润，还包括未来牺牲的收益。在机会成本定价中，边际机会成本定价模型是一种较为成熟且应用广泛的方法。其具体构成详见图 3 - 6。

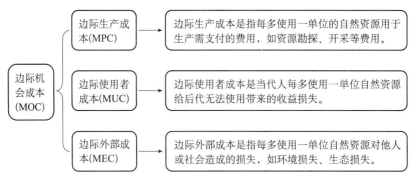

图 3 - 6　边际机会成本构成

边际机会成本理论认为，边际机会成本表示消耗一种自然资源所需的全部费用，与使用者所付出的代价在理论上相等。而当价格小于边际机会成本时，会促使资源被滥用，若价格大于边际机会成本则会妨碍正常消费。边际机会成本法的优点是：（1）考虑了资源开发使用的环境代价及代际公平问题，弥补了传统资源定价中价格构成的不足，衡量了使用资源所付出的全部代价。（2）边际机会成本法对评价资源利用与环境保护政策的有效性提供了重要依据，如现有资源价格控制、资源税收等。但将其直接作为一种自然资源定价方法尚不可取，主要原因是：（1）边际使用成本和边际外部成本的获取较困难。（2）可比性差。每个地区的资源禀赋不同，经济发展水平不同，使得同一资源在不同地区对 MUC 和 MEC 有不同的衡量标准，计算出来的 MOC 缺乏可比性。

3.3.3.3　重置成本法

重置成本是指在当前阶段重新购置与被评价对象相同或类似的全新资源所付出的全部代价。其计算公式为：

自然资源的价格 = 重置成本 − 功能性贬值 − 实体性贬值 − 经济性贬值。

功能性贬值是指由于技术进步造成的贬值。实体性贬值是指资源使用或磨损所造成的折旧。经济性贬值是指由于通货膨胀、生产变化等引起的贬值。图 3 −7 柱状高低不代表价值量大小。

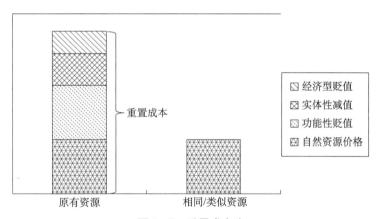

图 3 − 7　重置成本法

重置成本法的理论基础是补偿价值论。补偿价值论是指对被破坏或功能受损的可再生资源进行补偿并使其恢复到原有功能状态所需付出的代价。应用到自然资源方面，是指自然资源在未被开发利用前，有其特有的生态或其他服务功能，即原始状态；在人类开发利用之后，其功能价值必然会遭受影响，且多为负面影响，那么人类有义务使其恢复原状；倘若人类能够恢复自然资源的原有功能状态，那么自然资源就没有破坏损耗，其价值就没有损失。这一思路的隐含意为资源价值的减少量就是其恢复成本，体现了可再生资源的恢复和更新要求，考虑到了自然资源的有限性。这种方法不仅是合理的，而且是较为实用的，所以自然资源的价格尤其是可再生自然资源的价格可以依据补偿的费用来确定。

但其也有缺点：（1）不能反映资源的效用价值、需求价格。（2）仅适用于可再生资源。（3）现实情况是绝大部分资源价值只能部分重置，因此通过此方法核算出的价值与实际价值有一定差距。例如，用化肥可替代土壤流失的营养元素但并不能重建土壤的结构；植树难以恢复因修路砍伐影响的林木的生物多样性。

3.3.3.4 能值定价法

能值（emergy）与能量（energy）并非同一概念，能值是指某种流动或贮存的能量中包含另一种能量的量，即能值包含能量（姚成胜等，2008）。20 世纪 80 年代，美国生态学家沃德姆（H. T. Odum）提出了能值分析理论和方法（陈丹等，2006）。其应用到的主要指标及释义见表 3 - 1。

表 3 - 1　　　　　　　　　　　能值定价模型中主要指标

主要指标	释义
太阳能值（solar emergy）	生产产品或劳务等直接或间接来源于太阳能的能量
能值转换率（emergy transfomity）	不同类别能量之间进行转换的转换率，此模型中多以太阳能为基准，使用太阳能值转换率，即产出每单位物质或能量所需的太阳能量
能值/货币比率（emergy/dollar ratio）	确定能值与货币数量对应关系的指标，其计算公式为：某地区全年使用的太阳能能值总量/当年地区内生产总值
能值—货币价值（emergy dollars）	将生态经济系统的能值折算成货币，体现某种能值对经济的贡献，包括自然环境价值和人类劳动等价值。计算方法是：资源或产品的能值/当年的能值/货币比率

能值价值理论的基础是能量价值理论，该理论认为商品的价值只来源于能量，而能量又有自然和人力两种表现形式。因此，能值定价模型创设性地将自然环境资源和社会经济资源一起囊括了商品价值中。能值理论以太阳能值为统一标准来衡量资源价值，解决了一般计量方法难以解决不同类型自然资源的能量相互加减和比较的问题，为客观地评价和比较各种自然资源间的内在价值及其对人类社会经济的贡献提供了一种新思路。

3.4　自然资源多元价值计量方法的比较和选择

3.4.1　自然资源价值计量方法的范围和特征比较分析

自然资源价值评价的方法多种多样，各种方法间存在一定联系却又相互区别。现从适用范围、内涵、优缺点和市场属性五个方面分别对自然资源经济价值、社会价值、生态价值的核算方法进行比较分析，并以市场属性为主要依据，论述方法选择的思路见表 3 - 2。

表 3 - 2　　　　　　　　　　　　经济价值核算方法对比

项目	市场比较法	净现值法	完全成本加成法	影子价格法
适用范围	存在成熟的交易市场	各年的预期收益可获得，常用于评估土地资源价值	存在完全竞争市场	有市场价格，各种数据信息可获得
内涵	类比相同或相似资源的价格	计算资源未来预期收益的现值	成本加上合理利润	以市场价格为基础，结合稀缺程度确定价值
优点	评估过程简单，操作方便，易于被各方理解和接受	考虑了时间因素对价值的影响	计算简便，数据易获得	能反映资源的稀缺程度，有利于资源的合理配置和有效利用
缺点	市场失灵的情况下评估价格不实	预期收益预测难度大	忽视供求变化对价格的影响	计算需大量数据，计算复杂，实际操作可行性低
市场属性	可直接交易	可直接交易	可直接交易	可直接交易

表 3 - 2 中四种核算自然资源经济价值的方法里，市场比较法是目前应用最广泛、操作过程最方便、可靠程度最高的方法。运用市场法核算的前提是自然资源存在成熟的交易市场，可用于评价矿产资源、土地资源等自然资源的经济价值。在市场法核算中，市场法的优点在于核算过程简便，自然资源的价值能够直接从市场信息中获得，或者类比市场中存在相似资源的价格。因此，通过市场法核算得到的自然资源价值可信度高，能够被各方接受。

此外，净现值法作为资产评价的重要方法，也是评价自然资源经济价值的常用方法，SEEA2012 中对其做了详细介绍。净现值也称为收益还原法，将自然资源的预期净收益视为资源租金，通过净现值公式贴现。净现值法的缺点在于未来收益的预测和贴现率的确定难度大。一方面，可再生资源的收益时间难以衡量，再生状况难以观测，且未来收益受到客观因素和主观判断的影响，不确定性大；另一方面，其折现率不同于市场利率，受到多种风险因素的影响，在计算过程中极易出现偏差。因此，有必要根据自然资源的特点对净现值法进行改进，提高预期收益计算的准确性。

完全成本加成法从自然资源产品生产的角度出发，以成本作为衡量自然资源价值的依据。除生产成本外，将税负成本、环境补偿成本纳入核算范围，综合计算自然资源的经济价值。完全成本加成法的优点在于计算数据易得、计算过程简单，但忽视了供求关系对自然资源价格的影响，没有考虑市场的作用机制。

影子价格法以市场价格为基础，结合稀缺程度和市场供求状况确定价值。考虑到资源的稀缺性，影子价格法把合理有效利用资源作为核心目标，有利于实现经济效益的最大化。简单来说，若其他资源的投入不变，影子价格就是该稀缺资源的边际收益。影子价格也反映出资源的稀缺程度，一般来说影子价格越大，资源就越稀缺。从消费者的视角出发，影子价格反映其支付意愿，即消费者的机会成本，只有在供求均衡的状况下，影子价格才与市场价格相同。目前，影子价格法计算过程复杂，局限性大，不适宜全面用于自然资源经济价值的评价。

总体来看，在自然资源存在市场价格的情况下，上述四种方法均可用于自然资源经济价值的核算。从市场属性看，这四种方法能够核算可直接交易的自然资源的价值，属于直接市场法的范畴。相比之下，若自然资源存在市场价格，市场比较法是目前最优的核算方法，净现值法次之，而完全成本加成法和影子价格法限制条件较多，应用范围较小，在实践核算中需要根据自然资源的特点做进一步分析。

如表3-3所示，意愿价值评价法以调查问卷为研究工具，其基本思路是建立假设市场，直接调查受访者的最大支付意愿或最小受偿意愿。调查问卷的设计是意愿价值法实施的关键，调查问卷的形式决定了调查的效果，完成调查问卷的回收后便可建立自然资源社会价值的评价模型。意愿价值评价法可用于解决不存在活跃市场的自然资源价值评价问题，已在实践中广泛运用，但其结果受主观因素的影响，存在偏差的可能性较大，不过调查人员可以通过科学设置问卷提高调查结果的准确度。

表3-3 社会价值核算方法对比

项目	意愿价值评估法	选择实验法	旅行费用法
适用范围	可用于评估缺乏有关资料的自然资源价值	生态修复与补偿、自然景观及景区的价值核算	国家公园、自然保护区的社会价值核算
内涵	通过询问被调查者获得资源的支付意愿或失去资源的受偿意愿进行评估	利用调查问卷，要求被调查者选择最优备选方案	利用游客的旅行费用评估自然资源的社会价值
优点	能对不存在实际市场和替代市场交易的自然资源开展评估	可以量化自然资源具体特征的价值，能够观察被调查者的选择过程	引入消费者剩余的概念
缺点	受被调查者主观看法的影响较大	实际应用领域偏少，还没有广泛推广	对数据量要求大，建模难度高，受到被调查人心理状况的影响
市场属性	不可交易	不可交易	可间接交易

选择实验法在意愿价值评价法的基础上进行改进，是目前新兴的自然资源价值量核算方法。选择实验法也采用问卷的形式，要求被调查者在备选方案中做出最优选择。意愿价值评价法仅能评价一种因素的变动对自然资源价值的影响，而选择实验法适用于多种因素变动的状况。选择实验法在国外受到高度重视，被广泛应用于非市场价值的评价，但在国内的应用较少，需要通过大量实践检验其可行性。

旅行费用法创造性地引入消费者剩余的概念，以游客的旅行费用衡量自然资源的社会价值。旅行费用法的理论基础和应用已经成熟，适用于对免费或者门票费用较低的景区以及具有游憩功能的资源进行价值评价。此外，旅行费用法能够反映出自然资源的直接使用价值，为景区的可持续发展提供政策建议。从 20 世纪 80 年代起，旅行费用法便在我国进行了实践应用，常用于评价缺少市场价格的资源价值，但存在核算数据量大、建模难度高的问题。

总体来说，意愿价值评价法目前应用广泛，能够根据自然资源的特点对评价标准进行调整，在上述三种方法中最适宜用于衡量自然资源的社会价值。从市场属性看，旅行费用法属于替代市场法范畴，而意愿价值评价法和选择实验法属于假设市场法范畴，均适用于自然资源不存在市场价格的状况。意愿价值评价法和旅行费用法目前在实践中被广泛适用，但旅行费用法的核算过程较为复杂。意愿价值评价法和选择实验法受到主观因素的影响，核算结果存在偏差，但可以通过合理完善调查问卷的方式提高准确性。

如表 3 - 4 所示，替代价格法的核算思路是在市场上寻找可替代的商品，以此作为替代价格核算自然资源价值。替代价格法适用于自然资源缺少市场价格或者核算数据可获得性差的状况。替代价格法的最大优点在于核算方法简便，主要工作是确定市场上的同类可替代品，但是其不能完整体现自然资源的生态属性，此外，若自然资源不存在替代品，则不能使用替代价格法进行核算。

表 3 - 4　　　　　　　　　　　　　　生态价值核算方法对比

项目	替代价格法	边际机会成本法	重置成本法	能值定价法
适用范围	自然资源无市场价格的情况	自然资源无市场价格的情况	可再生资源	生态视角下资源价值的核算
内涵	以替代品的市场价格评价自然资源的价值	综合考虑边际生产成本、边际使用者成本、边际外部成本	将人们愿意恢复或保护某项自然资源的付出作为该自然资源的价值	将不同形式的能量转换为统一的能量测度单位
优点	核算方法简便	能够计量使用资源所付出的全部代价	融入生态补偿价值，充分考虑自然资源的耗减状况	解决了不同类型自然资源不能进行比较的问题，统一了自然资源的度量标准

续表

项目	替代价格法	边际机会成本法	重置成本法	能值定价法
缺点	部分自然资源不存在替代品且难以准确计量	可比性差,不利于宏观上把握资源价格变化	不能反映资源的效用价值、需求价格	数据来源和不同资源转化有效性不确定
市场属性	可间接交易	可间接交易	可直接交易	不可交易

边际机会成本法从经济学视角出发,以边际生产成本、边际使用者成本、边际外部成本作为资源价值量的组成部分,体现全社会为获取某一自然资源而付出的代价。边际机会成本法属于替代市场法,适用于核算不存在市场价格的自然资源。边际机会成本法考虑到自然资源的生态属性,将环境成本和边际成本纳入核算范围,实现了理论研究的创新。目前,边际机会成本法还存在一定缺陷,在边际外部成本难以准确核算,且可比性差,不利于从宏观上把握资源价格变化。

重置成本法以恢复自然资源生态效益所需的成本评价其价值量。作为资产评价的常用方法之一,重置成本法适用于可再生自然资源的核算。在核算中,单位恢复成本应在自然恢复成本与人工恢复成本的波动范围之内。重置成本法的计算过程比较直观,充分考虑到自然资源的耗减状况,易于被各方接受,但是重置成本法不能反映资源的效用价值,不适用于不可再生资源的核算。

能值定价法以自然资源蕴含的总能量为核算依据,将其转换为货币形式进行核算。该方法认为一切自然资源的能量都来自太阳能,因此可以通过太阳能值衡量各种能量的能值。能值定价法适用于生态视角下自然资源价值量的核算,其关键在于确定能值转换率和能值与货币的比率,首先将投入的能量转换为太阳能值,接着将太阳能值转换为价值量。能值定价法将自然资源包含的能量进行统一转换,解决了不同类型自然资源不能进行比较的问题,统一了自然资源的度量标准,但转换率的有效性难以保证。

总体来看,在上述四种自然资源生态价值的核算方法中,能值定价法将自然资源的核算方法进行统一,较好体现出自然资源的生态属性,最适宜用于自然资源资产负债表中生态价值的评价。从市场属性看,重置成本法属于直接市场法的范畴,替代价格法和边际机会成本法属于替代市场法的范畴,能值定价法属于不可在市场交易资源的核算范畴。相比之下,替代价格法的适用范围受限,应用前提是寻找到自然资源的合适替代品;边际机会成本法未充分考虑市场因素对自然资源价格的影响;重置成本法只适用于可再生资源的价值核算。

3.4.2 自然资源价值计量方法选择的考虑因素

除了价值属性视角之外,在选择自然资源价值量的核算方法时,也可以考虑以下视角。

（1）自然资源的市场属性。若自然资源可在市场上直接交易，那么最可靠的方法就是直接市场评价法，例如市场比较法、净现值法、完全成本加成法、影子价格法、重置成本法等。直接市场法是自然资源核算的基本方法，已在实践中被成熟应用，不仅核算过程简便，数据易于获得，而且能够得到各方认可。对于难以在市场上获得交易价格的自然资源，通常采用替代市场评价法进行核算，例如旅行费用法、替代价格法、边际机会成本法等。若自然资源在市场上无法交易，则应当采用模拟市场评价法核算其价值量，例如意愿价值评价法、选择实验法等。

（2）自然资源的特征。根据 SEEA2012 的论述，自然资源可分为矿产和能源资源、土地、土壤资源、木材资源、水生资源、其他生物资源和水资源七类，在核算其价值量的过程中要根据自然资源不同的特点，选择最适宜的方法。例如，我国矿产和能源资源属国家所有，市场交易信息并不充分，适合采用净现值法估价。水资源受到太阳能的影响，一直处于循环状态，以不同的形式存在于地表、地下、生物体内，可以采用能值定价法估价。森林资源的价值通常用成熟林木的价格减去生长成本后的贴现值表示，在实践中较多采用净价格法估价。土地资源价值的影响因素较多，且交易价格不具代表性，因此通常采用占有法或净现值法估价。

（3）资产与负债。资产与负债是自然资源资产负债表的重要组成部分，自然资源的核算方法已在前面做了详细论述。对于自然资源负债，可以从成本和损益两个方面对其核算方法进行选择。为减少生产生活中的排放物对自然资源的影响，人们会采取事前预防和事后治理的措施，这就产生了两种成本，其主要核算方法包括恢复成本法、直接市场法、防护支出法等。基于成本的核算不能反映出自然资源的恶化带来的损害或者机会收益，因此有必要基于损益估算自然资源负债的价值量。其核心观点是支付意愿与受偿意愿，主要核算方法包括旅行费用法、意愿价值评价法、联合分析法等。

3.5　本章小结

首先，本章介绍了目前国内外对于自然资源核算方法的研究现状，具体评述了核算基本方法及体系、生态价值核算方法、耗减价值核算方法的研究成果和不足之处。

其次，本章梳理了国内外自然资源核算方法的演化历程，论述自然资源价值核算的理论基础，探讨学界对自然资源价值的认识过程，并从效用和稀缺性两方面论述了自然资源价值的特殊内涵。

再次，本章探讨了自然资源经济价值、社会价值、生态价值的内涵，并以上述三方面的价值属性为分类依据，简要介绍了自然资源价值的十一种核算方法，主要包括市场比较法、净现值法、旅行成本法、意愿价值评价法、能值定价法等。

最后，本章分析和比较了十一种核算方法，着重讨论了它们的适用范围、核算思路及优缺点，此外，还根据自然资源的市场属性、自然资源的特征、资产与负债三个视角对自然资源核算方法的选择思路进行了分析。

第4章 流域自然资源资产负债表编制的综合框架

自然资源资产负债表的概念是我国做出的一项制度创新，也引起了我国学术界的广泛讨论和实践界的积极参与及开展试点。从第1章研究与自然资源资产负债表有关的学术热点的2013~2019年333篇核心期刊来看，研究自然资源资产负债表的相关文章数量呈直线上升趋势，其中自然资源资产负债表编制是非常高频的一个词，作为关键词出现13次，表明是自然资源资产负债表中关注度较高的一项内容。与自然资源资产负债表编制相关的研究文献主要有以下四个方面：（1）关于自然资源资产负债表编制的理论基础的研究。方恺和朱优蓉（2019）从不同学科视角阐述了自然资源资产负债表编制的理论基础。胡文龙（2014）、陈红蕊和黄卫果（2014）以及吕晓敏等（2020）分析了具体的自然资源资产负债表编制目的、编制主体、编制意义等基础理论问题。（2）自然资源资产负债表编制框架研究。黄溶冰和赵谦（2015）较早地从报表设置视角分析了自然资源资产负债表的框架结构。何利等（2019）运用"物理—事理—人理"逻辑框架分析了自然资源资产负债表的编制。方恺和朱优蓉（2019）则从基本假设、表式结构、数据来源等方面探讨了自然资源资产负债表的框架体系。沈镭等（2018）主要应用会计复式簿记理论方法探讨了资产负债表编制的框架。（3）自然资源资产负债表编制的技术和方法。其主要包括了实物量和价值量转换方法（吕晓敏等，2020；焦志情等，2018）以及生态损益核算方法（张婕等，2020）的研究，而邱琳等（2020）采用遥感和GIS技术分析了自然资源资产负债表的编制。（4）分类自然资源资产负债表编制。其包括土地资源资产负债表编制（薛智超等，2015；耿建新和王晓琪，2014）、森林资源资产负债表编制（张卫民和李辰颖，2019；耿建新等，2017；石薇等，2018）和水资源负债表的编制（唐勇军等，2018；田贵良等，2018）。

理论界对自然资源资产负债表的编制做出了许多探讨，实践界也开展了许多试点，本书在第2章对我国四种典型试点"模式"已做了详尽分析，但无论是自然资源资产负债表编制方面的理论还是实践都存在一些不尽如人意的地方。虽可以从不同视角构建自然资源资产负债表报表框架，但尚未具体回答在编制框架体系中存在的重点与难点问题

（肖序等，2015）。因而，本章在进一步对自然资源资产负债表编制中的几个关键问题进行分析的基础上，构建流域自然资源资产负债表编制的综合框架，并剖析流域自然资源资产负债表编制的流程和步骤。

4.1 自然资源资产负债表编制的几个关键问题探讨

4.1.1 国际规范的遵循问题探讨

从世界范围来看，自然资源资产负债表编制是我国的一项制度创新（史丹和王俊杰，2020），目前，在编制和核算方法体系方面均存在较大的争议。标准编制规范体系的形成既受到宏观经济环境核算的国际规范体系的影响，又受到微观核算中会计资产负债表的影响。从宏观的国民经济环境核算体系来看，国际上国民经济核算出现了 SNA、SEEA 和 NAMEA 等多种表现形式。

SNA 是库兹涅茨和斯通于 20 世纪 40 年代创立的国民经济核算体系，受到了苏联物质产品平衡表体系（System of Materal Product Balance，MPS）的深刻影响和启发。物质产品平衡表体系起始于列宁 1918 年签署的《统计案例》，历经几次修订，并反向吸收了国民账户体系的一些指标，1984 年发展形成了《编制国民经济统计平衡表的基本方法原则》。1947 年联合国公布的有关统计方法研究的分会报告中提倡使用 SNA 体系，并经过多次修订，产生了 SNA1953、SNA1960、SNA1964 和 SNA1968 不同版本。虽然这些版本在核算范围扩展、统计标准协调一致、体系框架建设等方面取得了很大进步，但在操作性和应用可行性方面存在较大问题。此后，又经过了长达 20 余年的讨论和修改。联合国统计委员会于 1993 年 2 月在联合国经济和社会理事会第 27 届年会上推出 SNA1993。它可以更好地反映政府部门的相关活动和作用，增加了对通货膨胀、服务业、金融活动和环境的关注，核算了物价指数和物量指标体系，加强了资产、负债和损益的核算。自此以后，环境核算成为全球通行的受关注的领域，并在 2008 年的 SNA 修订中进一步得到强化和细化。SNA2008 采用了中心框架和卫星账户的核算形式，中心框架系统严谨、全面细致地反映了一个国家或某一经济体的国民经济总体的运行情况与结果，而卫星账户延续了 SNA1993 的思想，可以灵活地反映各专门领域的核算和发展，如综合环境经济核算卫星账户、住户卫星账户、卫生账户体系等。可见，自然资源核算主要是以 SEEA 的卫星账户核算的形式开展，对汇总到中心框架里的非金融资产中的非生产性资产进行核算。

SEEA 由联合国统计局于 1993 年在 SNA 中心框架的基础上发展而来，1994 年出版的临时版本详细地给出了环境核算的基本思路。虽然它是树立国际环境核算的一个标杆，成为各国借鉴的范本，但是由于其操作性差，所以 1998 年联合国统计局出版了 SEEA 操作手册，提高了其实践操作水平。此后，SEEA 在 2003 年和 2012 年进行了两次修订和完善。最新的 SEEA 2012 对 2003 版中存在理论认识与实践操作不一致的内容进行了修订，达成了对环境经济核算体系中心框架的处理共识。

NAMEA 是由荷兰统计局于 1993 年编制公布的国民经济核算矩阵，设置了排放物账户、全球环境问题账户和国家环境问题账户三个核算体系来核算环境影响，并将其纳入国民经济核算体系。其中，排放物账户分十个排放物的污染项目列报；全球环境问题账户分为温室效应、臭氧层破坏、酸化、废弃物和废水等进行列报；国家环境问题账户分为酸化、固体废弃物及自然资源折耗列报。NAMEA 主要以实物账方式核算经济活动中的环境保护支出、环保消费和污染物排放，受到统计学者的广泛接受和支持。目前，欧盟各国普遍采用 NAMEA 框架，并试图用社会核算矩阵对 NAMEA 进行扩展，建立包括环境账户的社会核算矩阵（向书坚和黄志新，2015）。

此外，ENRAP 称作“环境和自然资源账计划”，由美国经济学者亨利·佩斯金于 1989 年创立，此后美国援外总署以提供援助的方式在菲律宾试行编制。与 SNA 和 SEEA 不同，它将环境视为一个生产部门，采用福利经济学方法和指标对国民收入账进行修正。这就使得在经济环境核算中不仅核算环境社会成本和损失等有害的项目，如污染对人体健康之损失，也核算对环境有利的项目，如自然资源折耗、环境所提供的废弃物服务及环境品质服务、环境损害、净环境利益、家庭非市场生产，以反映环境服务价值（环境提供的废弃物处理服务与直接服务之和）减去损失（环境损害）的净环境利益。

“欧洲环境的经济信息收集体系”是由欧盟统计局（Eurostat）于 1994 年推出的。在基于“可持续发展”的共识上，欧盟开展的第五次环境行动计划发布了环境与资源整合账户体系。该核算体系采用了卫星账户的形式将环境保护活动纳入国民经济核算，由两个卫星账和一个资料收集及处理系统账构成联结。两个卫星账户分别是环境保护支出账和资源使用及管理账，它们主要用来核算环境保护支出及从社会产出、就业及进口的观点来衡量所有与环境保护及其设备和相关产品的经济活动价值，侧重于实物账的核算，而对各种污染损害成本不核算。

由此可见，SNA1993 开启了自然资源资产核算的新篇章，SEEA 和 NAMEA 是对 SNA 环境核算的继承，形成了以此作为重要组成部分的经济环境综合核算体系。SERIEE 推进了环境资源核算，而 ENRAP 创造性地将环境服务价值核算到国民经济中来。这些核算体系都对环境影响进行了核算，采取了微观的数量核算和加总核计方法，意图反映一个国家或者经济体的"所得""支出""投资""储蓄"等概况，以求达到"所得＝支出"以及"投资＝储蓄"的"平衡"状态。

本书在开展自然资源资产负债表的编制和应用过程中，既要注意借鉴国际规范的成功经验，也要发挥"拿来主义"和"扬弃"精神，对国际规范的局限和不足进行弥补，努力创新并形成我国特色的自然资源核算体系，为国民经济核算和国家生态文明治理增添亮点。

4.1.2　自然资源资产负债表编制主体和范围的扩展

从上述国际规范体系能够看出，将自然资源纳入国民经济核算是各个核算体系的一种共识，但是构建全球范围的资源环境核算，从管理角度看可能会因为主体缺失而难以由某国政府部门实施（高敏雪，2006），自然资源资产负债表编制的编制主体和报告主体是谁呢？要编制自然资源资产负债表首先得搞清楚谁来编制自然资源资产负债表和谁应该编制自然资源资产负债表的问题，这也是一个非常重要的问题，因为它涉及自然资源的种类、产权，也涉及前面第 2 章中谈到的自然资源资产负债表编制的目的，还涉及自然资源价值确认的方法等。

在弄清楚自然资源资产负债表编制主体和报告主体之前，我们先来看看自然资源的概念和类型。《辞海》（第七版）将自然资源释义为"存在于自然界，在现代经济技术条件下能为人类利用的自然条件"。《中国资源科学百科全书》将其界定为："人类可以利用的、自然生成的物质与能量"（孙鸿烈，2000）。联合国环境规划署（UNEP）把自然资源称作"自然环境因素和条件"（崔功豪等，2001）。经济学中狭义的自然资源通常仅仅指能源、矿产等可开采可移动的自然资源，而广义的自然资源实际上等同于经济学中"土地"这种生产要素，它包括狭义的土地（即经济活动用地）以及蕴藏于其下或其上的（狭义）自然资源、环境资源（罗浩，2007）。可见，自然资源的概念具有高度的概括性和抽象性，有时人们甚至将其泛化为资源，但并未达成一致意见。概括起来看，自然资源既包括自然界存在的物质资源和能量，是人类生产和生活活动的物质基础及价值来源，又包括人类社会经济系统中的自然资源及衍生权能，强调自然资源的有用性和财产性。《英国大百科全书》认为，"人类可以利用的自然生成物，以及生成这些成分的源泉和环境功能"。这里自然生成物是指自然界存在的土地、水、森林、草地、矿藏、海洋、大气、矿物、生物等资源，而环境功能自然指生态系统的环境机能、地球物理化学循环机能、太阳能等。由此可见，自然资源既有自然属性，又有社会属性。

自然资源的类型划分对自然资源资产负债表的编制和应用具有重要作用。根据是否稀缺来进行划分，自然资源可以分为稀缺性自然资源和非稀缺性自然资源。稀缺程度越大的自然资源价值就越大，不同时空的稀缺性不同，其价值就不同。根据自然资源是否能够再生，自然资源可以分为可再生的自然资源和不可再生的自然资源。从环境保护来说，对于不可再生的自然资源如森林、土地，需要合理规划，严禁滥采乱伐或过度消耗，防止掠夺性开发、破坏生态环境，走可持续利用之路。对于可再生的自然资源如太阳能、风能，需要鼓励开发，大力发展新型能源技术。从定价来看，不可再生自然资源的价格通常较高，而可再生自然资源的定价则较低。

根据产权来划分，自然资源可以分为公有性自然资源和私有性自然资源。我国《宪法》第九条规定，"矿藏、水流、森林、山岭、草原、荒地、滩涂等自然资源都属于国家所有，即全民所有"。作为下位法，我国《民法典》《水法》《土地法》等也都规定自然资源法律上的所有权归国家（全民）所有，除法律规定集体所有的除外。例如，《民法典》第二百四十七条、第二百四十八条明确了矿藏、水流、海域、无居民海岛等自然资源属于国家所有，其中海域与无居民海岛是我国相关法律新增的国有自然资源类型。同样，森林、山岭、草原、荒地、滩涂既可以属于国家所有也可以属于集体所有，但属于集体所有需基于"法律规定属于集体所有"的前提，否则其均属于国家所有。自然资源所有权除了有利于宣示国家主权、能充分保障我国的社会主义性质和保障我国的经济安全外，对于合理有序地利用自然资源、保护环境、维护生态平衡也具有十分重要的意义（刘超，2013）。完整的所有权可以分为占有权、使用权、处置权和收益权，国家（全民）所有不排除企业、居民、个人使用自然资源，并依法享有处置和收益权。从与产权相关联的自然资源实物和权属来看，自然资源又包含了自然资源实体和自然资源权属，人们在讨论自然资源时不仅涵盖了自然资源实物本身的有形之物，也包含了自然资源含有的权属，如林权、水权和采矿权等均内含于自然资源的概念之中。

根据使用的专用性来分，自然资源可以分为公用性自然资源和经营性自然资源。例如，用于运输煤炭、石油、天然气等管道及其相应设施的土地即属于公用自然资源，这类自然资源常常无偿划转或以较低价格出让。经营性自然资源则常常按照市场价格或者其他合理的价格确定机制将使用权转让或出租给其他行政、事业性单位、企业等组织开发和使用。根据是否依附于土地来分，自然资源可以分为土地依附型自然资源与自由活动型自然资源。土地依附型自然资源是指以土地附着物形式存在的资源，与土地具有紧密的联系，如林木资源需要依附林地所有权的归属和性质来决定自己的属性，而野生动物资源却可以不依附土地而存在，常常进行季节性迁徙。

综上所述，可以看出自然资源的概念界定和类型影响着自然资源资产负债表的编制。不同类型的自然资源，所承担的社会责任不同，其社会影响力必然不同（施志源，

2015），因而价值核算方法、自然资源资产负债表列报等也不相同。SEEA2012、NAMEA 体系和 SERIEE 相较 SNA 来说，将核算范围扩展到自然资源和环境核算。SEEA2012 核算了土地资源、水资源、矿产与能源、土壤资源、木材资源、水产资源、其他生物资源七种自然资源。依据这些自然资源是否直接参与社会经济系统自然资源而分为生产性自然资源和非生产性自然资源。生产性自然资源指进入社会经济系统经过人工养殖栽培的动植物资源，而非生产性自然资源是指在自然生态系统存在的未经过人类加工自然资源，例如野生动植物、大多数传统的存在自然界的资源（如土地、水资源、森林资源）等。

由此，可以得出 SEEA2012 中对自然资源的扩展范围是有限的。高敏雪（2006）指出，SSEA2012 扩展自然资源的核算范围具有有限性的原因有两个：一是大部分自然资源环境要素无法作为经济资产纳入经济存量核算；二是大部分与资源环境有关的活动和现象无法作为经济交易进入经济流量核算的范围。这里的自然资源环境要素大致相当于本书前面所指的非生产性自然资源，因为自然生态系统的自然资源的产权不确定性大，而且现实生产生活中，非生产性自然资源在自然资源系统和社会经济系统中经常转化和消耗，这就进一步增加了产权的不确定性。然而，现实的处理是依据法律规定的自然资源的国家（全民）所有权性质，归属到政府部门，在微观核算和资源管理中，又由政府部门、居民、企业各方具体使用、开发、处置自然资源。

需要提出的是，SEEA2012 中过分地强调了自然资源的经济价值和有用性。非生产性自然资源作为人类生产和生活的物质基础通常在自然资源系统存在和生长，很多时候不直接参与市场交易，而是作为生态服务系统的一部分存在，其价值确定存在困难，因此，SEEA2012 中只核算了参与社会生产系统的自然资源和部分非生产性资源。

基于以上的分析过程，作者认为在自然资源资产负债表编制过程中创新自然资源资产负债表编制主体有助于厘清自然资源的类型、自然资源的核算，也有利于自然资源编制和报告。自然资源资产负债表编制主体既包括政府及相关机构，也包括了企业层次的自然资源核算和编制主体。相对应地就会形成政府自然资源资产负债表的编制和企业自然资源资产负债表编制。虽然两者在很多理论和方法上具有共同点，但在自然资源的范围、权属、功能等方面存在一定差异。例如国有林场，其代理国家对管辖领域自然资源的使用具有较清晰的范围，功能也相对清楚，对其进行自然资源核算和编制比政府自然资源资产负债表要相对简单一些。而政府及管理范围的自然资源种类、权属和功能要复杂得多，其管辖下的自然资源的权属的不确定性要大很多，许多自然资源具有公共产权和公益性特征，完全按照市场化核算自然资源价值一定会存在问题，不加区分地套用微观会计资产负债表的理论和方法可能会带来问题。

4.2　流域自然资源资产负债表编制综合框架的构建

流域自然资源资产负债表编制既要遵守自然资源资产负债表编制规律，又受到流域特征和管理的影响。流域则是指由自然分水界或受人为、非人为影响的界限所圈闭起来的包含某水系或其部分的相对完整、独立的区域（岳健等，2005）。本书中流域概念指以河流、湖泊等水系为承载体的一个相对封闭区域。

生态系统是一个空间范围，指自然界的生物和其所依托的环境间互相交融、制约而构成的动态平衡的统一体。而流域生态系统则是以河流、湖泊等水系为主要载体所形成的生物与环境的结合体，其具体组成部分又包括含有环境、资源的流域生态系统，含有物资、资金、科技的经济系统和含有人口、政策等要素的社会系统。三个系统中的各要素以流域基本特征为出发点，以社会需求为导向，以经济目标为驱动力，彼此相互配合，有机组合在一起，构成开放共享体系。流域以其强大的资源依附性和生态服务功能，越来越受到广大公众的重视；而流域内自然资源相互协调统一，具有多重价值属性，要对其价值发现与计量核算进行深入研究，以便为流域生态系统的开发管理提供有益参考。流域生态系统管理并不是直接设计出来的，而是流域管理与生态系统管理的有机结合。

从流域自然资源资产负债表编制方法来看，产权理论是影响自然资源资产负债表编制的重要方面。因而，笔者在讨论流域生态系统和产权理论对自然资源资产负债表影响的基础上，构建了自然资源资产负债表的编制框架。

4.2.1　系统论与自然资源资产负债表编制

4.2.1.1　流域生态系统管理的产生与发展

流域系统管理产生于流域的治理和发展过程，考虑到流域生态系统的复杂性和综合性，借鉴系统论思想把流域作为一个生态经济系统进行经营管理，从流域规划、管理与政策多个方面进行协调统一，合理安排农业、林业、牧业、副业、渔业用地，因地制宜地布设综合治理措施，对水土及其他自然资源进行保护、改良与合理利用。随着流域管理实践的不断发展和流域生态学的产生，流域管理开始侧重于生态系统管理。格拉宾（Grumbine，1994）认为，生态系统管理至少要包括以下基本要素：（1）突破等级，即用系统观定位管理生物多样性；（2）打破地理边界，即管理者不应仅以行政边界界定生态边界；（3）注意生态系统的完整性并加以管理；（4）承认自然是人类生存的根基；（5）明确人类对于生态的系统管理具有重要意义。1993年，美国监管森林生态情况的评级机构撰写了一份从生态、社会和经济角度进行生态系统综合管理的研究报告，该报告意味着人类基于生态系统管理的框架基本形成（郑景明等，2002）。此后，《生物多样性公约》中的有关生态系统管理的5项导则和12项原则，成为了生态系统管理的重要指南。从流域生态系统管理的要素和相关指导性文件内容来看，流域系统管理可以提高流域的管理的整体性和协调性，避免区域与区域、部门与部门、区域与部门间利益争夺时对流域利益的侵害。流域生态系统管理概念的提出标志着人类在人与自然的关系中不再仅仅是被动适应者，而是转变身份开始对自然进行管理和生态恢复。

美国流域管理实践中很好地运用了流域生态管理思想，取得了不错的成效。美国在1993年成立了田纳西流域管理局，负责流域内的综合治理和经济发展，涉及能源、环境、河流管理等诸多方面，是世界上流域治理的开端。田纳西流域管理局将流域内的各种自然资源、物质资源等统一规划、开发、使用并形成了良好系统管理和协作机制，使得流域的生态价值得到保护和提升。20世纪90年代，随着可持续管理理论的提出，流域生态系统管理进入了新的发展阶段。流域系统管理在理念上强调生态系统的完整性，要求群众、政府、企业等多方积极参与，同时利用广泛和多样的手段协调相关利益主体，因此，流域管理应用生态系统方法去践行和推进流域的可持续发展，是一种综合的管理模式。目前，流域综合管理和流域生态系统依然是值得关注的话题，需要从具体应用和分析工具角度进行探讨（Brebbia and Anagnostopolos，2002）。

流域生态系统管理是一种流域管理的综合管理模式，也是一种流域管理的模式、框架和理念，它应用生态学和系统管理理论，通过具体的行动、过程和实践，促进和实现流域的可持续性（徐辉和张大伟，2007）。通过对美国流域生态系统管理实践的分析，可以将流域生态系统管理的内容概括为如表4-1所示的几点。

表4-1　　　　　　　　　　　　流域生态系统管理内容

特征	系统内各组成要素相互联系、相互影响，构成统一整体；生态系统具有生态服务、自然恢复力、生物多样性等特征
具体内容	强调流域内生态、经济和社会的综合性及系统性管理，考虑流域长远发展，实现可持续发展
要求	强化地方居民对生态系统重要性的认知，助力管理措施迅速高效落实，最终促成各利益相关主体共商、共论、共定流域事务的良好局面；注重制定流域中长期规划，并做好规划执行情况的跟踪和评价工作；采用适应性管理的方法，加强机构合作、协调与沟通能力从实践中积累经验，及时调整行动

续表

方法和手段	涉及多种学科知识，如生态学、环境资源学等具体方法；管理手段有所创新，跨领域结合市场、法律、行政监管等多种手段
信息化建设	收集、监测、统计和分析流域生态系统相关基础数据等信息，为流域生态系统管理提供依据

4.2.1.2　自然资源转化与生态系统服务价值

生态系统是人类赖以生存的物质基础和自然资本。流域生态系统中的自然资源是这些物质的主要存在形态。早在 1992 年，美国林务局开始采用生态系统的方法来管理自然资源，是世界上首次运用"生态系统的方法"管理国家森林的实践（Kelly and Tomas，2015）。它是以一种综合社会和经济目标的自然资源管理方式来恢复和维持生态系统的健康、生产力和生物多样性以及生命的总体质量。流域生态系统管理在可持续发展目标的指导下，追求人与自然的和谐，是对自然资源的有计划和可持续的利用、开发、维护及使用。流域生态系统中的土地资源、水资源、森林资源是最为重要的几种自然资源。除此以外，流域内也有丰富的矿产资源、动植物资源、海洋资源等。

从系统论角度，流域生态系统内部也可以划分为自然资源生态系统和社会经济系统两个子系统，自然资源在自然资源生态系统和社会经济系统中相互进行转化和循环的具体过程如图 4-1 所示。

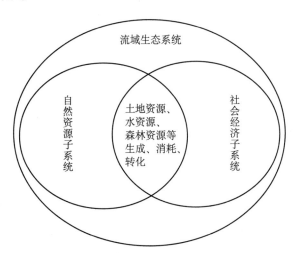

图 4-1　自然资源在流域生态系统的消耗与转化循环

在自然力的作用下，自然资源如土地资源、水资源、森林资源等在地表和地下构成的生态圈内进行着能量流动和物质转化。大气圈、生物圈、水圈、土壤圈、岩石圈之间既有相对独立的边界又有交错融合的部分，如此构成一个完整的生态系统。地球在太阳的辐射下，地球表面及大气圈、生物圈、水圈、土壤圈、岩石圈吸收或反射部分能量，通过植物的光合作用实现无机物向有机物转换，再通过食物链条物质和能量逐步转移，并在生命体死亡以后，经过微生物分解，再以无机物形式复归于环境。太阳对地球表面辐射的不均匀产生了不同的气候类型，并影响了地球上的生物分布，这也是气候、风能、水流等资源形成的原因。许多自然资源就是在生态圈的物质和能量转化过程中逐渐形成，人们所熟知的煤、石油、泥炭和土壤是生命物质所组成的有机矿物质相互作用的生成物。

自然资源在社会经济系统中也进行着物质和能量的转化与消耗。随着人类经济活动生产能力的不断发展和增强，对资源和环境的消耗与影响越来越大。在人类粗放发展阶段，社会经济活动开发利用生态自然系统提供的自然资源，自然资源在社会经济系统中不断变换状态和形式来满足人们福利的需要，在使用和消费后向生态系统排放废弃物（陶建格等，2018）。在粗放式发展阶段，自然资源社会经济系统的消耗和转化是单向的，只留下废弃物、污染物需要通过自然生态系统来净化和处理。而进入可持续发展阶段，人类社会越来越意识到自然资源的重要作用和不可再生性。于是，人类对自然资源的可持续利用和开发活动日益增多，甚至期望通过植树造林、退耕还林等行为恢复生态以增强自然资源生态系统的功能。

随着人类社会经济活动的发展，自然资源的生态服务功能逐渐被人们认识到，人类可持续性发展要求生态环境保护与经济发展相协调，节约能源，有效利用和开发自然资源，进行科学管理。虽然由于生态系统的复杂性以及对其服务价值的估量较为困难，但是目前评估生态系统服务价值的活动和方法不断增多（李东，2011）。关于自然资源的生态系统服务价值的研究，国际上也开展了许多研究，主要包括：（1）单一生态系统价值评估，如湿地生态系统、草原生态系统等；（2）流域尺度生态系统价值，即主要以水资源为核心展开研究；（3）全球或区域生态系统服务价值评估，是将一定地域空间内生物、环境作为一个完整的生态系统；（4）物种和生物多样性保护价值评估，主要涉及生态系统中的一个要素，未与环境进行有效结合（赵军和杨凯，2007）。

目前，生态系统为人类提供了许多无可替代的福利，在决策中要充分考虑生态系统服务功能的改善和恶化情况（Costanza et al.，1997）。但是大多数时候，由于市场的缺失或者价格低廉，自然资源生态服务的价值评估不能真实反映其生态服务功能的社会价值。因此，第3章中提到替代价格法、边际机会成本法、重置成本法和能值定价法是人们在评估自然资源生态价值常用的方法，以克服不能评价及评价偏低的局限。评估自然资源生态服务价值一方面是计算生态系统的价值量，另一方面是唤起人类对生态系统的保护的意识。此外，生态系统的价值是相对某一目标而言，帮助人类对重要事物的权衡和处置，即使生态系统的价值化受到怀疑，这也是一种权衡和处置，因此其构成一种价值认识（Costanza，2000）。

4.2.2　自然资源产权与资产负债表编制

4.2.2.1　自然资源产权的一般性分析

天然性自然资源是人类社会存在和发展最基本的物质基础，其权利归属和配置直接关涉社会公平和经济发展。然而，其制度构造意义重大，实践应用存在困难（王彦，2016）。我国自然资源产权制度设计过程中，既强调了自然状态下公法上的国家所有权，也完善了经济属性下的用益物权制度，如今更加重视开发利用中的相关利益主体，构建了多层次、开放的自然资源产权制度，实现了自然资源的公平和有效配置，有利于社会和经济的可持续发展（唐孝辉，2014；李四能，2015）。从自然属性来看，我国《宪法》规定矿藏、水流、森林、山岭、草原、荒地、滩涂等自然资源都属于国家所有和集体所有，由国家代表全民行使其对自然资源的所有权，规定了自然资源静态的物权归属问题，但《宪法》中的自然资源产权不能转让，也不能依据《宪法》为他人设置私权性质的自然资源使用权，仅停留在法律法规和国家政治的抽象概念上。因此，自然资源产权既具有制度经济学上的公有产权属性，也具有法学上的公权属性，并未强调自然资源的稀缺性和经济性。

从经济属性来看，各国均以物权法为基础为具有经济性的自然资源设置了种类繁多的具体物权，如我国的矿产资源法、森林法、草原法、水法等。在这些自然资源民法规制中，国家既是自然资源所有权主体，又是自然资源私权主体，如通过设定主体的采矿权、取水权、湿地使用权等用益物权，构建了层次递进的物权效力。2007 年，我国通过《物权法》的颁布完成了自然资源的产权配置，其作用在于实现自然资源所有权的经济价值（李四能，2015），有利于实施自然资源有偿使用制度。因此，自然资源产权的经济属性既是制度经济学上的排他性公有产权，也是法学上的静态的实体产权。

从资产属性来看，康京涛（2015）认为，自然资源产权是经济性自然资源资产化后的产权，注重自然资源的经济价值和生态价值的统一，既包括自然资源所有权、使用权和经营管理权，也包括由此派生的环境生态产权。与自然资源资产负债表编制同时提出的问题是自然资源资产产权的建立，这意味着自然资源产权要从以所有权为中心向以使用权为中心转变，明晰利益相关者的产权关系。从所有权来看，我国《宪法》明确规定自然资源归国家所有，向使用者征收相应的权利金和资源税，实现对所有权经济利益的补偿，在法学上是一种实体产权；从使用权来看，由于自然资源的耗竭性和生态性具有外部性，过度使用会影响子孙后代的使用，而且在使用过程中既会影响环境又会影响当地居民的生活，耗竭问题和生态环境问题既具有时空异置的特点，又具有典型的未来不确定性，在法学上应属于虚拟产权范畴。可见，实体产权与虚拟产权融合是自然资源资产产权的双重特点。

4.2.2.2 自然资源产权的特殊性分析

自然资源作为一种特殊的生产要素，从自然属性看，具有可再生性或不可再生性。谢地（2006）从经济属性分析，认为自然资源具有很强的公共性、正负外部性。此外，自然资源开发利用周期较长，自然资源与生态空间的耦合关系较为复杂多变。自然资源利用除了考虑其带来的经济效益外，还要考虑其社会和生态效益，这是自然资源的特殊性，这些特殊性必然要求自然资源资产产权制度安排有其特殊性。

（1）产权主体的特殊性。

中国法律规定自然资源归国家和集体所有。但从理论上讲，自然资源的多样性和复杂性导致单一的产权主体不能对自然资源进行全面的管理。自然资源的产权主体类型多样，在法律的授权下，国家、法人、自然人及其他组织都可以成为其主体。在自然资源的所有权层面，国家和集体是自然资源资产产权的主体。在自然资源使用权和经营管理权层面，产权主体可以是单位法人或者自然人。实际上，自然资源开发利用中，同一自然资源可以同时进行多项开发利用，使得多个使用权主体同时存在，可能都是单位，可能都是个人，也可能既有单位也有个人。产权反映的不是人与物之间的关系，而是在物的存在和使用基础上反映出的人与人之间相互认可的行为关系，产权最重要的不是归谁所有，而是归谁所用，使用权界定是产权界定的核心。自然资源使用中一方面反映了当代人与当代人之间的关系，一些自然资源是当地居民生活所必需的，在界定使用权主体时，要首先保障当地居民的使用权，体现了当代人之间的公平；另一方面还反映了当代人和未来人之间的关系，为了保持自然资源的可持续利用，政府作为代理人，要对产权主体的使用权做出约束，以保证自然资源的可持续利用，体现出使用权代际的公平。此外，有些自然资源用途多样，不同的用途产生的外部性不同，有些用途需要加以限制，在此基础上，产权主体可以自主选择。

（2）产权客体的特殊性。

自然资源的多样性、复杂性、特殊性导致自然资源资产负债表编制客体应是多样的、多层次的。例如，水资源的流动性、公益林和商品林生态效益的交叉等使得很难界定其产权客体，如图 4-2 所示。自然资源是自然资源产权的客体，而自然资源资产产权的客体却不能简单地认为就是自然资源。自然资源资产既包括具有经济属性的资产，也包括具有生态属性的资产。因此，自然资源资产产权的客体为自然资源以及自然资源所产生的生态资产。由于自然资源自身的特殊性，对其资产产权客体的界定也具有特殊性，并不是所有自然资源都可以成为自然资源资产产权的客体，只有能转化为资产的自然资源才能成为其客体，产权客体界定不明确也是自然资源资产产权制度面临的一个重要问题。

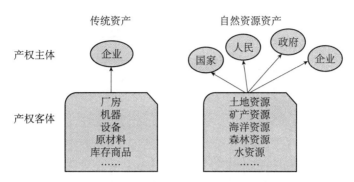

图 4 – 2　自然资源资产与传统资产的产权对比

4.2.3　多元多重价值的自然资源资产负债表编制框架构建

流域自然资源资产负债表综合框架构建的思路是：以流域生态系统理论和产权理论（以下简称双重理论）为基础，运用会计学、统计学、生态学等多学科理论和方法，分析自然资源的产权属性、生态功能和多重价值，构建由自然资源资产负债表的理论基础、核算对象、编制主体和账表设置构成的综合性分析框架，详见图 4 – 3。

基于理论基础的自然资源资产负债表编制框架具有以下 4 个特征：编制主体的多元性和多层次性、核算客体的复杂性、核算价值的多重性以及账表编制的系统性。

4.2.3.1　编制主体的多元性和多层次性

前面章节多处分析了自然资源产权的复杂性和特殊性，这里再花点笔墨赘述一下。自然资源产权既属于法律范畴，规定说明自然资源归谁所有、由谁所用及其所有者和使用人的权利、义务的法律规范的总称（封志明，2004），也属于管理范畴概念，界定了谁怎么经营、使用自然资源，并获得收益。我国《宪法》和《民法典》等相关法律规定，大部分自然资源归全民所有（其余属于集体所有），而《水法》《矿产资源法》《土地管理法》等具体资源法律又规定由国务院代表全民行使自然资源所有权。实际上，国务院则是授权各级地方政府代行所有权（杨海龙等，2015），作为代理人，政府实际上承担着自然资源经营管理的受托责任，有权利对自然资源进行合理配置，也有义务对自然资源进行保护（肖继辉和张沁琳，2018），即政府要对自然资源的使用权做出约束。自然资源的使用主体主要是企业，其运用取得的自然资源开展经济领域的生产经营活动。所以，自然资源的各权利主体间的关系可论述为：公民将自然资源委托给政府管理，政府又将一部分资源配置权交给行政事业单位或企业进行经营和管理。

而在委托代理关系中，存在严重的信息不对称，尤其是自然资源的耗减外部性和环

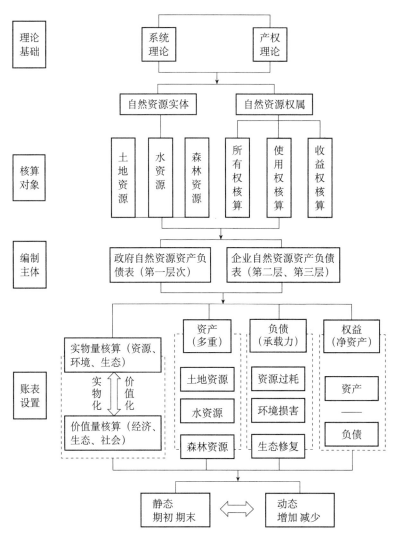

图 4 – 3　流域自然资源资产负债表编制的综合框架

境污染外部性问题特别严重，政府（受托方）应向公民（委托方）披露自然资源的管理和使用状况，这也与党中央决定编制自然资源资产负债表的要求相契合。自然资源部是代表政府（全民）行使自然资源权益的政府机构，其职责之一就是"拟订国家（全民）所有自然资源资产管理政策，编制国家（全民）所有自然资源资产负债表"。下一级政府按照公益性自然资源和经营性自然资源的不同价值化要求编制政府自然资源资产负债表，而各类自然资源管理部门或机构如规划和国土资源管理委员会、水利局、林业局等，各类行政事业单位如各类型国有林场、国有农场、国有森工集团，它们都是自然资源的使用者。编制主体甚至扩展到资源依赖型的混合制企业，如水供应、矿产、林木企业。这些管理部门、机构、行政单位和企业是自然资源的直接使用者，其对自身所使用的自然资源最为了解，往往是资源数据、资料的一手拥有者，其提供的关于自然资源储量、使用、收益等方面的客观信息更翔实可靠，需要并入流域内的自然资源资产负债表，进而满足全民、政府管理者等利益相关者的需求。因此，不仅是政府需要编制自然资源资产负债表，有资源配置权力的单位和企业也应当主动披露资源利用情况，编制自然资源资产负债表。在委托代理理论与产权体系耦合的情况下，分析得出流域自然资源资产负债表的多层次编制主体，详见图 4 - 4。

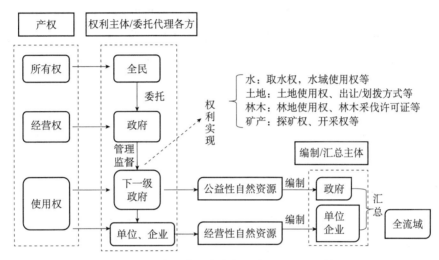

图 4 - 4　流域自然资源资产负债表多元编制主体解析

基于产权理论来分析自然资源资产，实际上所有权、经营权和使用权的委托代理关系，在市场经济条件下进一步分散，进一步发挥产权制度在自然资源资产负债表编制中的制度引领作用。经营权也是一种使用权，如果考虑到收益权和公有产权可能带来外部性问题，自然资源资产的"三权分置"需要更好的顶层设计和自然资源的运营管理体制，并将其落实到自然资源资产负债表编制工作中。这里的三权指所有权、使用权（含经营权）、收益权。要保证全民所有自然资源资产所有者得到落实，自然资源资产负债表的编制应是一个多层次全方位的体系。第一层次，不仅各级政府层面需要编制自然资源资产负债表，开展领导干部离任审计和自然资源审计，以落实领导生态环保责任并追责；第二层次，国有单位或重要的资源企业应要求编制自然资源资产负债表，并对单位负责人和主要领导开展离任审计及自然资源资产负债表审计；第三层次，对一般企业和家庭应逐步开展自然资源资产负债表编制。各层次编制自然资源资产负债表所使用的理论和方法也是存在差异的，政府自然资源资产负债表主要针对所有权层次编制，而企业自然资源资产负债表主要针对使用权层次编制。

需要说明的是，多层次主体的自然资源资产负债表编制和应用需要逐步推进和开展，目前主要针对政府层面的自然资源资产负债表的编制方法进行探讨和应用。一些国有重点单位、资源型企业具备条件的也应开展自然资源资产负债表编制核算，不过，核算重点应在于资源使用的效率和效果的核算，因为这些单位和企业通常通过划拨或者优惠政策的方式获得资源的使用、开发等，其对自然资源资产的利用效率和效果是国家所关心的。

流域自然资源资产负债表主体应是一个分步实施的过程，只有理论界和实践界有了统一认识，并且当法律及相关配套制度体系、条件成熟的时候才能大面积开展实施。经营性企业自然资源资产负债表的核算，应更多基于市场化的编制理论、框架和方法，与政府自然资源资产负债表在自然资源核算范围、核算内容、价值转换等诸多方面存在不一致，不是简单移植政府自然资源资产负债表。这需要理论界的努力，尽快地开发出区别于政府自然资源资产负债表的企业自然资源资产负债表体系。不过，目前阶段主要是在政府和国家层面开展自然资源资产负债表编制，且仍存在诸多争议，需要在编制和实施中取得共识，达成一致的编制标准体系。

4.2.3.2　核算客体的复杂性

作为核算客体的自然资源，一方面具有流动性大、动态消耗性等特征，这导致产权边界难以确定；另一方面具有稀缺性和自然属性，导致自然资源核算中价值化核算过程比较复杂。

前面章节多处对自然资源的产权复杂性进行了分析，国家（集体）所有的自然资源所有权在多重代理下，使用权也是十分复杂，这种委托代理关系在行政管理和市场机制的双重作用下，使委托代理关系比较复杂。虽然党的十九届三中全会提出深化党和国家机构改革后，新成立了国家自然资源部，将土地、矿产、森林、草原、湿地、水、海洋等自然资源归属到其部门进行规划、检测评价、确权登记、开发利用、有偿使用、监督等统一管理，履行自然资源资产的所有者和监督者的职能。再加上我们长期以来对自然资源的分行业部门资源管理体制的惯性作用，国土资源部门、能源部门、林业部门等对分类管理的自然资源仍然具有较大权限，见表4-2。

表4-2　　　　　　　　　　　政府机构改革前各部门自然资源的管理

自然资源	具体内容	管理部门
土地资源	耕地、林地、牧草地 建筑用地、交通用地……	国土资源部门
海洋资源	渔业、滨海旅游区……	海洋部门
矿产资源	可探明矿产资源（铜、铁、铝……） 已发现未探明矿产资源	地质矿产部门

续表

自然资源	具体内容	管理部门
能源资源	污染型能源（煤、石油、天然气……） 清洁能源（风能、太阳能……）	能源部门
森林资源	人工防护林 森林旅游园区 森林保护区	林业部门
水资源	地表水、能动水、地下水	水利部门

4.2.3.3　核算价值的多重性

基于双重理论基础的流域自然资源资产负债表编制综合框架从物质量账表核算过渡到价值化账表核算的过程中，核算的是自然资源的多重价值，打破过去侧重经济核算的国民经济核算体系的固有局限，将提供产品、生态价值和社会文化服务价值等附加价值纳入核算体系。自然资源的分类标准和角度多样化，给自然资源资产的价值多重性带来挑战。

为此，作者在第3章系统地分析了基于不同价值的核算方法的特征和内容。在自然资源的经济价值核算方法中，常常用到市场比较法、净现值法、完全成本加成法、影子价格法等方法的一种或几种；在自然资源的生态价值核算方法中，主要用到替代价格法、边际机会成本法、重置成本法、能值定价法等方法的一种或几种；在自然资源的社会价值核算方法中，更多地用到意愿价值评估法、选择实验法、旅行费用法等方法的一种或几种。在具体方法选择和使用方面，应结合自然资源的市场属性、特征和资产与负债核算及编制要求综合考虑，选择适当的方法计量和计算自然资源的价值。

4.2.3.4　账表编制的系统性

综合框架下自然资源资产负债表的账表设置和编制是一项系统性工作，不只是一张简单表格的问题，而是一套严密的账户体系。它既包括了资源、环境、生态的实物量核算过程，又包括了经济、生态、社会三重价值的价值化核算和转化的过程核算。这中间涉及自然资源实体和自然资源权属问题，也需要兼顾自然资源的公益性和经营性、稀缺性和非稀缺性、再生和非再生性等对立统一的诸多特性的界定和划分、核算和确定，也涉及不同资源分类核算与合并、不同区域的分块核算与合并、不同主体的分别核算与合并。

同时，自然资源资产负债表的设置和编制是一个动态与静态结合的过程，无论是实物量化的资产负债平衡表、价值化的资产负债表，还是相关的核算基础表格，都涉及期初、期末数的确认和计量以及相应的变动数的计算和列报。本书接下来继续详细展开来谈。

4.3 流域自然资源资产负债表：会计要素确认、计量和报告

4.3.1 流域自然资源资产负债表的基本结构

流域自然资源资产负债表核算对象不仅包括投入经济活动的部分自然资源，还包括作为生态系统和聚居环境的自然资源（陈燕丽和王普查，2017），从而，纳入流域自然资源资产负债表核算的自然资源兼具自然属性和社会属性。它们在为人类经济社会提供物质支持时，也带来了诸如良好的生态环境、娱乐教育等附加价值。

从管理角度来说，流域生态系统管理强调对流域内经济、社会和生态的综合性管理，促进流域的可持续发展，而编制流域自然资源资产负债表体现核算和监督的会计基本职能，其根本是服务于自然资源管理，因此，基于会计复式记账平衡原理，流域自然资源资产负债表的基本结构包含了自然资源资产、自然资源负债和自然资源净资产的平衡关系，并需要反映自然资源的经济、附加价值（提供产品、生态价值和社会文化价值），详见表4-3。

表4-3　　　　　　　　　流域自然资源资产负债表基本结构

自然资源资产类账户	期初余额		期末余额		自然资源负债及净资产账户	期初余额	期末余额
	实物量	价值量	实物量	价值量			

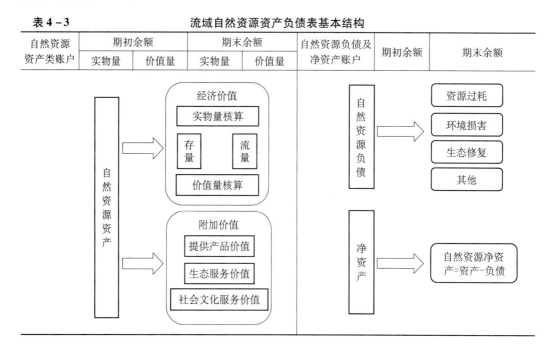

如表4-3所示，流域自然资源资产负债表的编制是基于会计学、统计学、生态学

等多学科理论和方法技术的综合应用。在表现形式上，流域自然资源资产负债表形式上跟企业资产负债表的编制一样，左边是"资产"，右边是"负债加所有者权益"，满足"资产 = 负债 + 所有者权益"的会计等式验算平衡要求，是"确认、计量、报告"等程序核算的一种结果。

4.3.2　会计要素的确认和计量

4.3.2.1　基于多重价值的自然资源资产的确认与计量

（1）自然资源资产不等于自然资源。

流域内的自然资源是自然资源资产确认的基础，但自然资源资产不等于自然资源，自然资源资产只有在自然资源满足一定条件的情况下才能确认为自然资源。SEEA2012仅仅核算了 7 种自然资源，包括土地资源、水资源、矿产与能源、土壤资源、木材资源、水产资源、其他生物资源。但是自然资源系统中显然除了这七种自然资源外还有其他一些重要的自然资源，比如气候资源等。全球气候变暖，联合国 20 世纪 90 年代签署的《联合国气候变化框架公约》以及人们熟知的《联合国气候变化框架公约京都议定书》，均倡导低碳减排，说明了气候资源的重要性。但是气候资源很难定量地进入自然资源资产负债表的确认和核算。

即使将自然资源资产纳入国民经济核算，也不意味着该类所有的自然资源可以无条件全部纳入核算。那么自然资源资产负债表中的自然资源资产需具备什么样的条件才能确认呢？我国《企业会计准则——基本会计准则》第二十条将资产定义为企业过去的交易或者事项所形成的、由企业拥有或者控制的、预期会给企业带来经济利益的资源。显然，这里的资源比本书研究中的自然资源的范畴要广得多，是各种可以为企业带来资金流入的"物质"之和。那么从《企业会计准则第 5 号——生物资产》中属于自然资源一种来源的资产定义来看，生物资产是指有生物的动物和植物。这个定义只有结合会计主体和前面的资产定义才能更好地理解，是指会计主体控制或拥有的有生命的动物和植物。总体来看，要成为会计上的资产必须具备的条件：①具备明确的会计主体，是由会计主体过去活动或者事项所形成的，强调了主体的自主性；②由会计主体拥有或者控制；③能够给会计主体带来经济利益，强调有用性并带来实质性货币收益。

流域自然资源资产显然不能完全按照这三个条件，本书前面谈到了自然资源资产负债表编制主体包括政府（国家各级政府、集体）和企业两类，相应编制形成政府自然资源资产负债表和企业自然资源资产负债表。从两类自然资源资产负债表编制的目标来看就存在较大差异。政府自然资源资产负债表编制的目标：①从短期来看，算好自然资源生态账，是落实政府环境审计和政府官员离任审计的重要依据，是政府进行绩效考核评价与管理的重要参考；②从长期来看，是对自然资源资产进行管理，定期评估核算自然资源资产的变动情况，综合反映生态环境和自然资源资产的可持续利用状况，进而对资源保护乃至整体生态文明建设工作形成有效的倒逼机制（盛明泉和姚智毅，2017）。企业编制自然资源资产负债表是为了核算自然资源的使用效率，未来可能基于政府法律、法规压力来编制自然资源资产负债表。

目前阶段，政府部门需要尽快达成对自然资源资产的统一认识。为了核算生态账，政府自然资源资产负债表将作为国家资产负债表的重要组成部分进行核算和列报。SNA和 SEEA2012 中心框架都核算两大类自然资源：一类是人工培育的自然资源作为生产性资产，指培育性生物资源；另一类是作为非生产性资产的天然性自然资源，指天然生物资源、矿产和能源、土壤资源、水资源、土地资源（含森林）。可见，SNA 和 SEEA2012 中心框架强调的是对经济性自然资源资产的核算，强调有用性。SEEA2012 对环境资产的定义为：环境资产是地球上自然存在的生物和非生物组成部分，共同构成了生物物理环境，可为人类带来利益的资源。按照会计上的资产概念和国民经济核算体系中的环境资产概念来确认自然资源资产实际上会排除一大部分自然资源资产，这样国家（政府）或者一个区域的生态"家底"自然就会不真实、不准确。为弥补缺憾，实际上，SEEA2012 框架的生态系统卫星账户将生态系统提供的服务分为供应服务、调节服务和文化服务，并将其作为"生态系统及其退化"项目核算，其中，供应服务与环境资产的物质惠益有关，调节服务和文化服务与环境资产的非物质惠益有关（王乐锦等，2016）。可见，政府自然资源资产负债表中的自然资源资产需要结合会计上资产的概念和国民经济核算的环境资产核算的有益经验，不能完全照搬。实际上，国际会计师联合会公共部门委员会制定的《国际公共部门会计准则》(International Public Sector Accounting Standards, IPSAS）中的资产定义或许对政府自然资源资产负债表中的自然资源资产更具有启发意义（向书坚和郑瑞坤，2015），因为都是政府代理全民所有向人民行使资产管理和使用权，向广大公众提供公共产品与服务或准公共产品与服务，这种使用和收益并非完整产权意义上的。IPSAS 2008 中资产的定义是"由于过去事项形成而受主体控制的、预计将导致未来经济利益或服务潜能流入主体的资源"。

（2）自然资源资产核算的多重价值。

未来预期能带来经济利益是自然资源资产的一个本质特征，且这种利益是能够可靠计量的。联合国环境规划署对自然资源的定义是"在一定的时间和技术条件下，能够产生经济价值，提高人类当前和未来福利的自然环境因素的总称"。那么基于流域的自然资源资产是指流域内能够产生经济价值并且能够可靠计量的自然资源，例如流域内已探明的部分矿产资源、水资源、森林资源、土地资源，以及附生于水、森林及土地之上的生态资源等一切能为人类带来财富的自然条件和自然要素（陈艳利等，2015）。

当然，人们对流域自然资源价值的认识是一个渐进的过程。以马克思的"劳动价值论"等为代表的观点认为自然资源是无价值的，从"效用价值论"等西方经济学视角认为自然资源是有价值的。对自然资源价值的模糊认识，自然资源定价不能合理体现其所应有的经济价值，导致人类几乎无限制地开采和利用自然资源，造成低效率利用自然资源和生态环境恶化严重的局面。随后，环境治理、开发和保护成本的增加，不仅使自然资源经济价值体现得更合理，也使人类日益意识到自然资源的附加价值及其重要性。以森林资源为例，一开始人类只注重其经济价值，能进入社会生产环节并创造经济利益；但随着对森林的盲目砍伐，人类才发现森林资源在涵养水源、防止水土流失和沙尘暴、净化空气等方面的重要作用，森林资源的附加价值体现其生态性。不同资源体现的附加价值是有所差异的，如水资源在土壤形成与保持中发挥作用。另外，自然资源的附加价值还体现在诸如提供居住环境、教育、美学、生态旅游等社会文化功能上。

（3）基于多重价值流域自然资源资产的价值计量。

前面谈到了自然资源要能作为资产进入政府自然资产负债表核算需要对其价值进行可靠的计量。在自然资源的有用性具有经济价值、附加价值（提供产品、生态价值和社会文化价值）的情形下，想要用一种单一方法计量就会存在较大难题，即使几种方法组合也不一定就能解决问题。本书第 3 章对自然资源评价的一般方法进行了比较和选择，下面从自然资源资产计量的视角对自然资源资产的经济价值和附加价值计量的具体方法和应用进行进一步探讨。

自然资源资产的经济价值主要产生于社会经济系统中人们的经济交换过程中的经济有用性。自然资源可以作为社会经济生产活动的原材料，也可以作为产品进行交易售卖，其本身为人类提供物质支持和直接的经济利益，因此，此类自然资源均应核算其经济价值，常见的如水资源、林木资源、矿产资源、土地资源等。

这些自然资源多是在市场流通的，拥有市场交易价格，故可参照 SEEA2012 的价值核算方式，采用市场价格法（李金华，2015）。

$$E_{ij} = \sum (N_{ij_m} \times P_{ij_m})$$

其中，E_{ij} 表示 i 流域 j 自然资源的总经济价值；N_{ij_m} 表示 i 流域 j 自然资源的明细分类项 m 的实物量；P_{ij_m} 表示 i 流域 j 自然资源的明细分类项 m 的单位价格。例如，在核算水资源经济价值时，水资源又有地表水和地下水之分，且其单位价格是不同的。

当该项自然资源没有市场价格或其价值明显过高或过低时，市场价观察法不再适用，可以退而选择：①市场比较法，以近期市场上相同或类似资源的成交价为参考，直接或间接类比得到该资源的价值。②完全成本加成法，为获取自然资源所付出的成本加上合理利润。但是收益现值法在计算自然资源经济价值时要慎用，首先，涉及经济价值的计量一般会有相关市场数据可寻，加以合理推算即可计算；其次，收益现值法中收益、折现率等估算数值较多，结果偏差较大。

自然资源附加价值是一种衍生性价值，是其存在的附属品，由自然资源存续所产生、释放出来的衍生性价值，是其存在的附属品。从生态系统整体出发，目前自然资源主要提供四类服务功能，即产品、调节、文化和支持功能（UN.，2015；欧阳志云等，2004；谢高地等，2015），而基于流域的自然资源交互、融合形成的生态系统同样具有以上功能。自然资源资产附加价值的计量应与自然资源生态系统功能相互关联，这也与SEEA2012 生态系统卫星账户思想一致。再结合本书前面提到的借鉴《国际公共部门会计准则》资产定义标准，这种价值可能包含了作为提供产品的直接使用价值，也包括了自然资源质量改善如空气净化、水质提高等，甚至还包括了内含在生态系统服务中的非使用价值，如栖息地、生物多样性。或许在开发之前，该种自然资源呈现出一种非使用价值，但多少年后或者子孙后代利用起来就会由非使用价值转化为使用价值。

由此看来，自然资源资产附加价值要从自然资源提供的服务来分析。自然资源本身直接提供价值还是由其作为生产载体间接提供价值，是区分该项服务价值应计入经济价值还是附加价值——提供产品的关键。这里提供产品不是指自然资源，更不是由自然资源直接或加工后进入经济社会的产品，而是由各类自然资源衍生出来的产品，例如将水资源的实物和价值量计入其经济价值，但将由水为载体产出的渔业产品计入附加价值——提供产品价值科目。

此类服务的计量方式同自然资源经济价值的计量方式几乎相同，均可以采用市场价观察法、市场比较法等方法。但是，在生态系统服务的价值导向下，作为一种附加价值，提供产品项应主要反映自然资源或生态系统所贡献的价值。然而这种投入是无形且不易估量的，故反向剔除特定自然资源和生态系统贡献值外的价值，其内容包括但不限于人类劳动、机器作业、管理活动。提供产品的价值计算公式为：

$$C_{ij} = \sum (I_{ij_z} \times N_{ij_z} \times P_{ij_z})$$

$$I = 1 - \sum p_x$$

其中，C_{ij} 表示 i 流域 j 自然资源提供产品的总价值；I_{ij_z} 表示 i 流域 j 自然资源提供产品类别的明细分类项 z 的修正系数；N_{ij_z} 表示 i 流域 j 自然资源提供产品类别的明细分类项 z 的实物量；P_{ij_z} 表示 i 流域 j 自然资源提供产品类别的明细分类项 z 的单位价格；p_x 表示已知可估算的非自然投入在提供产品的市场价格中所占的比例。

生态价值是自然资源资产附加价值中最为重要的一类附加价值，也需要对自然资源生态系统相互关联的服务功能进行确认和计量。生态系统服务功能有狭义概念和广义概念之分。狭义概念上的自然资源生态服务功能仅包括其提供的维持人类赖以生存和发展的生命保障系统、维持生态平衡的服务，如生存空间、气候调节等，这种服务功能是人类生存的物质基础和自然资本。广义概念上的自然资源生态服务功能还包含为人类提供物质产品服务等。广义概念下的内容已在附加价值——提供产品项目进行了核算和计量。具有生态服务功能的自然资源资产价值计量的难题在于有的自然资源资产如果以成本来计价，由于自然资源生态服务具有公益性和外部性特征，让人们产生"资源和环境的生态服务供给是永续且低廉的"错觉，进而导致肆意破坏生态系统环境的事件时有发生。只有等破坏环境事件发生之后，形成巨大的恢复成本支出，人们才意识到自然资源资产的生态价值。

实际上，自然资源资产相关的自然资源生态系统为人类提供了许多无可替代的福利，在决策中应充分考虑生态系统服务功能的改善价值和恶化的机会成本（Costanza et al.，2007）。而对自然资源生态系统服务价值的评估有利于让人类意识到生态系统的重要性，进而促进人类科学管理和恢复生态系统。自然资源生态系统的复杂性以及其服务价值的多样性和异质性给自然资源资产价值评估带来困难。本书在本章前面提到，流域自然资源生态服务价值的评估又分为：①单一生态系统价值评估，如湿地生态系统、草原生态系统等自然资源生态价值的评估；②流域尺度生态系统价值，即主要以水资源为核心展开多资源系统的复合生态价值计量和评估；③全球或区域生态系统服务价值评估，是将一定地域空间内生物、环境作为一个完整的生态系统，从而核算其自然资源生态价值；④物种和生物多样性保护价值评估，主要涉及生态系统中的一个要素，未与环境进行有效结合（赵军和杨凯，2007）。可见，自然资源资产评估时需要考虑不同自然资源系统的相互影响。

基于上述分析，从自然资源资产生态价值计量来看，准确度量可能存在一定难度，既要考虑自然资源的异质性影响，又要考虑自然资源未来价值影响，还需要考虑自然资源系统的相互影响。但是在自然资源资产价值计量方法选择上仍然可以做一些工作，自然资源资产生态价值是相对某一目标而言，帮助人类对重要事务进行权衡和处置，也可以说是一种价值认识和观念上的认同（Costanza et al.，2000）。价值上的认同是需要借助编制人员的专业判断来确定，如同会计计量和核算中存在许多估计有着同样的道理。当然，在自然资源资产生态价值方法确定的顺序上应有个优先次后的区分。

对于自然资源所提供的生态服务价值首选的仍是市场定价方法，因为这一方法的公允性最高。但是由于自然资源资产生态服务极少进入市场流通，市场法适用情况极少。当评估对象没有市场价格时，基于效用价值论，可以考虑用替代物的市场价格来度量其价值，即替代市场法，其关键是选取功能用途相近的商品。生态系统的服务的独特性会使得替代市场法的适用范围也大受限制，由此环境与自然资源核算计划提出用社会愿意为环境提供的服务支付多少来测算其自然资源资产生态价值，即意愿价值评估法（向书坚，2015）。依据该方法，自然资源资产生态价值计量和评估公式为：

$$S'_{ij} = \sum (N_{ij_y} \times WTP_{ij_y})$$

其中，S'_{ij} 表示 i 流域 j 自然资源资产生态服务的总价值；N_{ij_y} 表示 i 流域 j 自然资源生态服务明细分类项 y 的实物量；WTP_{ij_y} 表示 i 流域 j 自然资源资产生态服务的明细分类项 y 的单位实物量意愿支付价格，多由调查问卷经计算分析得来。

此外，针对自然资源的多样性和异质性特征，本书在自然资源资产的计量中可以考虑采用分区域调整系数法来进行计量。该方法的基本思路是首先评估流域自然生态系统区域内的生态差异程度。马太效应表明，整体生态环境越好的区域，自然资源提供的生态价值更大，生态系统及自然资源提供的生态服务水平也更高，需要考虑按照区域差异调整，如图 4-5 所示。

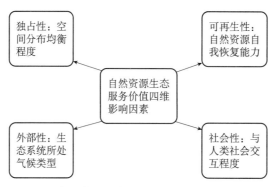

图 4-5　自然资源生态服务价值计量四维影响因素

图 4-5 表明，自然资源资产生态价值计量中区块调整系数受到多种因素影响，概括起来包括区块内自然资源的独占性、可再生性、外部性和社会性四个属性的影响。其中，独占性指自然资源地理分布的不均衡，其所属的流域生态系统的生态服务会受到自然资源类型、总量多寡的影响；可再生性是指在一段固定的期间内，当自然资源的自我恢复能力较强时，其提供的生态服务价值越明显（陈曦，2019）；外部性指自然资源或生态系统所处气候类型的外在客观情况不同，相同配置下的生态系统，处于热带气候的生态服务价值总体好于处于温带、寒带的；社会性指自然资源或生态系统被动进入经济社会的程度，人类干预性越强，自然资源或生态系统遭到破坏的概率越大，其提供的生态服务价值越小。孙康慧等（2019）利用思维影响因素，对我国地区环境生态进行了区块分级。借鉴该思想，可以将中国划分为生态Ⅰ区、生态Ⅱ区（北方农牧、西南岩溶山地石漠化）、生态Ⅲ区（黄土高原南、北部、南方农牧）和生态Ⅳ区（干旱半干旱、青藏高原），这样就可以得到不同区块的自然资源资产的生态服务价值调整系数，可以分别设为 1、0.7、0.5、0.3。与此类似，流域也可以做这样区域划分，并得到调整系数。

本书可以将某一区域经调整后自然资源资产价值 S_i' 等于各区域的自然资源资产价值评估值 S_{ij}'' 乘以调整系数 I_x，再求和就可以得到流域自然资源资产的生态价值。计算公式可以为：

$$S_i' = \sum (S_{ij}'' \times I_x)$$

与自然资源资产生态价值的计量类似，自然资源资产文化价值可以用自然资源文化服务价值大小计量。自然资源社会文化服务指其给人类带来的娱乐、观光体验、科研、文化教育等服务，其中，休闲观光的旅游价值最为突出。因此，社会文化服务价值优先选用市场价值计量，此外还可选择意愿价值法和替代市场法，在此不再赘述。

4.3.2.2 环境承载力与自然资源负债的确认和计量

（1）自然资源负债确认及条件。

关于自然资源负债，学术界对是否应确认自然资源负债存在分歧。从现行的国际规定和会计学科中负债的定义来看，不应确认自然资源负债（耿建新等，2015；耿建新和唐洁珑，2016）。理由有两个方面：一是自然资源负债确认缺乏理论基础，翻遍国际规范均没有发现确认的先例；二是实践中缺乏负债可靠计量的技术。不过，更多的学者则主张确认自然资源负债，认为自然资源负债是除政府外的经济主体对"公共产权资源"应该承担"现时义务"（向书坚和郑瑞坤，2016），或者是由自然资源权益主体过去的不当行为引起的，预期会导致自然资源损失且弥补损失会发生的经济利益流出（陈燕丽和王普查，2017）。各种应付污染成本、应付生态恢复成本、应付生态维护成本、应付超载补偿成本等未来支付之成本应确认为自然资源负债（张友棠等，2014）。自然资源负债有广义和狭义之分，广义的自然资源负债指人类经济活动对自然资源数量、自然资源质量和自然资源生态系统带来的不利影响；狭义的自然资源负债为经济体过度使用和消耗水资源所形成的经济体和环境之间关于自然资源的债权债务关系。

综上所述，赞同自然资源负债确认的学者占大多数，本书认为应当确认自然资源负债。第一，确认自然资源负债从本质上来说是对过去开发利用自然资源所造成的环境污染和破坏的一种生态价值补偿，它是一种现时义务（盛明泉和姚智毅，2017）。第二，在现有的条件下，对生态系统的退化程度以及将来需要支付的环境恢复的成本计量和估计技术越来越可行，环保支出的数据是可以获得的。第三，从所有权出发，前面在4.2.3 中本书分析了自然资源的产权委托代理关系，在这种委托代理下自然资源的开发、使用过程中就会产生委托者与代理者、自然资源使用者与环境之间的自然资源的债权债务关系。

会计上自然资源负债的确认需要满足与债务人对称的债权人存在和能够可靠计量两个条件。从表面上看，自然资源负债的确认似乎不具备这两个条件，但从自然资源的产权来考察，实际上是可以满足的。我国法律规定自然资源产权归国家（集体）所有，但自然资源的所有权完整形式不像一般商品那样随自然资源实体完整持有，自然资源的具体经营、使用和处置需要下一级政府、基层政府、相关机构及企业的积极参与和可持续性开发和使用。在此过程中，政府和相关机构的作用至关重要，是连接委托者和自然资源实际使用者或者受益人的桥梁。在这个过程中存在复杂的委托代理关系，自然资源的产权也是一种整体性与分割性的结合，委托者与代理者、自然资源使用者与环境之间的自然资源的债权债务关系不可能像会计债权债务关系那么明确。

在自然再生产活动与社会再生产活动中，自然资源常常既具有经济属性，表现为从自然资源系统进入社会经济系统，作为人类生产、生存活动的原料；也具有社会属性，表现为一种环境因素，以自然性自然资源形式存在或者在社会经济系统中主要发挥生态、社会、文化附加价值作用。这个过程中就对应着本书前面所述的"经营性自然资源"和"公有性自然资源"，它解释了负债主体并不缺失的理论逻辑，详见图4-6。值得说明的是，经营性自然资源不具有完整所有权意义上的公有性资源，是将公用的自然资源以有偿使用形式将经营权、使用权和部分收益权让渡给下级政府、基层政府、相关机构或者居民的自然资源，它当然不是私有性自然资源。因此，本书建议将政府自然资源资产负债表和企业自然资源资产负债表分开来讨论。政府自然资源资产负债表应基于复杂的委托代理关系进行编制，而企业自然资源资产负债表仅仅是经营权层次的自然资源资产负债表。

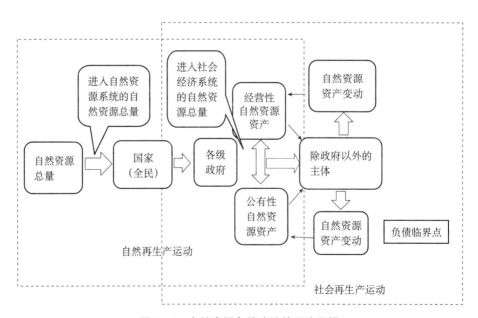

图4-6 自然资源负债确认的理论逻辑

随着社会经济的发展，自然资源负债能够可靠计量的技术条件也越来越具备。从自然资源数量、自然资源质量以及与其他自然资源交互作用为出发点，可将自然资源负债分为三类进行核算，分别是"资源过耗""环境损害""生态修复"。其中，资源过耗指在流域内的社会经济活动中，由于资源利用效率低下而过度使用该自然资源，造成其再生速度低于消耗速度，不利于代际公平；环境损害是指由于对资源的不当使用造成自然资源质量的下降，如水资源受污染后水质等级由 Ⅱ 类下降到 Ⅲ 类，进而造成环境的破坏；生态修复是指在环境破坏后，流域的自然生态系统失衡，其调节和支撑服务功能减弱甚至丧失，需要对其进行修复，避免造成经济利益的流出（杨艳昭等，2017）。

（2）环境承载力与自然资源负债临界点计量。

流域自然资源负债的计量与自然资源负债的临界点具有紧密联系。理论上看，确认"公有性自然资源"承载力的临界点就是辨认自然资源的需求消耗是否超过了自然资源环境的承载能力、打破了生态平衡。鉴于社会再生产会对自然资源的环境功能产生影响，所以要在不考虑和考虑消纳污染物两种情形下，通过测算最优状态下的最优产品生产量，确定自然资源承载力临界点。对自然资源负债临界点确定可以采用分类资源进行，下面以水资源负债为例，阐释自然资源负债的临界点问题。

对于水资源最优产品生产量与实际生产量的确定，以河流水资源为例，如图 4 – 7 所示。

①在不考虑消纳污染物的情形下，水资源承载力临界点的确定。

图 4 – 7（a）、图 4 – 7（b）横轴表示水资源供给量，即水资源存量，纵轴表示农作物灌溉面积。其中，曲线 Q_C^{DS}、Q_C^{DY} 分别表示在农作物灌溉实际所需水资源量、水资源最优使用量；$Q_C^{DS'}$、$Q_C^{DY'}$ 分别表示河流在消耗污染的情况下灌溉农作物实际所需水资源量、水资源最优使用量。

如图 4 – 7（a）所示，当 $Q_C^{DS'} > Q_C^{DY}$ 时，在不考虑消纳污染物的情形下，河流承载力的临界点为需求曲线 Q_C^{DS} 与供给曲线 Q_C^S 的交点 E_2，即河流负债确认的临界点；四边形 ABE_1E_2 的面积即为由于过度灌溉所带来的河流水资源负债量。

同理，如图 4 – 7（b）所示，当 $Q_C^{DS'} < Q_C^{DY}$ 时，在不考虑消纳污染物的情形下，河流承载力的临界点为需求曲线 Q_C^{DS} 与供给曲线 Q_C^S 的交点 E_5，即河流负债确认的临界点；四边形 ABE_5E_6 的面积即为由于过度灌溉所带来的河流水资源负债量。

从图 4 – 7（a）、图 4 – 7（b）可以看出，四边形 ABE_1E_2、ABE_6E_5 的面积大小取决于河流实际农作物灌溉的水资源量和最优农作物灌溉的水资源量的差。

②在考虑消纳污染物的情形下，水资源承载力临界点的确定。

如图 4 – 7（a）所示，在考虑消纳污染物的情形下，河流存量由 Q_C^S 左移至 $Q_C^{S'}$，河流承载力的临界点为需求曲线 $Q_C^{DS'}$ 与供给曲线 $Q_C^{S'}$ 的交点 E_4，即河流负债确认的临

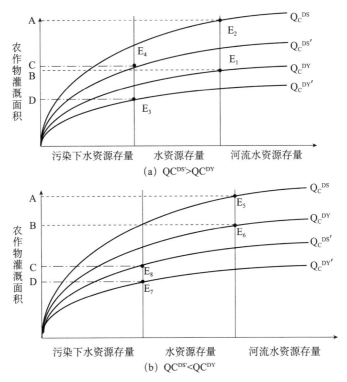

图 4 – 7　河流承载力临界点确定负债原理

界点；四边形 CDE_3E_4 的面积即为在消纳污染物的情形下，过度灌溉所带来的河流水资源负债量。同理，如图 4 – 7（b）所示，在考虑消纳污染物的情形下，河流承载力的临界点为需求曲线 $Q_C^{DS'}$ 与供给曲线 $Q_C^{S'}$ 的交点 E_8，即河流负债确认的临界点；四边形 CDE_7E_8 的面积即为在消纳污染物的情形下，过度灌溉所带来的河流水资源负债量。

从图 4 – 7（a）、图 4 – 7（b）中可以看出，四边形 CDE_3E_4、CDE_7E_8 的面积的大小取决于河流实际农作物灌溉的水资源量和最优农作物灌溉的水资源量的差。其中，图 4 – 7（a）中四边形 ABE_1E_2 与 ABE_6E_5 的面积之差为 $Q_C^{DS'} > Q_C^{DY}$ 时污染物造成的水资源负债量，图 4 – 7（b）中 CDE_3E_4、CDE_7E_8 的面积之差为 $Q_C^{DS'} < Q_C^{DY}$ 时污染物造成的水资源负债量。

通过本书上面以水资源举例能够看出，只要想办法找到某类自然资源对于环境承载力的临界点，这样自然资源负债确认和计量难题就迎刃而解了。

但是囿于数据的可获得性和操作的简便性，自然资源的环境负面影响较难准确度量，目前主要采用环境成本支出法来计量其大小，常常从资源过耗、环境损害、生态修复和其他方面的支出计量负债的发生。

4.3.2.3　自然资源净资产的确认和计量

政府自然资源资产负债表中的净资产反映了一个国家（地区）对自然资源所拥有

的剩余处置权利。在我国企业资产负债表的编制中，遵循"资产＝负债＋所有者权益"这一会计恒等式，所有者权益是资产和负债相减得到的。在我国自然资源属于国家或集体所有，自然资源核算体系中，虽然目前很难在产权层面清晰地划分自然资源，实践中自然资源确权登记仍存在一些难题，但是仍可以通过"资产负债差额"计算"净资产"实现平衡关系（封志明等，2015）。

因此，在流域自然资源资产负债表中，自然资源净资产可以根据"资产－负债＝净资产"计算出来，其在数值上是指自然资源资产减自然资源负债后的剩余量。国家（政府）自然资源资产负债表净资产是指国家或地区在某个时点拥有的全部自然财富总和（赵奎涛等，2018），或者从可持续性上来说，自然资源净资产是留待继续为人类提供各种服务的净价值。自然资源净资产反映了扣除当期应该承担的环境保护费用后、自然资源的净价值（黄溶冰和赵谦，2015）。类似地，如果自然资源资产和负债计量准确可靠，流域自然资源资产负债表的净资产也就能根据"资产－负债＝净资产"计算出来，它清晰直观地反映了流域内自然资源的"家底"，表示自然资源资产扣除负债后的余额，表示了流域或者某个区域对自然资源管理和环境保护的绩效。本期期末净资产增加，表示整个流域在此期间自然资源环境保护的绩效好，自然资源资产实现增值，尽管这种增值有可能是自然资源的自然增值，也有可能是当政者自然资源利用和环境保护工作做得富有成效，这需要通过政府自然资源资产负债表来分析和审计得出；反之，如果自然资源资产负债表中净资产减少，表明生态环境遭到破坏，自然资源利用情况不好，导致自然资源资产发生减值。

4.3.3　自然资源资产负债表会计要素的报告

4.3.3.1　流量和存量的报告

政府自然资源资产负债表对外报告时，既要反映存量信息，也反映流量信息。SEEA2012 和 SNA 均采用流量和存量的报告方式，系统地核算环境资源的流量与存量。借鉴国际规范，自然资源资产负债表也要对外报告存量和流量信息。存量是直接进入自然资源资产负债表的数据，是反映核算期期末自然资源存量的静态指标。流量是反映核算期内自然资源增减变动量的动态指标，其主要用于评价分析，探究自然资源增减的原因，为自然资源的监督管理提供思路。二者功能用途不同，表式自然会有差异，因此将分别编制成表。

4.3.3.2　实物量和价值量的报告

目前，不管在 SNA 还是 SEEA 的国际核算框架下，均主张自然资源实物量与价值量的多头核算（高敏雪，2005）。2019 年 4 月，中共中央、国务院办公厅印发的《关于统筹推进自然资源资产产权制度改革的指导意见》明确提出，研究自然资源统一分类标准，加强实物量统计和摸索价值量核算，以完善自然资源资产负债表编制方法和水平。这表明我国自然资源资产负债表编制由以实物量为主的阶段转向实物量和价值量并重的阶段。我国具体编制自然资源资产负债表的实践中，多数也遵循"先实物后价值"的编制路径（杨艳昭等，2018）。

因此，本书认为，流域自然资源资产负债表报告应同时披露自然资源的实物量与多重价值量，理由有二：其一，多重价值量可以详细反映自然资源资产的价值构成，也能方便自然资源资产负债表的汇总与填写，因为实物量单位不统一、数据不可比会给填制者和分析者增加任务负担；其二，实物量数据直观且必要，但报表使用者对其概念或程度的认识较为模糊，如森林资源蓄积量 5 万立方米会让人有些费解，而价值量更符合人们对事物价值的认识，比较和理解起来较容易。

4.4　流域自然资源资产负债表编制的原则和流程

4.4.1　流域自然资源资产负债表编制遵循的原则

编制流域自然资源资产负债表编制应当遵循以下原则。

（1）中国特色与国际经验结合。编制流域自然资源资产负债表要坚持借鉴国际经验与我国特色创新相结合，既要借鉴国际绿色 SNA、SEEA 和指标的成功经验，又要基于我国自然资源制度和管理机制的特色，开展创新，对自然资源资产和负债等确认、核算及计量方法进行探讨，构建流域自然资源资产负债表编制的综合理论框架。

（2）嵌入流域生态系统观和产权观。本框架以双重理论为指导，生态系统观把自然资源的自然再生产活动和社会再生产活动视为一个生态系统，相互影响，自我调节和适应。自然资源再生产活动是自然资源在自然资源生态子系统与社会生态子系统的一种转换、消耗和循环过程。本书不仅关注自然资源的经济属性，还应关注其生态服务价值，力求客观真实地确认和计量自然资源整体价值。产权观解释了我国自然资源再生产活动中"国家（集体）所有""有偿使用"的复杂委托代理关系。因此，基于我国特有的产权逻辑，确认和计量自然资源资产、负债是一项重大的制度创新。

（3）遵循"从点及面"的原则。自我国提出自然资源的核算以来，国家规划的 5 个试点地区开展了编制自然资源资产负债表实践探索工作，从点到线再到面，逐步扩展

（肖继辉和张沁琳，2018）。所以，本书认为，应当优先核算流域内生态功能相对重要的自然资源，遵循先易后难的原则，加之对自然资源统计数据的考虑，核算《编制自然资源资产负债表试点方案》中提出的水资源和土地资源、森林资源。实践核算好这三种自然资源后，再举一反三，待三种资源的自然资源资产负债表编制实践成熟后，再推广至其他自然资源，全面核算自然资源。

（4）遵循"从单一到综合，从实物量到价值量，从存量到流量"的原则。自然资源资产负债表不仅要以实物量计量（如面积、立方米、蓄水量等），还要用价值量（货币）计量。会计中资产的确认要求必须可用货币计量，自然资源资产通过价值量核算，可以消除不同类型资源实物量之间的计量单位差异，如水资源的立方米和土地资源的面积。实物量核算是价值量核算的基础，在实物量转化价值量的过程中，以科学合理的方法为手段，客观地反映自然资源经济价值。价值量核算可以使得资源的计量采用统一的标准，可以在不同资源、不同地区之间汇总对比。自然资源核算分为静态核算和动态核算，自然资源的静态核算是指对自然资源的存量进行核算，反映了在某一个特定时间节点上的自然资源资产的状况；动态核算是指自然资源的流量核算，反映了在一个时期内的自然资源资产的变化情况。自然资源的流量可以通过"年末自然资源资产存量－年初自然资产存量＝当前年度自然资源资产流量"这一等式计算。然而，目前受制于自然资源的数据收集、核算方法等条件，动态核算实现起来存在较大的困难。

（5）开放包容，不断完善。流域自然资源资产负债表编制综合框架的提出是一个阶段性的工作。本书认为，政府自然资源资产负债表和企业自然资源资产负债表应分开编制，因为两者在核算目标、核算原理、核算范围和内容等多方面存在差异。不过目前阶段应以政府自然资源资产负债表作为重点，达成共识。后面应多花费时间完善政府自然资源资产负债表编制理论和方法，重点开发企业自然资源资产负债表编制工作。

（6）复式记账原则。自然资源核算应以复式记账原则为基础，每一笔交易或事项都要以相等的数量（实物量）或金额（价值量），同时记录在两个或者两个以上相连的账户中，保持不同经济单元之间的变化在统计上的一致性。以水资源为例，政府当期从其他辖区以 0.6 元/立方米购入 2 000 万立方米使用期限一年的取水权。该笔交易使得当期水资源储量增加 2 000 万立方米，即借记资源存货科目，实物量为 2 000 万立方米，价值量为 1 200 万元；贷记"货币资金"科目，价值量为 1 200 万元。

（7）权责发生制原则。即在自然资源经济价值被创造、转移、交换或消失时进行流量的记录。自然资源资产负债表中对自然资源的核算，既有静态的测度，也有动态的测度，这些测度都要存在明确的权责关系和时间限定。

4.4.2 流域自然资源资产负债表编制遵循的流程

流域自然资源资产负债表的编制流程具体分为五步，与我国各试点地区现阶段遵循的编制流程一致，具体步骤如图 4-8 所示。

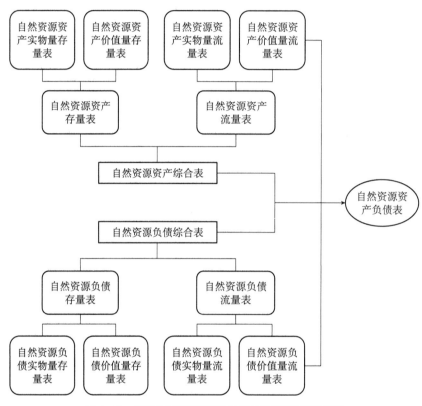

图 4-8 流域自然资源资产负债表编制步骤流程图

第一步是根据目前可获得的数据如土地利用数据、水资源公报、森林清查数据及统计年鉴等，结合自然资源特点和数据的可获得性特点，设置自然资源资产、自然资源负债实物量账户和科目、转化自然资源统计口径，最终填列数据。

第二步是将实物量账户转化为价值量账户。根据不同自然资源的特征确定自然资源的单位价格。同类资源会因状态不同而存在价格不同的现象，应选择最能实际反映自然资源价值的价格，用单位价格与实物量相乘，求得自然资源的价值量。

第三步是用存量倒挤流量。将自然资源存量表中期初数与期末数相减，倒算出自然资源当期的流量数据。

第四步是汇总自然资源资产综合表和自然资源负债综合表，完成自然资源资产负债表的编制，将资产和负债作差，就能得到自然资源净资产。

第五步对编制的自然资源资产负债表及其他系列表格进行分析，探寻自然资源的变化原因，结合流域治理目标，为下一阶段的流域自然管理制定目标和确定管理方案做准备。

4.5　本章小结

本章首先对流域自然资源资产负债表编制的两个关键问题进行了探讨，对包括国际规范遵循问题、自然资源资产负债表编制主体和编制范围进行了剖析，对自然资源的类型、资产负债表核算的对象和范围等进行了辨析和界定。

在此基础上，以流域生态系统观和产权理论为切入点，分析政府自然资源的委托代理复杂关系，以及流域系统的资源属性对自然资源资产负债表编制的影响。基于系统论视角，自然资源在自然资源系统和社会经济系统转化与循环，进行着自然再生产活动与社会再生产活动。随着社会发展自然资源的系统服务功能越强，就越需要从系统视角出发核算自然资源的附加价值。

基于自然资源全民所有权与政府代管使用权相分离的特征，作者主张将自然资源资产负债表分为政府自然资源资产负债表和企业自然资源资产负债表。因为两者在自然资源资产负债表编制目的、核算范围、核算内容方面存在差异。不过，目前阶段应当是以编制政府自然资源资产负债表作为重点，因为在政府自然资源资产负债表编制的理论和方法中仍存在许多争议和痛点。待条件成熟，政府自然资源资产负债表达成共识，可以推进有区别于政府自然资源资产负债表的企业自然资源资产负债表的编制标准研制工作。

本章还构建了基于双重理论的流域自然资源编制综合框架，包括了理论基础、核算对象、编制主体、账表设置四个部分。该框架是一个多元多重价值的自然资源资产负债表的编制框架，具有编制主体的多元性和多层次性、核算客体的复杂性、核算价值的多重性和账表编制的系统性四个特征。

本章对流域自然资源资产负债表的基本结构以及会计要素确认、计量和报告进行了进一步探讨。流域自然资源资产表形式上与企业资产负债表编制一样，左边是"资产"，右边是"负债加所有者权益"，满足"资产 = 负债 + 所有者权益"的会计等式验算平衡要求，是"确认、计量、报告"等程序核算的一种结果。

本章认为，自然资源资产具有经济价值、生态价值、社会文化价值。流域自然资源资产的确认与计量要基于多重价值进行确认。经过研究提出，自然资源是自然资源资产确认的基础，但自然资源资产不等于自然资源，它需要满足一定的条件，结合会计资产定义及条件和国民经济核算的部分有益经验，借鉴国际会计师联合会公共部门委员会制定的《国际公共部门会计准则》关于资产的定义和判断标准，核心的一点是要将"导致未来经济利益或服务潜能流入主体的资源"确认进来和计量出来。

因此，自然资源资产要对多重价值进行核算和计量，本章对自然资源资产的经济价值和附加价值计量的具体方法和应用进行了进一步探讨。

本章也认为，应对流域自然资源负债进行确认。理由有三：第一，确认自然资源负债从本质上来说是对过去开发利用自然资源所造成的环境污染和破坏的一种生态价值补偿，也是一种现时义务；第二，在现有的条件下，对生态系统的退化程度以及将来需要支付的环境恢复的成本计量和估计技术越来越可行，环保支出的数据是可以获得的；第三，从所有权出发，自然资源存在复杂的委托代理关系，自然资源在自然再生产和社会再生产过程中就会产生委托者与代理者、自然资源使用者与环境之间的自然资源的债权债务关系，环境承载力是自然资源负债确认的一种可行方法。

自然资源资产负债表会计要素的报告包括流量、存量报告，也需要做好实物量和价值量并重的报告，尤其要重点关注实物量报表与价值量报表之间的转化。

最后，本章从理论上探讨了自然资源资产负债表遵循的原则和流程，对自然资源资产负债表编制的程序和步骤做出了详细阐述。

第5章 流域自然资源资产负债表账户体系和表格设计

对自然资源资产负债表编制的不断探索，其根本目标就是最终形成有效可行、可操作的自然资源资产负债表账户核算表格体系，从而利用其摸清流域各地政府的自然资源"家底"，反映自然资源的使用与变化情况，真正实现服务我国自然资源资产管理及领导干部自然资源离任审计等自然资源治理的目的。第4章从理论层面阐述了流域自然资源资产负债表的基本结构、编制目标和编制流程。本章从实践和具体表格的设计应用角度分析流域自然资源资产负债表的账表体系，针对各类自然资源资产的特有属性，对原始的科目设计、分录处理、账户设计以及最终的报表体系建构进行系统的论证。

鉴于此，本章还结合太湖流域生态管理实际，对该流域自然资源的资产负债表建构工作按照如下步骤进行探索，具体为：探索太湖流域自然资源账务处理实践—自然资源账户设计—探析自然资源资产负债表的基本框架（存量表、流量表）—解析分类自然资源资产负债表主表—汇总自然资源资产负债表编制。

5.1 社会核算矩阵与自然资源资产负债表账户体系

5.1.1 社会核算矩阵方法与账户设计理论发展

5.1.1.1 社会核算矩阵账户与国民经济核算账户

社会核算矩阵账户（SAM）是国民经济核算账户（SNA）的矩阵表示形式，它描述了一个经济体系中有关生产、要素收入分配、住户收入分配和支出的相互依存的循环关系（雷明和李方，2006）。前面的章节谈到了SNA产生较早，SNA自1953产生以来，经过多次修改和完善，形成了SNA1960、SNA1968、SNA1993不同版本，最新的是 SNA2008。在 SNA1993 版中，SAM 是其单独一章，篇幅也较长，是一种矩阵表现形式，说明它在国民经济核算中占有重要地位。SNA2008 延续了 SNA1993 中运用 SAM 的矩阵表现形式的做法，并且宣称"不能仅将 SAM 理解为是一个涵盖了标准账户系列的矩阵，而且将它视为进一步包括了各种扩展——尤其是包含账户部门的矩阵"（UN etc. 2008）。

不过，不要错误地认为 SAM 是在 20 世纪 90 年代才出现。实际上，从 20 世纪 60 年代开始，社会核算矩阵作为剑桥增长项目的一部分就被研发了出来，以矩阵形式描述国民经济核算体系中各账户的供应和使用流量及其平衡关系（Stone，1962）。此后，SAM 在世界上广泛传开，并在 20 世纪 90 年代流传到我国。SAM 宏观描述了商品供给、需求与部门机构账户等要素间的动态联系，是对一定时期内一国或地区经济结构的总结（宋晓玲，2020）。应用于国内的 SAM 表示见表 5 - 1（王军，2019）。

表 5 - 1　　　　　　　　　　　社会核算矩阵 SAM 示例

项目		支出									合计
		活动	商品	要素		机构			资本账户		国外	
				资本	劳动	居民	企业	政府	固资	存货	出口	
收入	活动											
	商品											
	要素	资本										
		劳动										
	机构	居民										
		企业										
		政府										
	资本账户	固资										
		存货										
	国外	出口										
	合计											

从上面的分析可以看出，SAM 是以矩阵形式表示的 SNA 账户，两者联系紧密，均属于国民经济核算方法，但又有所不同。首先，SAM 没有固定结构，可以灵活展现 SNA 中的各项内容，更侧重于详细阐述生产经营活动中的收入、支出及分配问题。但 SAM 严格遵守复式记账原则，即某一账户的收入必须对应另一账户的产出。其次，两者最主要的区别是 SNA 采用 T 型账户表现形式，而 SAM 则是矩阵式。最后，SNA 试图在不同国家的国民经济核算体系中寻求国际可比性，一是为了提高国际核算规范性，便于比较分析；二是为了给各国提供借鉴经验，因此是一套综合的国际标准，追求"共性"。SAM 则追求"个性"，突出一国或地区的经济特点。综合来看，SAM 是以矩阵形式展示 SNA 中有特殊意义的统计数据间关系，SAM 的分类原则以 SNA 为标杆，但又能

做出超越 SNA 范围的合理调整，是 SNA 的有益补充。

经过几十年的发展，社会核算矩阵账户已广泛应用于收入分配、税收、投入产出等多方面的研究，而目前将社会核算矩阵与资源环境联系起来的不在少数。早在 1993 年，荷兰学者就提出包含环境账户在内的国民经济核算矩阵——NAMEA，作为绿色核算分析工具。约翰·华格纳（Jone E. Wagner）于 1996 年运用 SAM 考察分析了巴西生态旅游对经济的影响，显示了 SAM 这一核算工具的优越性。我国学者也在此方面做了相应扩展研究，且多为实践性研究；既有较为宏观的绿色社会核算矩阵（雷明和李方，2006），又有结合具体资源，如水资源（邓光耀，2019）、土地资源（韦燕飞和罗敬文，2012）、海洋资源（陈东景，2015）的研究。

5.1.1.2　账户设计理论发展及启示

当谈到账户设计理论，就不得不说到会计的复式记账原理和簿记账户体系。实际上，SNA 就是源自 20 世纪 40 年代理查德·斯通等简化会计核算、应用统计原理建立的国民经济核算体系（杨仲山，2001），而 SAM 作为 SNA 的一种矩阵表形式自然与复式记账也联系紧密。据有关专家考证和记载，1494 年卢卡·帕乔利（Luca Pacioli）对在意大利城市热那亚和威尼斯等地流行的簿记知识加以系统整理出版成书——《算术、几何、比与比例概要》，建立了以经管责任为核心会计的基本结构，使整个会计界结束了纯粹面向实务而口授心会、单脉相传的实务簿记时代（葛家澍和王光远，1994）。全书包括五大部分，簿记论述是安排在第三部分，其中第九编第十一论《计算与记录要论》对日记账、分录账、总账这三种账簿的设计、会计科目与账户的设计及核算、借贷相等的记账规则、会计恒等式、试算表的编制和利润计算内容等做出了详细的阐述。

复式簿记自从在意大利北部城邦出现以来，逐渐扩展至西欧和北美洲，使西方社会从以家庭血缘关系为基础的联合体向以契约为基础的联合体转变，促进了全新资本主义组织秩序的产生和资本主义的兴起（李南海，2019）。因此，许多学者都对帕乔利传播的复式簿记给出了极高的评价。余绪缨（1994）认为，复式簿记系统的可贵之处在于采用"双重观点"，在"双重分类模型"的基础上，构建起"会计一般框架"，它基于价值核算，提供"动态"与"静态"相结合、"分析"与"综合"相结合的经济信息系统，可以对社会经济的发展起到更好的促进作用。弗农·金（Vernon Kam，1986）和温珠（Winjum，1971）均认为，复式簿记推动了资本和经营主体概念的形成，孕育了资本主义产生发展所需要的社会秩序，奠定了资本主义企业产生及扩展的基础。

复式簿记可以说是为适应商品经济发展而产生，并随着经济发展中心转移而不断完善的。随着英国工业革命的进程和科学管理的发展，复式簿记除了加强了股份公司账户核算、完善账户体系和分项核算之外，还发展出以会计账户方式计量、分配成本的模式

（陈良华和刘文鹏，2002），定期地和不定期地向企业管理当局提供制造成本表和成本费用明细表。当经济中心由英国转移到美国时，复式簿记及账户核算进一步发展成熟，在跨国公司得到极大的推广和应用。

然而，复式簿记在帕乔利设计伊始就存在一定局限性，复式簿记提倡营利观，主张理性资本核算程序计量组织的财富，容易导致组织"唯利是图"的经营理念塑造。经济在发展的过程中，对资源和能源的高消耗，造成的环境污染、生态破坏日益受到人们关注。20 世纪起始于美国的"环保运动"强烈要求政府采取措施保护生存环境，这使得可持续发展、"绿色发展"等理念开始深入人心。在此基础上，环境会计应运而生，微观环境会计要求企业将环境成本内化，设计"环境成本""环境负债"对资源过耗和环境污染的成本计入企业核算当中；宏观环境会计是从社会整体的角度将资源消耗和环境影响纳入国民经济核算。另外，簿记系统和权责发生制的账户体系也应用到政府会计改革中，例如，英国财政部自 1998 年起要求编制"政府统一账户"，借鉴商业会计方法，为整个公共部门制作基于通用会计准则（Generally Accepted Accounting Principles，GAAP）的、统一的合并财务报表（HM Treasuty，1998）。

账户的发展和创新是一个持续的话题。本书对社会核算矩阵账户和复式簿记的理论发展进行了描述，它为本书在流域自然资源资产负债表的账户设计及表格形式等方面带来的启示如下：第一，无论是帕乔利的簿记账户还是 SAM 的矩阵式账户都是经济业务活动的一种表现形式，各有特点，自然资源资产负债表账户设计需相机选用；第二，帕乔利的簿记账户和 SAM 都是一种复式记账方式，相比于单式簿记来说，它能更好地反映经济责任主体的权责利，能更好地反映资金流动，方便各权利主体和管理者查账；第三，不过，帕乔利的簿记账户设计展现出自然资源资产负债表账户不是一张表，而是一套表格，要分类核算跟汇总核算相结合、动态核算跟静态核算相结合。由于自然资源资产负债表核算表格处在初步阶段，由于数据、技术方法的不完善，很多地方单式账表的形式也是可以选用的。

5.1.2　基于社会核算矩阵的自然资源资产负债表账户设计

账户是将原始数据进行分类变成会计信息的重要方式，账户填制的基础是会计账务处理，因此，自然资源资产负债账户需要先进行自然资源相关科目的账务处理。

5.1.2.1　复式记账的自然资源账务处理

复式记账法的理论根基是"资产＝权益"的同体二分观，而权益又包括负债和所有者权益，该方法将一项经济业务同时涉及的多个相关账户联系起来。而在目前自然资源核算研究中，自然资源净资产可近似等同于自然资源所有者权益，将复式记账法应用于自然资源资产负债核算中，能够清晰直观地厘清自然资源各项目增减变动的"来龙去脉"，反映自然资源"家底"，为政府考核、精细化管理等提供有效数据参考（陶建格等，2020），还可以借助复式记账的恒等关系检查记账错误（何利等，2018）。因此，利用会计中复式记账的借贷记账法进行自然资源相关账务处理可以维持表内平衡。

（1）自然资源资产增加。

自然资源资产增加包含两种情况，其一是资产的新发现或新建引起的绝对增长，其二是出于资源恢复、负债减少所引起的自然资源数量或质量的复合增加，见（5）中示例。当自然资源绝对增加时，所有者享有的剩余权益增加，表现为相应的资源净资产增加。例如，人工种植树木的数量与该种类林木的市价相乘，可以得到林木资源的经济价值和净资产的增加额。

借：经济价值——人工林

　　贷：林木资源净资产

（2）自然资源资产减少。

负债"资源过耗"的定义指自然资源数量的超额减少，在超限额的界限两边，自然资源资产减少也有两种类型。当自然资源消耗量与正常生产经济活动需求量相对应时，自然资源资产减少仅对应净资产的减少，否则会引起负债变动，见（4）。如在政策红线规定内的林木资源合理耗减：

借：林木资源净资产

　　贷：经济价值——其他林

（3）自然资源资产内部增减变动。

自然资源资产内部增减变动指自然资源的使用功能和呈现形式的改变，但由于不同类型的定价不同，其差额需要自然资源净资产来弥补。例如，政府因开发建设征用郊区农村用地的土地资源，且城市用地地价高于农用地：

借：经济价值——城市用地——交通运输用地

　　贷：经济价值——农用土地——耕地

　　　　土地资源净资产

又如水资源资产经人类或自然循环活动而改变呈现方式：

借：经济价值——地表水

　　贷：经济价值——地下水

（4）自然资源负债增加。

与企业资产负债表中资产、负债的变动方向不同，在自然资源资产负债表中，自然资源资产与负债多为反向变动。当自然资源负债增加时，引起自然资源数量或质量的下降，表现为自然资源资产减少，使得所有者的权益遭到损害，相应的自然资源净资产也会下降。例如，过度使用水资源形成负债，同时其供水来源如地表水资产下降，水资源净资产也减少：

借：水资源净资产

　　贷：经济价值——地表水

　　　　资源过耗——超额采取水

（5）自然资源负债减少。

从引发自然资源负债减少所涉及的偿还活动来讲，负债偿还所引起的经济利益流出，多是伴随资源环境保护或修复活动，从而使自然资源资产的数量或质量得以向原始未遭破坏时的状态靠拢，即自然资源负债减少产生的直接影响是相应资产的增加，进而使得自然资源净资产增加（陶建格等，2018）。例如，对过度征用农用地、挤占耕地面积的整改，要求还原耕地时的处理：

借：资源过耗——土地过度利用

　　经济价值——农用土地——耕地

　　贷：土地资源净资产

（6）自然资源负债内部增减变动。

自然资源负债内部变动是自然资源负债的分类归属有所改变。例如，原因归属不明而划分到"其他"项中的土地资源负债相关支出金额，在查明原因后重新归属到资源过耗中：

借：其他

　　贷：资源过耗——土地过度利用

自然资源净资产是由"自然资源资产—自然资源负债"得来，在自然资源总体核算体系还未成熟的条件下，属于调节类型的账户，其变动是随自然资源资产、负债变化而发生的变化，所以关于自然资源净资产的核算已包含在自然资源资产和负债的核算中，不再单独列示。

5.1.2.2　自然资源资产负债表的社会核算矩阵账户

借鉴 SAM 收入—支出的多部门式矩阵表示方式，为自然资源资产、负债的主要科目及自然资源净资产设计账户，见表 5 - 2。该账户分别设计增加方和减少方，能同时反映出资产、负债、净资产之间及其各自内部的增减变动情况，如 a_{18} 表示自然资源经济价值增加，相应的净资产减少；而 a_{81} 则表示自然资源经济价值减少，相应的净资产增加。方阵中的数据是将自然资源账务处理的会计分录过渡到社会核算矩阵账户中得来的，其对角线上的数值表示该要素内部增减变动值，期初值则是来自上年报表的期末值。在计算本期自然资源各要素值时，根据公式"期末值＝期初值＋本期增加值－本期减少值"，具体计算步骤为：

$$c_1 = b_1 + \sum_{j=1}^{8} a_{1j} - \sum_{i=1}^{8} a_{i1}$$

$$c_2 = b_2 + \sum_{j=1}^{8} a_{2j} - \sum_{i=1}^{8} a_{i2}$$

……

$$c_8 = b_8 + \sum_{j=1}^{8} a_{8j} - \sum_{i=1}^{8} a_{i8}$$

根据每种资源的期初行向量 $B = (b_1, b_2, b_3, b_4, b_5, b_6, b_7, b_8)$ 和期末列向量 $C = (c_1, c_2, c_3, c_4, c_5, c_6, c_7, c_8)$，填制自然资源资产、负债存量扩展表及分类自然资源资产负债表，分类资源的增加方 $\sum_{j}^{8} a_{ij}$ 和减少方 $\sum_{i}^{8} a_{ij}$ 汇总账户填制自然资源资产流量扩展表。

表 5 – 2　　　　　　　　基于社会核算矩阵的自然资源账户设计

项目		减少方账户							行合计	期末
		自然资源资产				自然资源负债			净资产		
		经济价值	提供产品	生态价值	社会文化价值	资源过耗	环境损害	生态修复	净资产		
增加方账户	自然资源资产 经济价值	a_{11}	a_{12}	a_{13}	a_{14}	a_{15}	a_{16}	a_{17}	a_{18}	$\sum_{j=1}^{8} a_{1j}$	c_1
	提供产品	a_{21}	a_{22}	a_{23}	a_{24}	a_{25}	a_{26}	a_{27}	a_{28}	$\sum_{j=1}^{8} a_{2j}$	c_2
	生态价值	a_{31}	a_{32}	a_{33}	a_{34}	a_{35}	a_{36}	a_{37}	a_{38}	$\sum_{j=1}^{8} a_{3j}$	c_3
	社会文化价值	a_{41}	a_{42}	a_{43}	a_{44}	a_{45}	a_{46}	a_{47}	a_{48}	$\sum_{j=1}^{8} a_{4j}$	c_4
	自然资源负债 资源过耗	a_{51}	a_{52}	a_{53}	a_{54}	a_{55}	a_{56}	a_{57}	a_{58}	$\sum_{j=1}^{8} a_{5j}$	c_5
	环境损害	a_{61}	a_{62}	a_{63}	a_{64}	a_{65}	a_{66}	a_{67}	a_{68}	$\sum_{j=1}^{8} a_{6j}$	c_6
	生态修复	a_{71}	a_{72}	a_{73}	a_{74}	a_{75}	a_{76}	a_{77}	a_{78}	$\sum_{j=1}^{8} a_{7j}$	c_7
净资产	净资产	a_{81}	a_{82}	a_{83}	a_{84}	a_{85}	a_{86}	a_{87}	a_{88}	$\sum_{j=1}^{8} a_{8j}$	c_8
列合计		$\sum_{i=1}^{8} a_{i1}$	$\sum_{i=1}^{8} a_{i2}$	$\sum_{i=1}^{8} a_{i3}$	$\sum_{i=1}^{8} a_{i4}$	$\sum_{i=1}^{8} a_{i5}$	$\sum_{i=1}^{8} a_{i6}$	$\sum_{i=1}^{8} a_{i7}$	$\sum_{i=1}^{8} a_{i8}$		
期初		b_1	b_2	b_3	b_4	b_5	b_6	b_7	b_8		

5.2 流域自然资源资产负债表主表及扩展表表式设计

5.2.1 水资源资产负债表及扩展表

水资源的开发利用有着至关重要的意义，它决定了整个流域系统的发展走向，决定着整个流域系统的命运。而且，流域系统不仅包含自然资源，而且包含人文系统，水资源是流域生态系统发育的关键要素（张雷等，2014），在编制自然资源资产负债表的工作中，水资源的重要性不言而喻。从资产权属角度而言，在中国水资源属于国家所有，国家将水资源管理权利赋予国务院水行政主管部门。天然水资源通过径流汇聚到江河湖泊，在被水利工程拦蓄控制的过程中包含了人类劳动。从马克思劳动价值理论来看，这部分水资源具有价值。用水主体在取用水资源时需要按照《水法》规定缴纳水费，且用水主体在使用这部分水资源的过程中可为其带来收益，因此，可利用的水资源具有资产属性。

但水资源资产与水资源不易区分，因此，有必要先对二者之间的关系进行梳理。作为一种资源性资产，水资源资产特征是由其自然属性和资产属性共同衍生出来的，其主要特征如下。第一，水资源资产和水资源具有交互循环性。水资源具有流动性及可再生性，在其受控制使用前，仅具有可被利用的自然属性。一部分通过被使用形成水资源资产后，还会由于其非消耗性，排出原生产、使用区域进入下游河道，重新形成自然状态的水资源。这部分水资源又可能为下级河道或两岸区域所利用，再次形成水资源资产。第二，水资源资产具有多功能性及非消耗性。水资源资产既是生活资料又是生产资料，在国计民生中的用途相当广泛。水资源资产可分为两类：一类是流出本流域供两岸区域使用的水资源资产，包括工业、农业、生活及生态等用水。对于流域而言，这类水资源资产属于消耗性水资源资产。另一类是流域内使用、不具消耗性的水资源资产，包括水电、生态、航运、渔业、旅游业等，这类水资源资产使用后仍存在于流域的不同位置。因此，水资源资产并不局限于某一用途，而是表现为多功能性，同时具有非消耗性特征。第三，水资源资产具有重复利用性。水资源资产的重复利用性与其多功能性、非消耗性密切相关。水资源资产在流域同一位置可以同时实现发电、生态、通航、养殖等水资源资产价值，或在实现某一功能后进入下级水域，并在下级水域中再次被利用实现其价值。第四，水资源资产具有随机性和不确定性。从源头来说，水资源资产来源于水资源，而水资源主要来源于降雨径流。由于降雨量在年内年际具有随机不确定性，且其径流随下垫面条件不同,产汇流也会发生变化。因此,河道内的来水具有随机不确定性。从建设管理水平角度,拦蓄水工程建设规模越大(当然受经济的制约),调控能力越强,相应水资源资产量就越大。此外,管理调度水平也会影响水资源资产的数量:调度得当,蓄水量大,则水资源资产量就越大。第五,水资源资产量与水资源的开发目标息息相关。依据前述的水资源资产形成的条件,水资源资产有可用性、会带来经济利益的流入,此外,水资源状况跟人类社会的生存和发展都有着密不可分的联系。如果水资源开发利用规划合理得当,则水资源资产量越大,反之越小。本书讨论对象为淡水生态系统下的水资源资产负债表核算,并将地下水纳入报表体系。

5.2.1.1　水资源资产扩展表核算

编制水资源资产负债表要先对水资源资产进行核算。水资源资产是天然存在、具有使用价值且能够提高人类福利的水环境因素的总和(耿建新等,2018)。然而,水资源核算并不容易,因为水资源具有流动性,渗透性和水质难测定性等,这导致水资源物理量不太容易核算清楚。例如,一条河流流经不同地区,各地区水资源量计算变得十分复杂,只能间接地通过核算水资源的某个特殊时点的状况来度量。根据水资源的地表分布特征可以分为地表水、地下水,两者组成人类经济社会的主要供水系统,其中供水系统分为生产用水、居民生活用水。而这些不同细分类的水资源的特性不同,核算起来显然也不相同。

在核算各类自然资源的附加价值时,本书将其分为"提供产品""生态服务"和"社会文化服务"三类。参照耿建新等(2018)的做法,本书列入以特定自然资源为载体生产的农林牧渔产品,并在此基础上核算其产值,作为附加价值的一种,便于观测该自然资源的生产力和恢复程度。"生态服务"是自然资源最主要和最核心的附加价值,但由于目前技术、规范等的不到位,尚不能将生态价值完全、准确地核算出来,本书根据数据可得性和生态项目的重要性,仅列举了数项附加价值项目。此外,自然资源还具有社会文化的服务价值,如为人们生活提供休闲娱乐的场所、科技教育价值(刘维志等,2008)。

具体到水资源附加价值,在"提供产品"项下,设计淡水产品和水力发电明细科目,在"生态服务"项下设计生态环境补水、水质净化和水文调节明细科目,在"社会文化服务"项下设计旅游服务和科技教育明细科目。

只有核算了水资源实物量,才能进一步核算水资源价值量。现阶段,关于水资源价值量计算方法的研究有很多,但是大部分方法不被认可,还有很多争议,在这些研究中,比较被认可的方法有:市场法、成本法、恢复费用法和支付意愿法。因此,在水资源存量表中,应同时将实物量和价值量核算和列报出来,方便对照查看,水资源资产存量表见表 5 - 3。

表 5 - 3   水资源资产存量表

水资源资产类型	实物量	价值量
经济价值		
地表水		
地区 A		
地区 B		
……		
地下水		
地区 A		
地区 B		
……		
附加价值		
提供产品		
淡水产品		
水力发电		
生态服务		
生态环境补水		
水质净化		
水文调节		
社会文化服务		
旅游服务		
科技教育		
资产总计		

注：1. 实物量单位为亿立方米、亿吨，价值量单位为亿元；

　　2. 地区 A、地区 B 等仅表示按照不同地区对地表水和地下水进行核算。

水资源流量核算包括了平衡式水资源流量表和矩阵式水资源流量表两种形式。平衡式水资源流量表是将水资源流入、流出、水储存都从上到下地列在一张表上，根据水资源的"水流入 - 水流出量 = 水储存"的平衡关系，在一张表上反映水资源的实物量和价值量的变动及平衡关系，见表 5 - 4。水资源流入包括了地表水、地下水，水资源流出包括了生活用水和生产用水，生活用水又分为城镇生活用水和农村生活用水；生产用水包括了第一产业、第二产业和第三产业的用水。从表 5 - 4 可以清楚地看到流入的水来自哪里，流到哪里，价值分别是多少。不过值得说明的是，用水的流出量常常会少于流入量，因为水资源使用过程中因渗透、蒸发、损耗，如农业灌溉中的"回流"与"水损"，都会导致偏差出现（陈波和杨世忠，2015；吕晓敏等，2020），即表 5 - 4 中"流入小计 - 流出小计 = 差量或差价"。

相比较来说，利用社会核算矩阵表原理编制的矩阵式水资源流量表（见表 5 - 5），可以更好地反映、刻画出核算期内水资源的流向变动情况及其来源和使用的配比关系，通过横向表示水资源流入数量和价值，纵向表示水资源使用数量和价值，就可以清晰地反映水资源的流入和流出情况及其相互关系。表 5 - 5 的编制思路是按照"流入量 - 流

出量 = 流量"和"流入价值 – 流出价值 = 差价"的平衡关系设计。从横向的"流入"来看，如果再考虑不同期的连续影响，无论是地表水，还是地下水，在数量和价值量上，都有"期末 = 期初 + 变动"的等量关系成立。而且从竖向的流出来看，也存在"期末 = 期初 + 变动"的等量关系。与表 5 – 4 类似，在表 5 – 5 中，差量也主要是由于因使用过程中渗透、蒸发、损耗导致的流入少于流出的结果，刘汉和张岚（2015）称为"总未加解释的差异"，因而矩阵式流量表中的数据是以使用中的流出数据为基数填列的，这样可以反映流出的水量对应有多少地表水和地下水的流入，同时流入的地表水或地下水用到哪里去了。自然资源所有者、管理者和使用者应该较为关注的是进入人类经济社会的水资源，即供应系统内的水资源，从而对人类生活、生产用水有直观的了解，便于资源节约利用。而存量表和平衡式的流量表内都没有体现这种实物、价值流向的因果对应关系，因此，编制矩阵式水资源流量表有助于更好地掌握水资源使用情况。

表 5 – 4　　　　　　　　　　　　水资源资产流量表（平衡式）

水资源资产类型	实物量			价值量											
	期初	本期变动	期末	期初				本期变动				期末			
				经济价值	提供产品	生态价值	社会文化	经济价值	提供产品	生态价值	社会文化	经济价值	提供产品	生态价值	社会文化
流入															
地表水															
地区 A															
地区 B															
……															
地下水															
地区 A															
地区 B															
……															
流入小计															
流出															
总供水量：															
生活用水															
城镇															
农村															
生产用水															
第一产业															
第二产业															
第三产业															
流出小计															
差量或差价															

注：1. 实物量单位为亿立方米、亿吨，价值量单位为亿元；
2. 地区 A、地区 B 等仅表示地表水和地下水按照不同地区来进行核算。

表 5-5

水资源资产流量表（矩阵式）

项目			地表水								地下水								汇总	
			数量				价值				数量				价值				数量	价值
			期初	变动	差量	期末	期初	变动	差价	期末	期初	变动	差量	期末	期初	变动	差价	期末	期末	期末
生活用水	地区 A	城镇																		
		农村																		
	地区 B	城镇																		
		农村																		
	……																			
生产用水	地区 A	第一产业																		
		第二产业																		
		第三产业																		
	地区 B	第一产业																		
		第二产业																		
		第三产业																		
	……																			
汇总																				

5.2.1.2　水资源负债扩展表核算

前面的章节已经分析了自然资源负债可以通过环境承载力来解决确认的难题。那么，在自然资源负债确认后，自然资源负债计量在这里主要就可以从资源过耗、环境损害、生态修复和其他四个角度展开。其中资源过耗主要指工农业生产、人类生活消耗量超过规定用量标准的部分；环境损害指由于水资源数量、质量以及水系统平衡遭到破坏所能量化的部分，如废污水、气候变化、外来物种入侵影响等；生态修复主要指水资源在遭到破坏后进行补偿或修复所付出的代价；其他项是符合自然资源确认条件，但暂时无明细分类标准的资源型负债。自然资源负债确认和计量出来后，形成的自然资源负债表见表 5 - 6，反映了自然资源债务的类型和结构。环境损害和生态修复都可能涉及污水及治理方面的支出，但环境损害仅强调损害的事实，而生态修复更强调环境恢复的作用下的支出，可见两者支出的目的不同。

表 5 - 6　　　　　　　　　　　　　　　水资源负债表

水资源负债类型	实物量	价值量
资源过耗		
超额采取水		
环境损害		
废污水		
气候变化		
外来物种入侵		
生态修复		
废污水治理		
其他		
负债总计		

注：实物量单位为亿立方米、亿吨，价值量单位为亿元。

5.2.1.3　水资源资产负债表表式设计

水资源资产负债表可以反映水资源资产、水资源负债和水资源所有者权益的结构关系，见表 5 - 7。自然资源资产负债表由自然资源资产、自然资源负债和自然资源所有者权益三要素组成。前面对自然资源资产和负债的确认专门进行了讨论和分析，这里不再赘述。自然资源使用所有者权益是用来描述各级政府对水资源所拥有的剩余处置权利，常常也称为"水资源净资产"。站在国家或地区的角度，水资源的投入者是大自然，人类并不满足所有者的定义。但是，中央政府代理全民行使自然资源所有权，下一级及基层政府也受托行使自然资源所有权，因此，各级政府拥有水资源名义所有权。同时省级及下级政府在自然资源管理和使用中有着巨大作用，事实上政府拥有水资源相当大的经营和使用权，所以说，各级政府也行使着事实所有权。水资源所有者权益通过等式"水净资产＝水资产－水负债"来核算。水净资产反映了某一时期国家或地区对水资源的剩余权益，在一届政府或官员在任和任期终结这段时间内，若水净资产增加，表明水生态环境绩效良好，水资源资产实现增值；相反，若水净资产减少，说明水生态环境遭到破坏，水资源资产发生减值。如果从不同期的自然资源资产负债表结合来看，静态方面存在"期初水净资产＋本期水净资产变动＝期末水净资产"，这样就可以把不同期间的两张水资产负债表联系起来看了。同时，从变动方面看，即结合本书前面谈到的水资源变动情况，那么无论在实物量还是价值量方面都会得到"水资产变动－水负债变动＝水净资产变动"，可以动态地反映本期的水资产、水负债、水净资产数量和价值的增减变动情况，强化了水资源的精细化管理并提高了水资源的利用效率。

表 5 – 7　　　　　　　　　　　　　水资源资产负债表

水资源资产类型	实物量	价值量	水资源负债类型	实物量	价值量
经济价值			资源过耗		
地表水			超额采取水		
地区 A			环境损害		
地区 B			废污水		
……			气候变化		
			外来物种入侵		
地下水			生态修复		
地区 A			废污水治理		
地区 B			其他		
……			土水资源总负债		
附加价值					
提供产品					
生态服务					
社会文化服务			水资源净资产		
水资源总资产			水资源净资产及负债总额		

注：1. 实物量单位为亿立方米、亿吨，价值量单位为亿元；
2. 地区 A、地区 B 等仅表示地表水和地下水按照不同地区来进行核算。

综上所述，可以根据水资源资产存量及水资源负债表汇总得到水资产负债表，设计设置水净资产项目用来描述各级政府对水资源所拥有的剩余处置权利。

5.2.2　林木资源资产负债表及扩展表

编制流域内林木资源资产负债表，目的是摸清某一时点该流域林木资源的实物量和价值量，通过清晰具体的数据，更好地掌握林木资源的情况，包括使用、耗减、复原和增加价值的情形。

5.2.2.1　林木资源资产扩展表核算

林木资源为整个生态系统带来了木材等物质产品，也有生态系统环境服务功能，因而不能单单核算其带来的物质产品的经济价值，还要估算其生态系统服务价值，本书将这部分价值纳入附加价值账户中核算。其中经济价值指林木资源为整个生态系统带来了木材等物质产品，直接给人类带来的使用价值；附加价值多是指包括旅游服务以及固碳释氧、涵养水源等在内的生态功能价值。

本书根据《中国林业统计年鉴》中的资料，将森林资源资产中的经济价值分为天然林、人工林和其他林。林木资源资产核算从林木蓄积量的实物量角度出发，统计流域内林木资源期初、期末的资源存量和流量，核算林木资源价值量时用的方法是市场价值法，根据林木资源的蓄积量和当期的市场价格计算其价值量。具体计算公式和过程是：

林木资源价值量 = 林木资源蓄积量 × 当前市场价格

林木资源的附加价值包括固碳释氧、涵养水源、净化空气等（张颖和潘静，2016）。此外，从管理角度考虑，林业信息系统建设能够高效便捷地实现资源信息共享，有利于林木资源的长期持续管理，能带来潜在的利益，因而也属于林木自然资源的一种资产，本书将其作为附加价值；从社会价值角度看，将林业资源的科技教育投入作为一种附加价值。故本书将林业产品、生态维护、科技教育等作为具体的附加价值进行核算。林木资源资产存量表和林木资源资产流量表分别见表 5 - 8和表 5 - 9。

表 5 - 8　　　　　　　　　　　　林木资源资产存量表

林木资源资产类型	实物量	价值量
经济价值		
天然林		
人工林		
其他林		
附加价值		
提供产品		
林业产品		
生态服务		
生态基础设施		
生态维护		
社会文化服务		
旅游服务		
科技教育		
资产总计		

表 5 - 9 林木资源资产流量表

林木资源资产类型	实物量				价值量			
	期初	本期变化		期末	期初	本期变化		期末
		绝对值	相对值			绝对值	相对值	
经济价值								
天然林								
人工林								
其他林								
附加价值								
提供产品								
林业产品								
生态服务								
生态基础设施								
生态维护								
社会文化服务								
旅游服务								
科技教育								
合计								

表 5 - 8 林木资源存量表反映了某一时点林木资源存在数量和价值状态。表 5 - 9 林木资源资产流量表反映了林木资源在某一段时间的资产数量和价值变动的绝对变化和相对变化，在期间上无论是数量还是价值上都遵守"期末 = 期初 + 变动"的恒等量关系，反映了时间点和期间的钩稽关系。

5.2.2.2 林木资源负债扩展表核算

自然资源负债很难完全根据会计学的概念去界定。在 SNA2008 和 SEEA2012 中，也遍寻不见林木资源负债的定义。我国学者在林木资源负债领域也有着激烈的探讨，学者各抒己见，还未形成统一的观点。本书将用于林木资源保护与恢复的资金作为林木资源负债，列报于林木资源负债表，见表 5 - 10。林木资源的负债包括了资源过耗、环境损害和生态修复三个方面的核算，其中资源过耗主要指超额砍伐，环境损害主要核算了林业病虫害和林业火灾方面的数量和价值损失，生态修复包括了防沙治沙和生态保护补偿。

表 5 - 10 林木资源负债表

林木资源负债类型	实物量	价值量
资源过耗		
超额砍伐		
环境损害		
林业病虫害		

续表

林木资源负债类型	实物量	价值量
林业火灾		
生态修复		
防沙治沙		
生态保护补偿		
其他		
负债总计		

5.2.2.3　林木资源资产负债表表式设计

综上所述，可以根据林木资源资产存量及林木资源负债表汇总得到林木资源资产负债表，见表 5 – 11。用一个新的账户即净资产项目表示林木资源的剩余处置权。与水资源资产负债表一样，林木资源资产负债表中也适用"资产 = 负债 + 净资产"的公式，即"林木资源资产 = 林木资源负债 + 林木资源净资产"，表明了林木资源的资产、负债和净资产之间的数量关系。

表 5 – 11　　　　　　　　　　　林木资源资产负债表

林木资源资产类型	实物量	价值量	林木资源负债类型	实物量	价值量
经济价值			资源过耗		
天然林			超额砍伐		
人工林			环境损害		
其他林			林业病虫害		
附加价值			林业火灾		
提供产品			生态修复		
生态服务			防沙治沙		
社会文化服务			生态保护补偿		
			其他		
			林木资源总负债		
			净资产		
林木资源总资产			林木资源净资产及负债总额		

5.2.3　土地资源资产负债表及扩展表

土地资源具有稀缺性，又属于不可再生资源，因而流域内的各省份对土地资源的核算和管理显得尤为重要。在流域内的各省份发展战略的指导下，编制土地资源资产负债表是加强土地资源管理的一条可行途径，可以摸清土地资源"家底"，更好地了解流域内土地资源现状，从而实现合理地规划空间，提高土地资源利用效率。所以说，编制土地资源资产负债表，可以对其实物量和价值量增减变化的合理性进行分析，掌握土地资源动态变化信息，便于进行及时把控，对使用土地资源的经济主体的资源利用情况进行评价。

5.2.3.1　土地资源资产扩展表核算

确定土地资源的价值核算标准是核算土地资源的前提。根据自然资源部公开的土地调查成果应用服务平台的土地利用现状分类，土地资源可以划分为耕地、园地、草地、林地、交通运输用地、城镇村及工矿用地、水域及水利设施用地和其他土地。本书在计算土地资源价值量时，将土地资源分为农业用地和城市用地。把耕地、园地、草地、林地和其他土地归属于农业用地；交通运输用地、城镇村及工矿用地、水域及水利设施用地则归属于城市用地。按此分类标准，前者价值可采用征地补偿标准确定，后者价值可采用基准地价确定。查找资料发现，农业用地中耕地的征地补偿价值与其他农业用地征地补偿标准多不相同，所以将耕地单列出来。附加价值是包括旅游服务以及农作物产品、净化降解等在内的生态功能价值。土地资源资产存量表及土地资源资产流量表见表 5 – 12 和表 5 – 13。

表 5 – 12　　　　　　　　　　　土地资源资产存量表

土地资源资产类型	实物量	价值量
经济价值		
农用土地		
耕地		
园地		
林地		
草地		
其他用地		
城市用地		
城镇村及工矿用地		
交通运输用地		
水域及水利设施用地		
附加价值		
提供产品		
农作物产品		
生态服务		
涵养水源		
保护生物多样性		
土地承载力		
社会文化服务		
旅游服务		
科技教育		
资产总计		

表 5 - 13　　　　　　　　　　　　　土地资源资产流量表

土地资源资产类型	实物量				价值量			
	期初	本期变动		期末	期初	本期变动		期末
		绝对值	相对值			绝对值	相对值	
经济价值								
农用土地								
耕地								
园地								
林地								
草地								
其他用地								
城市用地								
城镇村及工矿用地								
交通运输用地								
水域及水利设施用地								
附加价值								
提供产品								
农作物产品								
生态服务								
保护生物多样性								
土地承载力								
社会文化服务								
旅游服务								
科技教育								
合计								

5.2.3.2　土地资源负债扩展表核算

实际操作中，土地资源负债的核算也相当复杂，见表 5 - 14。土地资源污染后，要投入多少资金复原，在现有的技术条件下，还是不能够准确计量出来的，所以本书将直接用于土地资源保护的资金作为土地资源负债的内容。选取湿地恢复与保护支出、土地开发支出、土地整理支出、国土资源规划及管理、基本农田建设与保护、土地资源利用与保护和土地资源调查作为土地资源负债核算。

表 5 - 14　　　　　　　　　　　　　土地资源负债表

土地资源负债类型	实物量	价值量
资源过耗		
土地过度利用		

续表

土地资源负债类型	实物量	价值量
环境损害		
土壤酸化		
土壤盐碱化		
土地沙漠化		
生态修复		
湿地恢复与保护		
基本农田建设与保护		
土地资源利用与保护		
其他		
负债总计		

5.2.3.3　土地资源资产负债表表式设计

综上所述，可以根据土地资源资产存量及土地资源负债表汇总得到土地资源资产负债表，设计净资产项目表示土地资源的剩余处置权益。土地资源资产负债表设计见表 5 – 15。

表 5 – 15　　　　　　　　　　　土地资源资产负债表

土地资源资产类型	实物量	价值量	土地资源负债类型	实物量	价值量
经济价值			资源过耗		
农用土地			土地过度利用		
耕地			环境损害		
园地			土壤酸化		
林地			土壤盐碱化		
草地			土地沙漠化		
其他用地			生态修复		
城市用地			湿地恢复与保护		
城镇村及工矿用地			基本农田建设与保护		
交通运输用地			土地资源利用与保护		
水域及水利设施用地			其他		
附加价值			土地资源总负债		
提供产品					
生态服务					
社会文化服务			净资产		
土地资源总资产			土地资源净资产及负债总额		

5.3　太湖流域自然资源资产负债表编制案例

太湖流域涵盖江苏省苏南大部分地区、上海市陆地部分、浙江省、安徽省黄山及宣城的部分地区，总面积达 24.5 万平方千米。太湖具有蓄洪、供水、灌溉、航运、旅游等多重社会功能和生态服务功能和作用，例如，太湖既是流域的重要供水水源地，也是流域内农业用地的重要灌溉水源地。太湖流域地处中纬度地区，具有明显的季风特征，属湿润的北亚热带气候，四季分明。丘陵、山地是太湖流域的自然植被分布的主要类型。这里光、热资源充足，为发展农业、林业、牧业、渔业提供了有利条件，因而水稻、小麦等经济作物成为了该流域的主要农作物。由于太湖流域良好的自然资源条件和雄厚的经济基础，这里形成了发达的工业布局。同时，人口众多且受教育程度较高，使得劳动力整体素质变高，又有着高科技加持，加上基础建设和交通运输网络发达，市场包容度高、灵活变通能力强，有着良好的投资环境，因而长期以来都是我国沿海主要对外开放地区。

综上所述，结合自然及经济状况，本书选取太湖流域作为具体的研究对象，并以太湖流域中的江苏省、浙江省、上海市和安徽省作为简化的流域覆盖区域，展开进一步研究。

5.3.1　太湖流域水资源资产负债表编制实证分析

5.3.1.1　水资源资产核算

根据太湖流域水资源统计口径和统计数据可得性，编制"2012～2016 年太湖流域水资源资产存量表"。表 5－16 中对水资源资产的价值量核算根据各省份水利厅发布的征收标准核算。江苏省水利厅发布的水资源费征收标准为：地表水水资源费 0.20～0.40元/立方米，地下水水资源费 0.40～10 元/立方米。根据会计谨慎性原则，不高估资产，因而此处均按最低标准核算。浙江水利发布的浙江省水资源费征收标准为：地表水水资源费 0.2 元/立方米，地下水水资源费 0.5 元/立方米。上海水务局发布的上海市水资源费征收标准，地表水水资源费 0.1 元/立方米，地下水水资源费 0.2 元/立方米。安徽省水利厅发布的安徽省水资源费征收标准为：地表水水资源费 0.08 元/立方米，地下水水资源费 0.15 元/立方米。附加价值的"淡水产品"的实物量和价值量统计值来自各年《中国统计年鉴》；"生态环境补水"按照三省一市的地表水资源费的平均值计算，其他附加价值由于数据统计等原因，暂未列入核算。

表 5 – 16 　　　　　　　　　　2012～2016 年太湖流域水资源资产存量表

水资源资产类型	2012 年		2013 年		2014 年		2015 年		2016 年	
	实物量	价值量	实物量	价值量	实物量	价值量	实物量	价值量	实物量	价值量
经济价值	258.90	60.34	181.40	43.09	250.40	56.21	370.90	81.83	472.40	104.41
地表水	207.30	38.91	139.90	25.93	204.00	37.37	311.60	57.55	404.40	76.30
江苏省	68.40	13.68	51.90	10.38	96.60	19.32	143.50	28.70	209.70	41.94
浙江省	113.80	22.76	67.70	13.54	73.40	14.68	120.80	24.16	149.50	29.9
上海市	23.00	2.30	19.10	1.91	32.60	3.26	45.40	4.54	42.20	4.22
安徽省	2.10	0.17	1.20	0.10	1.40	0.11	1.90	0.15	3.00	0.24
地下水	51.60	21.43	41.50	17.16	46.40	18.84	59.30	24.28	68.00	28.11
江苏省	17.80	7.12	15.10	6.04	18.00	7.20	24.20	9.68	30.20	12.08
浙江省	25.20	12.60	19.50	9.75	19.90	9.95	25.30	12.65	28.30	14.15
上海市	8.30	1.66	6.70	1.34	8.30	1.66	9.50	1.90	9.10	1.82
安徽省	0.30	0.05	0.20	0.03	0.20	0.03	0.30	0.05	0.40	0.06
附加价值	—	2 364.79	—	2 608.65	—	2 728.59	—	2 900.68	—	3 147.65
提供产品	0.1271	2 364.30	0.1305	2 608.10	0.1350	2 728.20	0.1382	2 900.30	0.1391	3 147.30
淡水产品	0.1271	2 364.30	0.1305	2 608.10	0.1350	2 728.20	0.1382	2 900.30	0.1391	3 147.30
江苏省	0.0494	1 235.40	0.0509	1 351.10	0.0519	1 426.60	0.0521	1 517.50	0.0521	1 621.90
浙江省	0.0540	687.00	0.0551	758.00	0.0574	779.40	0.0598	855.90	0.0605	962.00
上海市	0.0030	57.50	0.0029	59.90	0.0033	62.50	0.0032	51.80	0.0030	50.20
安徽省	0.0208	384.40	0.0216	439.10	0.0224	459.70	0.0230	475.10	0.0236	513.20
生态价值	2.80	0.49	3.10	0.55	2.30	0.39	2.30	0.38	2.10	0.35
生态环境补水	2.80	0.49	3.10	0.55	2.30	0.39	2.30	0.38	2.10	0.35
江苏省	1.10	0.22	1.10	0.22	0.60	0.12	0.40	0.08	0.30	0.06
浙江省	1.00	0.20	1.30	0.26	1.00	0.20	1.10	0.22	1.10	0.22
上海市	0.70	0.07	0.70	0.07	0.70	0.07	0.80	0.08	0.70	0.07
安徽省	0.00	0.00	0.00	0.00	0.00	0.00	0.00	0.00	0.00	0
资产总计	—	2 425.13	—	2 651.74	—	2 784.80	—	2 982.51	—	3 252.06

注：1. 实物量单位为亿立方米，价值量单位为亿元；

　　2. 太湖流域主要涉及"三省一市"的部分区域，即江苏省，浙江省、安徽省和上海市，但这里用的是全境概念。

　　3. 数据源自《太湖水资源公报》《中国统计年鉴》、江苏省水利厅、浙江水利、上海水务局、安徽省水利厅。

编制"表 5 – 17 2016 年太湖流域水资源资产流量表（平衡式）"时，可直接从表 5 – 16 中截取 2016 年数据。从表 5 – 16 中可以看出，总供水量变化不大，主要变化在地表水和地下水的水量，这两者的变化主要受当年降水量的影响，取决于当年的降水量。2012～2016 年，太湖流域水资源的最小实物量值出现在 2013 年，为 545.7 亿立方米，按价格标准计算，其相应的价值量也在该年出现最小值，为 95.8 亿元；2016 年水资源实物量和价值量都最高，分别为 808.2 亿立方米和 153.09 亿元。总供水量基本呈下降趋势，主要原因是生产用水减少，生活用水基本保持稳定。

用水资源资产 2015 年的实物量和价值量、2016 年的实物量和价值量倒挤得到"2016年太湖流域水资源资产流量表（平衡表）"，见表 5 – 17。该表主要说明了年度水资源资产的变化情况，包括绝对值和相对值的变化。从表 5 – 17 中可以看出，2016 年太湖流域水资源资产实物量增加 95.9 亿立方米，价值量增加 2 176 亿元，其中地表水增加 92.8 亿立方米，同 2015 年相比增加了 29.78%。由于水资源使用过程中存在渗透、蒸发和损耗，差量表示流入总计和流出总计的数量和价值量的差异。从流入和流出的期末数量分别为期末价值分别为 472.40 亿立方米和 333.70 亿立方米，对应的价值则分别为 3 300.44 亿元和 48.38 亿元，表明本书在流出水的计价过程中计价偏低，水资源的利用应有待加强，许多水资源"被损耗"而进入"总未加解释的差异"。

表 5 – 17　　　　　　　　　　2016 年太湖流域水资源资产流量表（平衡式）

水资源资产类型	实物量				价值量			
	期初	本期变动		期末	期初	本期变动		期末
		绝对值	相对值			绝对值	相对值	
流入：								
经济价值								
地表水	311.60	92.80	29.78%	404.40	57.55	18.75	32.58%	76.30
江苏省	143.50	66.20	46.13%	209.70	28.70	13.24	46.13%	41.94
浙江省	120.80	28.70	23.76%	149.50	24.16	5.74	23.76%	29.90
上海市	45.40	– 3.20	– 7.05%	42.20	4.54	– 0.32	– 7.05%	4.22
安徽省	1.90	1.10	57.89%	3.00	0.15	0.09	60.00%	0.24
地下水	59.30	8.70	14.67%	68.00	24.28	3.83	15.77%	28.11
江苏省	24.20	6.00	24.79%	30.20	9.68	2.40	24.79%	12.08
浙江省	25.30	3.00	11.86%	28.30	12.65	1.50	11.86%	14.15
上海市	9.50	– 0.40	– 4.21%	9.10	1.90	– 0.08	– 4.21%	1.82
安徽省	0.30	0.10	33.33%	0.40	0.05	0.01	20.00%	0.06
经济价值小计	370.90	101.50	27.37%	472.40	81.83	22.58	27.59%	104.41
附加价值								
提供产品	0.1382	0.0009	0.62%	0.13906	2900.30	247.00	8.52%	3147.30
淡水产品	0.1382	0.0009	0.62%	0.13906	2900.30	247.00	8.52%	3147.30
生态价值	2.30	– 0.20	– 8.70%	2.10	0.38	– 0.03	– 7.89%	0.35
附加价值小计	—	—	—	—	2 900.68	246.97	8.51%	3 147.65
流入总计	370.90	101.50	27.37%	472.40	3 031.68	268.76	8.87%	3 300.44
生活用水	31.10	0.90	2.89%	32.00	4.51	0.13	2.88%	4.64
城镇	26.30	1.00	3.80%	27.30	3.81	0.15	3.94%	3.96
农村	4.80	– 0.10	– 2.08%	4.70	0.70	– 0.02	– 2.86%	0.68
生产用水：	308.00	– 6.30	– 2.05%	301.70	44.66	– 0.92	– 2.06%	43.74
第一产业	76.60	– 6.50	– 8.49%	70.10	11.11	– 0.95	– 8.55%	10.16
第二产业	210.50	– 1.10	– 0.52%	209.40	30.52	– 0.16	– 0.52%	30.36
第三产业	20.90	1.30	6.22%	22.20	3.03	0.19	6.27%	3.22

续表

水资源资产类型	实物量				价值量			
	期初	本期变动		期末	期初	本期变动		期末
		绝对值	相对值			绝对值	相对值	
流出总计	339.10	−5.40	−1.59%	333.70	49.17	−0.79	−1.61%	48.38
差量	31.80	106.90	—	138.70	2928.51	269.55	—	3252.06

注：1. 实物量单位为亿立方米，价值量单位为亿元；

2. 太湖流域主要涉及"三省一市"的部分区域，但这里用的是全境概念；

3. 数据源自《太湖水资源公报》《中国统计年鉴》、江苏省水利厅、浙江水利、上海水务局、安徽省水利厅。

同样，编制"表5–18 2016年太湖流域水资源资产流量表（矩阵式）"时，可以截取表5–16中的2016年流出数据作为基数，流出数据分为生活用水和生产用水，生活用水按地区的城镇和农村进一步分类，而生产用水按照地区的第一产业、第二产业、第三产业进行分类。表5–18中，差量是总流入与总流出的差。这样就可以建立流入和流出之间的对应关系。以江苏地区为例，生活用水为12.5（10.1+2.4）亿立方米，生产用水为176.15（37.06+133.49+5.6）亿立方米，合计流出188.56亿立方米，加上差量21.05亿立方米，等于流入的209.7亿立方米。同理，在价值量核算也存在这样的等量关系。不过值得说明的是，这种对应关系本来可以核算到分类明细数据上，由于数据的可获得性，本书只核算到地区层面。

表5–18　　　　　　　2016年太湖流域水资源资产流量表（矩阵式）

流入流出		地表水				地下水				合计	
		已使用量		差量		已使用量		差量			
		实物量	价值量	实物量	价值量	实物量	价值量	实物量	价值量	实物量	价值量
生活用水	江苏省 城镇	10.1	2.02	0.00	0.00	0.00	0.00	0.00	0.00	10.1	2.02
	江苏省 农村	2.4	0.48	0.00	0.00	0.00	0.00	0.00	0.00	2.4	0.48
	浙江省 城镇	5.0	1.00	0.00	0.00	0.00	0.00	0.00	0.00	5.0	1.00
	浙江省 农村	1.6	0.32	0.00	0.00	0.00	0.00	0.00	0.00	1.6	0.32
	上海市 城镇	12.2	1.22	0.00	0.00	0.00	0.00	0.00	0.00	12.2	1.22
	上海市 农村	0.7	0.07	0.00	0.00	0.00	0.00	0.00	0.00	0.7	0.07
	安徽省 城镇	0.01	0.0008	0.00	0.00	0.00	0.00	0.00	0.00	0.01	0.0008
	安徽省 农村	0.01	0.0008	0.00	0.00	0.00	0.00	0.00	0.00	0.01	0.0008
生产用水	江苏省 第一产业	37.06	7.412	0.00	0.00	0.04	0.016	0.00	0.00	37.1	7.428
	江苏省 第二产业	133.49	26.698	0.00	0.00	0.11	0.044	0.00	0.00	133.6	26.742
	江苏省 第三产业	5.6	1.12	0.00	0.00	0.00	0.00	0.00	0.00	5.6	1.12
	浙江省 第一产业	22.68	4.536	0.00	0.00	0.02	0.01	0.00	0.00	22.7	4.546
	浙江省 第二产业	11.82	2.364	0.00	0.00	0.08	0.04	0.00	0.00	11.9	2.404
	浙江省 第三产业	5.1	1.02	0.00	0.00	0.00	0.00	0.00	0.00	5.1	1.02

流入 流出			地表水				地下水				合计	
			已使用量		差量		已使用量		差量			
			实物量	价值量	实物量	价值量	实物量	价值量	实物量	价值量	实物量	价值量
生产用水	上海市	第一产业	10.1	1.01	0.00	0.00	0.00	0.00	0.00	0.00	10.1	1.01
		第二产业	63.9	6.39	0.00	0.00	0.00	0.00	0.00	0.00	63.9	6.39
		第三产业	11.5	1.15	0.00	0.00	0.00	0.00	0.00	0.00	11.5	1.15
	安徽省	第一产业	0.16	0.0128	0.00	0.00	0.04	0.006	0.00	0.00	0.2	0.018
		第二产业	0.01	0.0008	0.00	0.00	0.01	0.0015	0.00	0.00	0.02	0.0023
		第三产业	0.00	0.00	0.00	0.00	0.00	0.00	0.00	0.00	0.00	0.00
差量	江苏省		0.00	0.00	21.05	4.21	0.00	0.00	30.05	12.02	51.1	16.23
	浙江省		0.00	0.00	103.3	20.66	0.00	0.00	28.2	14.1	131.5	34.76
	上海市		0.00	0.00	−56.2	−5.62	0.00	0.00	9.1	1.82	−47.1	−3.8
	安徽省		0.00	0.00	2.81	0.2248	0.00	0.00	0.35	0.0525	3.16	0.2773
合计			333.44	56.8252	70.96	19.4748	0.3	0.1175	67.7	27.9925	472.4	104.41

注：1. 实物量单位为亿立方米，价值量单位为亿元；

2. 太湖流域主要涉及"三省一市"的部分区域，但这里用的是全境概念。

3. 数据源自《太湖水资源公报》《中国统计年鉴》、江苏省水利厅、浙江水利、上海水务局、安徽省水利厅。

5.3.1.2 水资源负债核算

水资源负债涉及的主要科目有废污水、废水治理、过度捕捞、外来物种入侵和气候变化。根据水资源负债的特点及具体的核算方法，基于数据可得性，编制"太湖流域水资源负债表"，见表5-19。但由于现阶段我国统计数据没有过度捕捞、外来物种入侵和气候变化的相关治理投入数据。因此，仅统计废污水和废水治理环保投入的数据。鉴于我国废水治理环保投资的公开数据未按照流域规划统计公布，所以本书选取太湖流域内江苏省、浙江省、安徽省和上海市三省一市的数据汇总计算。

表5-19 太湖流域水资源负债表

水资源负债类型	2012年		2013年		2014年		2015年		2016年	
	实物量	价值量	实物量	价值量	实物量	价值量	实物量	价值量	实物量	价值量
环境损害	89.73	128.89	91.32	131.11	91.33	130.95	92.06	131.71	88.67	148.59
废污水	89.73	128.89	91.32	131.11	91.33	130.95	92.06	131.71	88.67	148.59
江苏省	29.10	46.56	29.20	46.72	28.30	45.28	28.30	45.28	27.90	44.64
浙江省	12.10	21.78	12.60	22.68	12.90	23.22	12.70	22.86	13.00	23.40
上海市	23.10	30.03	22.90	29.77	22.90	29.77	23.00	29.90	23.70	51.67
安徽省	25.43	30.52	26.62	31.94	27.23	32.68	28.06	33.67	24.07	28.88
生态修复	—	20.12	—	28.00	—	33.53	—	28.24	—	40.96

水资源负债类型	2012 年		2013 年		2014 年		2015 年		2016 年	
	实物量	价值量	实物量	价值量	实物量	价值量	实物量	价值量	实物量	价值量
废污水治理投资	—	20.12	—	28.00	—	33.53	—	28.24	—	40.96
江苏省	—	7.26	—	10.25	—	7.59	—	10.88		15.85
浙江省	—	10.18	—	15.06	—	17.51	—	12.87		10.10
上海市	—	0.53	—	0.78	—	6.27	—	1.97		8.01
安徽省	—	2.15	—	1.91	—	2.16	—	2.52		7.00
负债总计	—	149.01	—	159.11	—	164.48	—	159.95		189.55

注：1. 实物量单位为亿立方米，价值量单位为亿元；

2. 太湖流域主要涉及"三省一市"的部分区域，但这里用的是全境概念；

3. 数据源自《太湖水资源公报》《省物价局、省财政厅关于调整污水处理费有关问题的通知》（江苏省物价局，2008）、《上海市污水处理费征收使用管理实施办法》（上海市发展和改革委员会）、浙江省物价局、《中国统计年鉴》。

表 5-19 中，按照江苏省物价局会同省财政厅下发的《关于调整污水处理费有关问题的通知》的规定，江苏省污水处理费标准为 1.3～1.6 元/立方米，根据会计谨慎性原则，本书按照 1.6 元/立方米计算；浙江省物价局出台的太湖流域杭嘉湖地区污水处理收费政策规定污水处理费标准为 1.8 元/立方米；上海市发展和改革委员会 2016 年印发的《上海市污水处理费征收使用管理实施办法》的通知规定中公布了上海市的污水处理费用，本书采取平均值 2.18 元/立方米计算 2016 年上海市的废污水处理费，2016 年之前采用以往规定，按 1.3 元/立方米计算；《安徽省物价局关于公布〈安徽省定价目录〉的通知》中，将污染处理收费标准区分为居民和非居民，其中非居民标准为 1.2～1.4 元/立方米，本处采用 1.2 元/立方米。

2012～2016 年，太湖流域废污水排放总量保持稳定，废水治理环保投资呈现稳步上升的态势。2016 年太湖流域水资源负债为 189.55 亿元，较之前年份增长幅度较大，废污水处理费用在 2016 年增幅较大，因为上海市提高了废水处理费标准。从废水排放量的稳定和废水治理环保投资金额的提高可以看出，政府对太湖流域的废水治理日趋重视。

5.3.1.3 水资源资产负债表

根据太湖流域水资源真实情况，编制"2016 年太湖流域水资源资产负债表"，见表 5-20。表 5-20 综合反映了 2016 年太湖流域水资源资产负债和水资源净资产的情况。2016 年太湖流域水资源净资产为 3 146.77 亿元，可以看作 2016 年太湖流域水资源的"家底"。由于价值量不能反映水质的变化情况，因此单一的负债价值量不足以体现水资源治理效率。

表 5-20　　　　　　　　　　　2016 年太湖流域水资源资产负债表

水资源资产类型	期初		期末		水资源负债类型	期初		期末	
	实物量	价值量	实物量	价值量		实物量	价值量	实物量	价值量
经济价值	710.00	131.33	806.10	152.79	环境损害	92.06	131.71	64.60	119.71
地表水	311.60	57.55	404.40	76.30	废污水	92.06	131.71	64.60	119.71
地下水	59.30	24.28	68.00	28.11	江苏省	28.30	45.28	27.90	44.64
总供水量	339.10	49.17	333.70	48.38	浙江省	12.70	22.86	13.00	23.40
生活用水	31.10	4.51	32.00	4.64	上海市	23.00	29.90	23.70	51.67
城镇	26.30	3.81	27.30	3.96	安徽省	28.06	33.67	24.07	28.88
农村	4.80	0.70	4.70	0.68	生态修复	—	28.24	—	33.96
生产用水	308.00	44.66	301.70	43.74	废污染水治理	—	28.24	—	33.96
第一产业	76.60	11.11	70.10	10.16	江苏省		10.88		15.85
第二产业	210.50	30.52	209.40	30.36	浙江省		12.87		10.10
第三产业	20.90	3.03	22.20	3.22	上海市		1.97		8.01
附加价值	—	2 900.68	—	3 147.65	安徽省		2.52		7.00
提供产品	0.1382	2 900.30	0.1391	3 147.30	水资源总负债		159.95		153.67
生态价值	2.30	0.38	2.10	0.35	净资产		2 871.73		3 146.77
水资源总资产	—	3 031.68		3 300.44	水资源净资产及负债总额		3 031.68		3 300.44

注: 1. 实物量单位为亿立方米，价值量单位为亿元;

　　2. 太湖流域主要涉及"三省一市"的部分区域，但这里用的是全境概念;

　　3. 数据源自《太湖水资源公报》《省物价局、省财政厅关于调整污水处理费有关问题的通知》（江苏省物价局，2008）、《上海市污水处理费征收使用管理实施办法》（上海市发展和改革委员会）、浙江省物价局、《中国统计年鉴》、江苏省水利厅、浙江水利、上海水务局、安徽省水利厅。

5.3.2　太湖流域林木资源资产负债表编制实证分析

5.3.2.1　林木资源资产核算

根据《中国林业统计年鉴》中各年度林木资源的蓄积量和平均市场价格，计算确定林木资源的价值量。附加价值的内容复杂，涉及面广，但由于监测手段有限，导致林木资源的价值量化比较困难。基于重要性和可靠性原则，"表 5-21 2012~2016 年太湖流域林木资源资产存量表"中，以"野生动植物保护及自然保护区的投资额"为依据，计算生态基础设施的附加价值;以"林业信息化投资额"和"科技教育投资额"测度林业科技教育的价值量。需要说明的是，附加价值中，上海市的 2014~2016 年的林业

表5-21 2012~2016年太湖流域林木资源资产存量表

林木资源资产类型	2012年		2013年		2014年		2015年		2016年	
	实物量	价值量	实物量	价值量	实物量	价值量	实物量	价值量	实物量	价值量
经济价值	40 939.07	31 809 657.39	55 176.22	42 871 922.94	54 776.72	42 561 511.44	54 776.72	42 561 511.44	54 776.72	42 561 511.44
天然林	18 040.97	14 017 833.69	23 697.22	18 412 739.94	23 697.22	18 412 739.94	23 697.22	18 412 739.94	23 697.22	18 412 739.94
江苏省	93.92	72 975.84	149.15	115 889.55	149.15	115 889.55	149.15	115 889.55	149.15	115 889.55
浙江省	11 214.86	8 713 946.22	14 847.99	11 536 888.23	14 847.99	11 536 888.23	14 847.99	11 536 888.23	14 847.99	11 536 888.23
上海市	0.00	0.00	0.00	0.00	0.00	0.00	0.00	0.00	0.00	0.00
安徽省	6 732.19	5 230 911.63	8 700.08	6 759 962.16	8 700.08	6 759 962.16	8 700.08	6 759 962.16	8 700.08	6 759 962.16
人工林	16 540.28	12 851 797.56	22 813.43	17 726 035.11	22 713.73	17 648 568.21	22 713.73	17 648 568.21	22 713.73	17 648 568.21
江苏省	3 407.83	2 647 883.91	6 420.85	4 989 000.45	6 320.85	4 911 300.45	6 320.85	4 911 300.45	6 320.85	4 911 300.45
浙江省	6 008.28	4 668 433.56	6 831.46	5 308 044.42	6 831.76	5 308 277.52	6 831.76	5 308 277.52	6 831.76	5 308 277.52
上海市	100.95	78 438.15	186.35	144 793.95	186.35	144 793.95	186.35	144 793.95	186.35	144 793.95
安徽省	7 023.22	5 457 041.94	9 374.77	7 284 196.29	9 374.77	7 284 196.29	9 374.77	7 284 196.29	9 374.77	7 284 196.29
其他林	6 357.82	4 940 026.14	8 665.57	6 733 147.89	8 365.77	6 500 203.29	8 365.77	6 500 203.29	8 365.77	6 500 203.29
江苏省	1 520.84	1 181 692.68	2 291.42	1 780 433.34	1 991.42	1 547 333.34	1 991.42	1 547 333.34	1 991.42	1 547 333.34
浙江省	2 159.79	1 678 156.83	2 544.98	197 7449.46	2 545.18	1 977 604.86	2 545.18	1 977 604.86	2 545.18	1 977 604.86
上海市	174.25	135 392.25	193.90	150 660.30	193.90	150 660.30	193.90	150 660.30	193.90	150 660.30
安徽省	2 502.94	1 944 784.38	3 635.27	2 824 604.79	3 635.27	2 824 604.79	3 635.27	2 824 604.79	3 635.27	2 824 604.79
附加价值	—	4 663 495.86	—	4 974 123.00		5 629 091.53		5 892 258.53		5 983 832.80
提供产品	839.50	4 608 000.00	794.09	4 915 000.00	758.31	5 571 000.00	729.37	5 830 000.00	726.59	5 917 000.00
林业产品	839.50	4 608 000.00	794.09	4 915 000.00	758.31	5 571 000.00	729.37	5 830 000.00	726.59	5 917 000.00
江苏省	173.40	997 000.00	144.10	1 073 000.00	141.30	1 182 000.00	131.80	1 291 000.00	156.13	1 293 000.00
浙江省	163.27	1 421 000.00	159.08	1 415 000.00	142.74	1 470 000.00	130.22	1 516 000.00	113.39	1 581 000.00
上海市	0.30	95 000.00	0.20	96 000.00	0.00	88 000.00	0.00	122 000.00	0.00	132 000.00

续表

林木资源资产类型	2012 年		2013 年		2014 年		2015 年		2016 年	
	实物量	价值量	实物量	价值量	实物量	价值量	实物量	价值量	实物量	价值量
安徽省	502.53	2 095 000.00	490.71	2 331 000.00	474.27	2 831 000.00	467.35	2 901 000.00	457.07	2 911 000.00
生态服务	—	40 145.86	—	43 606.00	—	42 088.53	—	44 409.53	—	46 326.80
生态基础设施		22 020.00	—	24 764.00	—	23 248.00	—	25 569.00	—	27 487.00
江苏省	—	3 706.00	—	9 552.00	—	10 160.00	—	7 912.00	—	5 389.00
浙江省	—	8 593.00	—	5 140.00	—	5 627.00	—	12 332.00	—	7 269.00
上海市	—	1 316.00	—	5 447.00	—	4 633.00	—	3 868.00	—	4 546.00
安徽省	—	8 405.00	—	4 625.00	—	2 828.00	—	1 457.00	—	10 283.00
生态维护	1 243.20	18 125.86	1 290.33	18 842.00	1 290.23	18 840.53	1 290.23	18 840.53	1 290.18	18 839.80
江苏省	128.67	1 953.21	178.7	2 712.67	178.7	2 712.67	178.7	2 712.67	178.7	2 712.67
浙江省	667.67	9 768.01	660.84	9 668.09	660.74	9 666.63	660.74	9 666.63	660.69	9 665.89
上海市	7.46	116.82	7.73	121.05	7.73	121.05	7.73	121.05	7.73	121.05
安徽省	439.40	6 287.81	443.06	6 340.19	443.06	6 340.19	443.06	6 340.19	443.06	6 340.19
社会文化服务	—	15 350.00	—	15 517.00	—	16 003.00	—	17 849.00	—	20 506.00
科技教育	—	15 350.00	—	15 517.00	—	16 003.00	—	17 849.00	—	20 506.00
江苏省	—	1 570.00	—	1 433.00	—	3 622.00	—	3 880.00	—	5 853.00
浙江省	—	12 484.00	—	11 272.00	—	9 809.00	—	10 871.00	—	12 701.00
上海市	—	377.00	—	163.00	—	275.00	—	392.00	—	200.00
安徽省	—	919.00	—	2 649.00	—	2 297.00	—	2 706.00	—	1 752.00
资产总计	—	36 473 153.25	—	47 846 045.94	—	48 190 602.97	—	48 453 769.97	—	48 545 344.24

注：1. 实物量单位中，除"生态维护"为万公顷，其余为万立方米，价值量单位为万元；

2. 太湖流域主要涉及"三省一市"的部分区域，但这里用的是全境概念；

3. 数据源自《中国林业统计年鉴》《中国统计年鉴》。

产品实物量为 0，但价值量不为 0，这是因为在中国统计年鉴中，实物量的数量未达最小的统计单位，但由于产品单价的原因，使得累计产值量较大，故出现表中情况。

表 5-21 中的林木资源除能提供生态基础设施的附加价值外，还有诸多其他生态价值，以森林氧吧为例，目前我国已有 203 家优质森林旅游胜地入选"中国森林氧吧"榜单。其将休闲、运动和自然紧密相连，最大的卖点就是林木提供的清新空气和宜人的环境，甚至有保健养生的功能；而杭州千岛湖森林氧吧还细分为森林负离子呼吸区、森林游憩区、森林野营区等区块。可见，林木及其他林木资源在固碳释氧、涵养水源、净化空气等生态维护与平衡方面具有不可忽视的附加价值，但目前没有相关的统计数据。因此，为更准确、完整地反映太湖流域林木资源的附加价值，考虑社会大众对该项服务的认知与评价，借鉴张颖和潘静（2016）、王寿兵等（2003）的研究，本书采用意愿价值评估法，并具体使用德尔菲法来测度林木资源的该项生态维护附加价值。调查问卷见附件，基本情况参见 3.3.2。问卷分别发放到江苏省、浙江省、上海市和安徽省，总体思路是以杭州千岛湖森林氧吧为基本依据，测算受访者愿意为单位面积的林木资源提供的生态服务支付的价格，再根据 WTP 与各省份林地资源面积计算生态维护的附加价值。

由图 5-1 可知，几乎所有受访者都听说过森林氧吧或森林公园，其中仅听说过的占比为 47.92%，听说过且去过的为 50.78%，可见大家至少对林木资源的附加价值是有一定认识的。原因是森林氧吧和森林公园除具有休闲娱乐功能外，还具有清新空气的优点。受访者对森林氧吧和森林公园的熟悉度为下述基于森林氧吧的价值测算提供了客观条件。

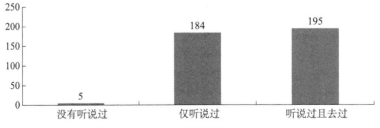

图 5-1　对森林氧吧/公园的了解

由图 5-2 可知，受访者对林木资源提供的生态服务是有需求的，选择每两周一次、每月一次、每年一次的人数占比较为接近，分别为 20.05%、16.41%、19.53%；而选择每半年一次的人数最多，约占 44%，说明大家都很看重林木资源的生态服务功能。

森林氧吧等林木资源的生态服务功能非常强大，具有固碳释氧、涵养水源、净化空气等功能。而图 5-3 显示，在受访者中，高达 84.90% 的人愿意为林木资源的该项附加功能付费。一方面，说明大众逐渐认识到了自然资源的附加价值，环保意识得到进一步提高；另一方面，说明自然资源生态服务存在买方市场，预示着自然资源附加价值量化核算的可能性。

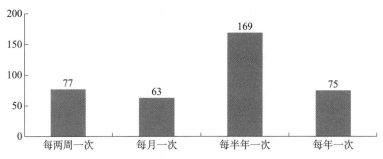

图 5 - 2　去林木资源丰富地方的频率

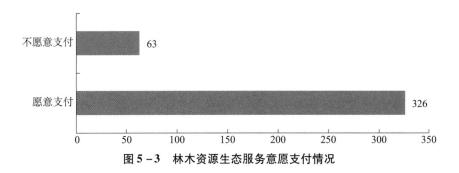

图 5 - 3　林木资源生态服务意愿支付情况

当人们去林木资源丰富的地方游玩时，他们看重的是不是林木资源所提供的生态服务价值呢？由图 5 - 4 可知，认为其对基础游乐设施付费的受访者最多，这与森林旅游景点的盈利性相对应；多数受访者认为其支付的使用费中，包含清新的空气、生物多样性、植被覆盖率、宜人的气候等多项生态方面的价值，占比分别为 83.07% 、77.08% 、52.34% 、49.22% ，即绝大多数受访者认可林木资源附加价值的存在并愿意为其付出代价。

由图 5 - 5 可知，受访者接受的森林景区门票定价主要集中在 10 ~ 30 元，占比为38.54% ，处于设计的定价区间的中下游水平；其余主要集中在 0 ~ 10 元、30 ~ 50 元和50 ~ 70 元，而接受 70 元以上的合计人数最少，为 12 人。取各区间中位数计算意愿支付的均值为 29.32 元，即受访者认为去一次森林景区，享受到的生态服务价值大约是29.32 元。

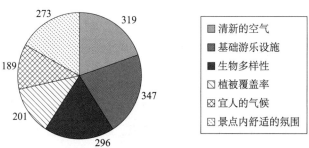

图 5 - 4　林木资源生态服务使用费包含内容

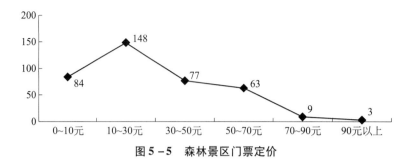

图 5－5　森林景区门票定价

千岛湖森林氧吧是近年来最负盛名的一处以林木资源为特色的旅游胜地。本书拟以其为依据计算林木资源的生态维护价值，故需要受访者对其有一定的了解。由图 5 － 6 可知，仅听说过千岛湖森林氧吧的受访者就多达 251 人，听说且去游玩过的有 45 人，两者合计占比为 77.08%，说明总体对千岛湖森林氧吧了解较为充分，为下题分析的客观性做了铺垫。

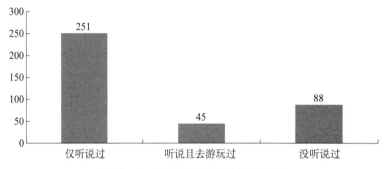

图 5－6　千岛湖森林氧吧的熟知度

千岛湖森林氧吧位于杭州市淳安县富文乡境内，景区门票票价为 60 元，优惠价为 40 元。由图 5－7 可知，从总体来看，选择价值为 0～10 元的有 47 人，10～30 元的有 154 人，30～50 元的有 141 人，50～70 元的有 42 人，趋向于正态分布。为进一步核算各省份林木资源生态服务的附加价值，按地域进行细分，分别统计各省份受访者的价格选择区间。各省份定价多集中在 10～30 元和 30～50 元，且选择 10～30 元的人数略多于 30～50 元的人数；其中上海市有接受较高价格的倾向，可能与当地林木资源较少有关，符合经济学中的"供求理论"。

汇总各省份各定价区间的中位数和人数，计算各地样本总的支付额和人均支付额，人均支付额即为各地对森林氧吧的意愿支付金额，江苏省、浙江省、上海市和安徽省的该值分别为 30.36 元、29.26 元、31.33 元和 28.62 元。结果显示，各地的人均支付价格小于千岛湖森林氧吧现有门票的价格，原因在于受访者在定价时往往只考虑了林木资源的休闲、环境等问题，而未将景区内基础设施、旅游公司利润等因素考虑进去，这更能反映林木资源的生态价值。以千岛湖森林氧吧景点面积为基数，计算得到各地每公顷游客意愿支付的金额：江苏省 15.18 元/公顷；浙江省 14.63 元/公顷；上海市 15.66 元/公顷；安徽省 14.31 元/公顷。最后，根据各地林地面积测算林木资源的生态维护价值。

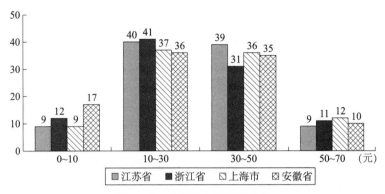

图 5 - 7　千岛湖森林氧吧定价

截取"表 5 - 21 2012～2016 年太湖流域林木资源资产存量表"中 2015 年和 2016 年的数据，计算分析得出"表 5 - 22 2016 年太湖流域林木资源资产流量表"。由表 5 - 22 可以看出，2016 年，各类林木的经济价值中，实物量和价值量几乎没有变化，一方面，说明林木资源的维护工作比较到位，没有林木的损失；另一方面，说明林木资源的建设工作缓慢，没有明显增长。在附加价值方面，生态服务价值有所增长，社会文化服务方面的投入明显增加，表明太湖流域对生态环境保护与维持的重视程度逐渐提高，在思想意识和具体行动上都有所进步。

表 5 - 22　　　　　　　　　　　2016 年太湖流域林木资源资产流量表

林木资源资产类型	实物量				价值量			
	期初	本期变化		期末	期初	本期变化		期末
		绝对值	相对值（%）			绝对值	相对值（%）	
经济价值	54 776.72	0.00	0.00	54 776.72	42 561 511.44	0.00	0.00	42 561 511.44
天然林	23 697.22	0.00	0.00	23 697.22	18 412 739.94	0.00	0.00	18 412 739.94
人工林	22 713.73	0.00	0.00	22 713.73	17 648 568.21	0.00	0.00	17 648 568.21
其他林	8 365.77	0.00	0.00	8 365.77	6 500 203.29	0.00	0.00	6 500 203.29
附加价值	—	—	—	—	5 892 258.53	91 574.27	1.55	5 983 832.8
提供产品	729.37	-2.78	-0.38	726.59	5 830 000.00	87 000.00	1.49	5 917 000.00
林业产品	729.37	-2.78	-0.38	726.59	5 830 000.00	87 000.00	1.49	5 917 000.00
生态服务	—	—	—	—	44 409.53	1 917.27	4.32	46 326.8
生态基础设施	—	—	—	—	25 569.00	1 918.00	7.50	27 487.00
生态维护	1 290.23	-0.05	-0.004	1 290.18	18 840.53	-0.73	-0.004	18 839.80
社会文化服务	—	—	—	—	17 849.00	2 657.00	14.89	20 506.00
科技教育	—	—	—	—	17 849.00	2 657.00	14.89	20 506.00

续表

林木资源资产 类型	实物量				价值量			
	期初	本期变化		期末	期初	本期变化		期末
		绝对值	相对值 （%）			绝对值	相对值 （%）	
合计	—	—	—	—	48 453 769.97	91 574.27	0.19	48 545 344.24

注：1. 实物量为蓄积，单位为万立方米，价值量单位为万元；

2. 太湖流域主要涉及"三省一市"的部分区域，但这里用的是全境概念；

3. 数据源自《中国林业统计年鉴》《中国统计年鉴》。

5.3.2.2　林木资源负债核算

将对林木资源的维护与管理投入作为林木资源负债的功能账户，得到"表5－23 2012~2016年太湖流域林木资源资产负债表"。其中，2016年太湖流域林木资源负债总额为589 031万元，浙江省投入最多，为284 067万元；江苏省投入最少，为68 837万元；上海市投入117 233万元；安徽省118 903万元。从林木资源负债的具体科目看，浙江省的生态保护补偿投入最多，江苏省的林业有害防治投入也较大。而上海市的防沙治沙和森林防火与森林公安等方面的投入均较低，甚至出现零投入，这与上海市面积相对较小，森林资源绝对量少相对应，即在运用自然资源报表进行分析时，不应仅局限于表中的数值信息，还应结合流域地区的实际情况和自然资源禀赋进行分析，切不可断章取义。

表5－23　　　　　2012~2016年太湖流域林木资源资产负债表

林木资源负债类型	2012 年	2013 年	2014 年	2015 年	2016 年
环境损害	64 647.00	55 069.00	69 117.00	85 464.00	80 078.00
林业病虫害	25 984.00	23 150.00	31 766.00	39 151.00	40 044.00
江苏省	10 398.00	8 076.00	12 184.00	15 906.00	15 954.00
浙江省	8 446.00	8 618.00	10 410.00	10 236.00	12 442.00
上海市	3 823.00	3 155.00	2 443.00	7 379.00	1 070.00
安徽省	3 317.00	3 301.00	6 729.00	5 630.00	10 578.00
林业火灾	38 663.00	31 919.00	37 351.00	46 313.00	40 034.00
江苏省	22 170.00	15 890.00	9 750.00	13 799.00	9 171.00
浙江省	11 147.00	9 836.00	12 907.00	14 441.00	19 751.00
上海市	435.00	340.00	252.00	3 652.00	0.00
安徽省	4 911.00	5 853.00	14 442.00	14 421.00	11 112.00
生态修复	157 825.00	203 082.00	233 241.00	0.00	336 209.00
防沙治沙	0.00	0.00	0.00	0.00	976.00
江苏省	0.00	0.00	0.00	0.00	406.00
浙江省	0.00	0.00	0.00	0.00	500.00
安徽省	0.00	0.00	0.00	0.00	70.00
生态保护补偿	157 825.00	203 082.00	233 241.00	0.00	335 233.00

续表

林木资源负债类型	2012 年	2013 年	2014 年	2015 年	2016 年
江苏省	8 632.00	17 185.00	20 113.00	0.00	26 230.00
浙江省	85 442.00	100 120.00	116 349.00	0.00	168 333.00
上海市	41 218.00	56 330.00	62 477.00	0.00	88 503.00
安徽省	22 533.00	29 447.00	34 302.00	0.00	52 167.00
其他	242 918.00	263 812.00	170 184.00	12 934.00	172 744.00
江苏省	59 608.00	65 727.00	70 640.00	1 305.00	17 076.00
浙江省	65 397.00	71 835.00	60 133.00	7 544.00	83 041.00
上海市	19 551.00	16 055.00	14 280.00	1 626.00	27 660.00
安徽省	98 362.00	110 195.00	25 131.00	2 459.00	44 967.00
负债总计	465 390.00	521 963.00	472 542.00	98 398.00	589 031.00

注：1. 单位为万元；

2. 太湖流域主要涉及"三省一市"的部分区域，但这里用的是全境概念；

3. 数据源自《中国林业统计年鉴》《中国统计年鉴》。

5.3.2.3　林木资源资产负债表

结合太湖流域林木资源资产和负债情况，综合编制"2016 年太湖流域林木资源资产负债表"。由表 5 - 24 可知，太湖流域林木资源的净资产为4 793.75 亿元。

表 5 - 24　　　　　　　　　2016 年太湖流域林木资源资产负债表

林木资源资产类型	期初		期末		林木资源负债类型	期初	期末
	实物量	价值量	实物量	价值量		价值量	价值量
经济价值	54 776.72	42 561 511.44	54 776.72	42 561 511.44	环境损害	85 464.00	80 078.00
天然林	23 697.22	18 412 739.94	23 697.22	18 412 739.94	林业病虫害	39 151.00	40 044.00
人工林	22 713.73	17 648 568.21	22 713.73	17 648 568.21	林业火灾	46 313.00	40 034.00
其他林	8 365.77	6 500 203.29	8 365.77	6 500 203.29	生态修复	0.00	336 209.00
附加价值	—	5 892 258.53	—	5 983 832.80	防沙治沙	0.00	976.00
提供产品	729.37	5 830 000.00	726.59	5 917 000.00	生态保护补偿	0.00	335 233.00
生态服务	—	44 409.53	—	46 326.80	其他	12 934.00	172 744.00
社会文化服务	—	17 849.00		20 506.00			
					林木资源总负债	98 398.00	589 031.00
					净资产	48 336 531.44	47 937 473.44
林木资源总资产		48 453 769.97		48 526 504.44	林木资源净资产及负债总额	48 434 929.44	48 526 504.44

注：1. 实物量单位—经济价值为万吨、价值量单位为万元；

2. 太湖流域主要涉及"三省一市"的部分区域，但这里用的是全境概念；

3. 数据源自《中国林业统计年鉴》《中国统计年鉴》。

5.3.3 太湖流域土地资源资产负债表编制实证分析

5.3.3.1 土地资源资产核算

根据各地区的征地补偿标准确定农用地价值标准，其中部分省份对耕地占用有更严格的标准，故将耕地的价值标准单独考虑。城市建设用地的利用往往带来更大的经济利益，故采用市场化的基准地价进行核算计量，具体价值标准见表 5-25。

表 5-25 太湖流域土地资源核算标准

土地类型	省份	土地价值（万元/亩）	价值标准来源
耕地	江苏省	5.3	《浙江省市县征地补偿标准》《上海市征地土地补偿费标准》《江苏省征地补偿标准》《安徽省人民政府关于调整安徽省征地补偿标准的通知》
	浙江省	3.7	
	上海市	2.85	
	安徽省	3.91	
林地、园地、草地、其他土地	江苏省	1.3	
	浙江省	1.9	
	上海市	2.85	
	安徽省	3.91	
建设用地	江苏省	453.47	基准地价更新成果
	浙江省	389.72	
	上海市	538.36	
	安徽省	263.33	

根据自然资源部土地调查共享应用服务平台的统计结果，汇总各省份的各类土地的实物量，计算得到相应价值量。根据《中国统计年鉴》和各省份的统计年鉴，分别得到"农畜牧产品"和"旅游服务"的实物量和价值量数据，最后汇总编制得到"2012~2016 年太湖流域土地资源资产存量表"，见表 5-26。需要说明的是，在研究的三类自然资源中，均应包含旅游服务价值，但本书在实际操作中仅将其在土地资源中进行计量，原因在于：第一，旅游资源绝大多数是依靠土地；第二，少量的水资源和森林也有旅游价值，但是数据不易查到；第三，在最终的自然资源资产负债表层面，旅游服务价值均归类到附加价值，对总的自然资源价值并未造成影响。

截取"表 5-26 2012~2016 年太湖流域土地资源资产存量表"中 2015 年和 2016 年数据，得到"表 5-27 2016 年太湖流域土地资源资产流量表"。由表 5-27 可知，2016年土地资源的经济价值变化不大，实物量绝对值变化均在 65 万元以内，相对值变化在1.5% 以内；价值量变化也在 1.5% 以内，说明太湖流域各类型的土地资源状况相对稳定，土地保有情况良好。相对来说，土地资源的附加价值变化较大，其中农作物及畜

表 5 - 26　　　　　　　　　　　　　　　　2012~2016 年太湖流域土地资源资产存量表

土地资源资产类型	2012 年		2103 年		2014 年		2015 年		2016 年	
	实物量	价值量	实物量	价值量	实物量	价值量	实物量	价值量	实物量	价值量
经济价值	53 978.20	6 817 590.50	53 972.80	6 832 936.54	53 969.30	6 857 992.83	53 828.70	6 869 770.33	53 827.10	6 886 798.41
农用土地	36 619.60	128 670.48	36 574.60	128 560.84	36 500.70	128 329.67	36 327.40	128 085.01	36 277.20	127 924.35
耕地	18 950.30	82 731.95	18 946.90	82 713.00	18 916.80	82 580.17	18 924.20	82 607.18	18 906.10	82 528.38
江苏省	6 877.00	36 448.10	6 872.50	36 424.25	6 861.40	36 365.42	6 862.30	36 370.19	6 856.70	36 340.51
浙江省	2 969.10	10 985.67	2 967.80	10 980.86	2 964.90	10 970.13	2 967.90	10 981.23	2 962.00	10 959.40
上海市	282.30	804.56	282.00	803.70	282.30	804.56	284.70	811.40	286.10	815.39
安徽省	8 821.90	34 493.63	8 824.60	34 504.19	8 808.20	34 440.06	8 809.30	34 444.36	8 801.30	34 413.08
园地	1 926.90	4 472.54	1 910.50	4 441.68	1 894.30	4 410.67	1 880.80	4 384.58	1 868.20	4 358.02
江苏省	462.80	601.64	459.30	597.09	455.20	591.76	451.60	587.08	448.60	583.18
浙江省	908.70	1 726.53	896.80	1 703.92	886.20	1 683.78	877.70	1 667.63	870.40	1 653.76
上海市	25.70	73.25	25.50	72.68	25.20	71.82	25.00	71.25	24.80	70.68
安徽省	529.70	2 071.13	528.90	2 068.00	527.70	2 063.31	526.50	2 058.62	524.40	2 050.40
林地	14 527.40	38 840.72	14 507.80	38 789.15	14 485.30	38 728.41	14 551.20	38 787.94	14 533.40	38 734.25
江苏省	303.50	394.55	303.00	393.90	302.40	393.12	386.30	502.19	385.30	500.89
浙江省	8 503.80	16 157.22	8 492.40	16 135.56	8 480.00	16 112.00	8 470.00	16 093.00	8 463.70	16 081.03
上海市	72.30	206.06	71.50	203.78	70.80	201.78	70.10	199.79	69.50	198.08
安徽省	5 647.80	22 082.90	5 640.90	22 055.92	5 632.10	22 021.51	5 624.80	21 992.97	5 614.90	21 954.26
草地	326.90	817.69	321.80	805.07	317.50	793.53	314.40	785.41	311.70	778.85
江苏省	62.10	80.73	60.80	79.04	59.90	77.87	59.10	76.83	58.30	75.79
浙江省	147.30	279.87	145.40	276.26	144.00	273.60	143.10	271.89	142.20	270.18
上海市	2.20	6.27	2.10	5.99	2.00	5.70	1.90	5.42	1.80	5.13
安徽省	115.30	450.82	113.50	443.79	111.60	436.36	110.30	431.27	109.40	427.75
其他用地	888.10	1 807.57	887.60	1 811.94	886.80	1 816.90	656.80	1 519.91	657.80	1 524.84

续表

土地资源资产类型	2012年		2103年		2014年		2015年		2016年	
	实物量	价值量	实物量	价值量	实物量	价值量	实物量	价值量	实物量	价值量
江苏省	462.80	601.64	459.30	597.09	455.20	591.76	223.70	290.81	223.00	289.90
浙江省	224.30	426.17	225.70	428.83	227.00	431.30	228.00	433.20	228.40	433.96
上海市	5.80	16.53	5.80	16.53	5.80	16.53	5.70	16.25	5.70	16.25
安徽省	195.20	763.23	196.80	769.49	198.80	777.31	199.40	779.65	200.70	784.74
城市用地	17 358.60	6 688 920.02	17 398.20	6 704 375.69	17 468.60	6 729 663.16	17 501.30	6 741 685.32	17 549.90	6 758 874.06
城镇村及工矿用地	6 846.00	2 601 258.62	6 911.40	2 627 324.40	6 999.30	2 660 380.73	7 054.30	2 682 128.23	7 117.40	2 706 030.34
江苏省	2 702.50	1 225 502.68	2 727.50	1 236 839.43	2 754.50	1 249 083.12	2 778.00	1 259 739.66	2 801.50	1 270 396.21
浙江省	1 383.90	539 333.51	1 413.00	550 674.36	1 442.30	562 093.16	1 459.10	568 679.42	1 479.10	576 434.85
上海市	399.00	214 805.64	400.50	215 613.18	404.40	217 712.78	406.80	219 004.85	407.90	219 597.04
安徽省	2 360.60	621 616.80	2 370.40	624 197.43	2 398.10	631 491.67	2 410.30	634 704.30	2 428.90	639 602.24
交通运输用地	1 538.50	589 397.57	1 563.40	599 458.03	1 592.70	610 415.92	1 610.00	616 968.30	1 633.50	625 533.06
江苏省	651.20	295 299.66	661.40	299 925.06	672.90	305 139.96	679.30	308 042.17	686.70	311 397.85
浙江省	340.50	132 699.66	347.00	135 232.84	354.70	138 233.68	360.00	140 299.20	366.80	142 949.30
上海市	63.30	34 078.19	66.00	35 531.76	66.30	35 693.27	66.70	35 908.61	67.10	36 123.96
安徽省	483.50	127 320.06	489.00	128 768.37	498.80	131 349.00	504.00	132 718.32	512.90	135 061.96
水域及水利设施用地	8 974.10	3 498 263.83	8 923.40	3 477 593.27	8 876.60	3 458 866.52	8 837.00	3 442 588.79	8 799.00	3 427 310.67
江苏省	4 555.00	2 065 555.85	4 528.10	2 053 357.51	4 506.10	2 043 381.17	4 481.30	2 032 135.11	4 461.00	2 022 929.67
浙江省	1 264.00	492 606.08	1 253.30	488 436.08	1 242.70	484 305.04	1 239.60	483 096.91	1 233.00	480 524.76
上海市	397.30	213 890.43	394.20	212 221.51	391.00	210 498.76	388.30	209 045.19	386.20	207 914.63
安徽省	2 757.80	726 211.47	2 747.80	723 578.17	2 736.80	720 681.54	2 727.80	718 311.57	2 718.80	715 941.60
附加价值	—	254 781 790	—	277 606 024	—	300 120 082	—	329 728 603	—	365 835 923

续表

土地资源资产类型	2012 年 实物量	2012 年 价值量	2103 年 实物量	2103 年 价值量	2014 年 实物量	2014 年 价值量	2015 年 实物量	2015 年 价值量	2016 年 实物量	2016 年 价值量
提供产品	12 169.51	92 027 000	12 085.99	96 900 000	12 477.61	99 444 000	12 748.01	105 063 000	12 407.21	108 226 000
农作物及畜牧产品	12 169.51	92 027 000	12 085.99	96 900 000	12 477.61	99 444 000	12 748.01	105 063 000	12 407.21	108 226 000
江苏省	5 011.03	41 929 000	5 066.93	43 900 000	5 167.44	45 455 000	5 272.54	49 842 000	5 126.33	50 461 000
浙江省	1 866.14	17 784 000	1 820.63	18 830 000	1 810.53	18 582 000	1 800.04	18 609 000	1 763.65	19 556 000
上海市	274.72	2 441 000	167.11	2 423 000	256.52	2 394 000	228.42	2 276 000	198.31	2 111 000
安徽省	5 017.62	29 873 000	5 031.32	31 747 000	5 243.12	33 013 000	5 447.01	34 336 000	5 318.92	36 098 000
社会文化服务	139 855.41	162 754 790	154 569.2	180 706 024	169 806.32	200 676 082	186 434.65	224 665 603	206 900.99	257 609 923
旅游服务	139 855.41	162 754 790	154 569.2	180 706 024	169 806.32	200 676 082	186 434.65	224 665 603	206 900.99	257 609 923
江苏省	46 437.41	60 558 000	51 539.2	69 400 500	57 113.32	78 635 100	61 933.65	87 693 100	67 779.99	99 524 700
浙江省	39 124	44 760 000	43 439	52 020 000	47 875	59 470 000	52 532	67 200 000	57 300	76 000 000
上海市	25 094	32 245 790	25 991	30 253 524	26 818	29 472 982	27 569.00	29 967 503.00	29 621	34 449 223
安徽省	29 200	25 191 000	33 600	29 032 000	38 000	33 098 000	44 400	39 805 000	52 200	47 636 000
资产总计		261 599 380.50		284 438 960.54		306 978 074.83		336 598 373.33		372 722 721.41

注: 1. 实物量中, 经济价值单位为万亩, 提供产品单位为万吨, 旅游服务为万人·次, 价值量单位均为万元;

2. 太湖流域主要涉及 "三省一市" 的部分区域, 但这里用的是全境概念;

3. 数据源自自然资源部土地调查结果共享应用服务平台,《中国统计年鉴》《江苏统计年鉴》《浙江统计年鉴》《上海统计年鉴》《安徽统计年鉴》。

牧产品产量减少的同时，价值量反而提升，与经济学中"供求平衡理论"相对应；而旅游服务的接待旅客人次和旅游收入均有较大程度提升，分别提高 10.98% 和 14.66%。

表 5 – 27   **2016 年太湖流域土地资源资产流量表**

土地资源资产类型	实物量				价值量			
	期初	本期变化		期末	期初	本期变化		期末
		绝对值	相对值（%）			绝对值	相对值（%）	
经济价值	53 828.70	– 1.60	0.00	53 827.10	6 869 770.33	17 028.08	0.25	6 886 798.41
农用土地	36 327.40	– 50.20	– 0.14	36 277.20	128 085.01	– 160.66	– 0.13	127 924.35
耕地	18 924.20	– 18.10	– 0.10	18 906.10	82 607.18	– 78.80	– 0.10	82 528.38
园地	1 880.80	– 12.60	– 0.67	1 868.20	4 384.58	– 26.56	– 0.61	4 358.02
林地	14 551.20	– 17.80	– 0.12	14 533.40	38 787.94	– 53.69	– 0.14	38 734.25
草地	314.40	– 2.70	– 0.86	311.70	785.41	– 6.56	– 0.84	778.85
其他用地	656.80	1.00	0.15	657.80	1 519.91	4.93	0.32	1 524.84
城市用地	17 501.30	48.60	0.28	17 549.90	6 741 685.32	17 188.74	0.25	6 758 874.06
城镇村及工矿用地	7 054.30	63.10	0.89	7 117.40	2 682 128.23	23 902.11	0.89	2 706 030.34
交通运输用地	1 610.00	23.50	1.46	1 633.50	616 968.3	8 564.76	1.39	625 533.06
水域及水利设施用地	8 837.00	– 38.00	– 0.43	8 799.00	3 442 588.79	– 15 278.12	– 0.44	3 427 310.67
附加价值	—	—	—	—	329 728 603.00	36 107 320.00	10.95	365 835 923.00
提供产品	12 748.01	– 340.80	– 2.67	12 407.21	105 063 000.00	3 163 000.00	3.01	108 226 000.00
农作物及畜牧产品	12 748.01	– 340.80	– 2.67	12 407.21	105 063 000.00	3 163 000.00	3.01	108 226 000.00
社会文化服务	186 434.65	20 466.34	10.98	206 900.99	224 665 603.00	32 944 320.00	14.66	257 609 923.00
旅游服务	186 434.65	20 466.34	10.98	206 900.99	224 665 603.00	32 944 320.00	14.66	257 609 923.00
合计	—	—	—	—	336 598 373.30	36 124 348.08	10.73	372 722 721.40

注：1. 实物量单位：万亩（经济价值）、万吨（提供产品）、万人（社会文化服务）；价值量单位：万元；
    2. 数据源自自然资源部土地调查结果共享应用服务平台、《中国统计年鉴》《江苏统计年鉴》《浙江统计年鉴》《上海统计年鉴》《安徽统计年鉴》。

5.3.3.2　土地资源负债核算

本书将直接用于土地资源开发与恢复的资金作为土地资源负债的内容，汇总湿地恢复与保护支出、基本农田建设与保护等作为土地资源负债核算，得到"表 5 – 28 2012 ~ 2016 年太湖流域土地资源资产负债表"。由表 5 – 28 可知，土地资源负债正逐年上升，一方面，说明近年来土地资源破坏严重，需投入大量资金治理；另一方面，说明各政府部门的环境治理意识提升，不断将资金投入土地资源的保护与恢复中。

表 5 – 28   **2012 ~ 2016 年太湖流域土地资源资产负债表**

土地资源负债类型	2012 年	2013 年	2014 年	2015 年	2016 年
生态修复	85 180.30	64 707.74	114 044.90	155 316.63	121 717.24
湿地恢复与保护	79 172.00	62 410.00	107 793.00	143 839.00	96 752.00
江苏省	67 071.00	53 215.00	56 772.00	85 302.00	45 507.00

续表

土地资源负债类型	2012 年	2013 年	2014 年	2015 年	2016 年
浙江省	11 183.00	5 772.00	6 329.00	7 126.00	8 708.00
上海市	244.00	21.00	35 646.00	29 317.00	23 935.00
安徽省	674.00	3 402.00	9 046.00	22 094.00	18 602.00
基本农田建设与保护	6 008.30	813.69	721.85	1 443.61	1 162.85
浙江省	0.00	398.39	15.97	324.43	166.01
上海市	0.00	0.00	0.00	0.00	99.11
安徽省	6 008.30	415.30	705.88	1 119.18	897.73
土地资源利用与保护	0.00	1 484.05	5 530.05	10 034.02	23 802.39
江苏省	0.00	0.00	4 287.13	2 397.24	3 060.00
浙江省	0.00	827.85	415.04	722.92	667.14
上海市	0.00	0.00	0.00	5 575.62	0.00
安徽省	0.00	656.20	827.88	1 338.24	20 075.25
其他	508.2	6 978.72	33 710.81	3 363.79	41 388.96
江苏省	0.00	0.00	6 377.37	1 010.34	954.37
浙江省	0.00	856.97	444.99	290.25	167.26
上海市	0.00	3 466.25	25 635.47	1 119.39	39 417.28
安徽省	508.20	2 655.50	1 252.98	943.81	850.05
负债总计	85 688.50	71 686.46	147 755.71	158 680.42	163 106.20

注：1. 单位为万元；

2. 太湖流域主要涉及"三省一市"的部分区域，但这里用的是全境概念；

3. 数据源自《江苏省国土资源厅年度决算》《上海市规划和国土资源管理局年度部门决算》《浙江省国土资源厅年度决算》《安徽省国土资源厅年度决算》。

5.3.3.3　土地资源资产负债表

综合太湖流域土地资源的资产及负债数据，汇总编制"表 5-29　2016 年太湖流域土地资源资产负债表"。由表 5-29 可知，由于附加价值的大幅增加，使得太湖流域土地资源的净资产有较大程度的提高。

表 5-29　　　　　　　　　　2016 年太湖流域土地资源资产负债表

土地资源资产类型	期初		期末		土地资源负债类型	期初	期末
	实物量	价值量	实物量	价值量		价值量	价值量
经济价值	53 828.70	6 869 770.33	53 827.10	6 886 798.41	生态修复	155 316.63	121 717.24
农用土地	36 327.40	128 085.01	36 277.20	127 924.35	湿地恢复与保护	143 839.00	96 752.00
耕地	18 924.20	82 607.18	18 906.10	82 528.38	基本农田建设与保护	1 443.61	1 162.85
园地	1 880.80	4 384.58	1 868.20	4 358.02	土地资源利用与保护	10 034.02	23 802.39
林地	14 551.20	38 787.94	14 533.40	38 734.25	其他	3 363.79	41 388.96
草地	314.40	785.41	311.70	778.85			
其他用地	656.80	1 519.91	657.80	1 524.84			
城市用地	17 501.30	6 741 685.32	17 549.90	6 758 874.06			

续表

土地资源 资产类型	期初		期末		土地资源负债类型	期初	期末
	实物量	价值量	实物量	价值量		价值量	价值量
城镇村及工矿 用地	7 054.30	2 682 128.23	7 117.40	2 706 030.34			
交通运输用地	1 610.00	616 968.30	1 633.50	625 533.06			
水域及水利设 施用地	8 837.00	3 442 588.79	8 799.00	3 427 310.67			
附加价值	—	329 728 603.00	—	365 835 923.00			
提供产品	12 748.01	105 063 000.00	12 407.21	108 226 000.00			
社会文化服务	186 434.65	224 665 603.00	206 900.99	257 609 923.00	净资产	336 439 692.90	372 559 615.20
土地资源总资产		336 598 373.33	—	372 722 721.40	土地资源净资产及负债 总额	336 598 373.33	372 722 721.40

注：1. 实物量单位为万亩，价值量单位为万元；

2. 数据源自自然资源部土地调查结果共享应用服务平台、《中国统计年鉴》《江苏统计年鉴》《浙江统计年鉴》《上海统计年鉴》《安徽统计年鉴》《江苏省国土资源厅年度决算》《上海市规划和国土资源管理局年度部门决算》《浙江省国土资源厅年度决算》《安徽省国土资源厅年度决算》。

5.3.4 太湖流域自然资源资产负债表汇总表编制实证分析

将上述核算的太湖流域 3 种自然资源进行汇总，编制"表 5-30 2016 年太湖流域自然资源资产负债表"。由表 5-30 可知，自然资源的经济价值增加了 231 628.08 万元，增长率为 0.46%，附加价值增加了 38 668 595 万元，增幅达 10.61%，最终合计得到自然资源资产增加 73 780 441.08 万元，增长率高达 19.39%。本期自然资源负债也有较大幅度变动，主要是森林资源负债有较大增长。最终，在自然资源资产与负债的综合作用下，自然资源净资产增加了 19.35%，说明太湖流域的自然资源总体实现了增值，自然资源状况稳步向好。

表 5-30　　　　　　　2016 年太湖流域自然资源资产负债表

自然资源 资产类型	期初		期末		自然资源 负债	期初	期末
	实物量	价值量	实物量	价值量		价值量	价值量
经济价值	—	50 744 581.77	—	50 976 209.85	环境损害	1 402 564.00	1 277 178.00
水资源	7 100 000.00	1 313 300.00	8 061 000.00	1 527 900.00	水资源	1 317 100.00	1 197 100.00
林木资源	54 776.72	42 561 511.44	54 776.72	763 000.00	林木资源	85 464.00	80 078.00
土地资源	53 828.70	6 869 770.33	53 827.10	281 100.00	生态修复	437 716.63	797 526.24
附加价值	—	370 457 661.50	—	409 213 255.80	水资源	282 400.00	339 600.00
提供产品	—	110 895 900.30	—	114 146 147.30	林木资源	0.00	336 209.00
水资源	0.138 2	2 900.3	0.139 1	3 147.3	土地资源	155 316.63	121 717.24
林木资源	729.37	5 830 000.00	726.59	5 917 000.00	其他	16 297.79	214 132.96
土地资源	12 748.01	105 063 000.00	12 407.21	108 226 000.00	林木资源	12 934.00	172 744.00
生态服务	—	44 409.91	—	46 327.15	土地资源	3 363.79	41 388.96
水资源	2.30	0.38	2.10	0.35			

续表

自然资源资产类型	期初		期末		自然资源负债	期初	期末
	实物量	价值量	实物量	价值量		价值量	价值量
林木资源	—	44 409.53	—	46 326.8			
社会文化服务	—	224 683 452.00	—	257 630 429.00			
林木资源	—	17 849.00	—	20 506.00			
土地资源	186 434.65	224 665 603.00	206 900.99	257 609 923.00	自然资源总负债	1 856 578.42	2 385 589.20
					净资产	413 515 664.90	451 886 876.50
自然资源总资产	—	415 372 243.30	—	454 272 465.70	自然资源净资产及负债总额	415 372 243.30	454 272 465.70

注：实物量单位中，水资源为万吨、森林资源为万立方米、土地资源为万亩；价值量均为万元。

5.4　太湖流域自然资源资产负债表项目分析①

在分析过程中，本书先划分自然资源资产负债表项目大类，在此基础上，由总到分，逐层剖析自然资源报表项目发生变化的深层次原因。

5.4.1　太湖流域自然资源资产分析

按本书的核算框架，太湖流域的自然资源总资产由水资源、林木资源和土地资源三部分资产组成，见图 5 – 8。太湖流域自然资源总资产价值及各类资源资产价值均呈逐年上升态势，说明流域内自然资源的价值增值量大于减损量，实现了对自然资源较为有效的管理。其中土地资源的总资产值最大，核算期间内每年都分别超过林木资源和水资源的 5 倍，主要是由于土地资源的附加价值贡献值大。

在自然资源总资产中，其各年经济价值和附加价值构成情况见表 5 – 31，其中，附加价值占太湖流域自然资源总资产的 85% 以上，远超过经济价值部分，主要是基于这些自然资源衍生出来的"提供产品"和"社会文化服务"的附加价值量大。

---

① 本节水资源数据整理自历年《太湖水资源公报》《中国统计年鉴》，浙江省物价局，江苏省水利厅、浙江水利、上海水务局、安徽省水利厅，《省物价局、省财政厅关于调整污水处理费有关问题的通知》（江苏省物价局，2008），《上海市污水处理费征收使用管理实施办法》（上海市发展和改革委员会）；林木资源数据整理自历年《中国林业统计年鉴》《中国统计年鉴》；土地资源数据整理自自然资源部土地调查结果共享应用服务平台、历年《中国统计年鉴》《江苏统计年鉴》《浙江统计年鉴》《上海统计年鉴》《安徽统计年鉴》《江苏省国土资源厅年度决算》《浙江省国土资源厅年度决算》《上海市规划和国土资源管理局年度部门决算》《安徽省国土资源厅年度决算》。

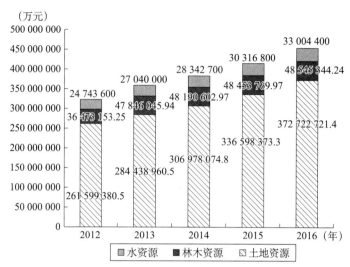

图 5 - 8　2012～2016 年太湖流域自然资源总资产

表 5 - 31　　　　　　　　　　太湖流域自然资源总资产类别构成　　　　　　　　　　单位：%

类别	2012 年	2013 年	2014 年	2015 年	2016 年
经济价值	12. 31	14. 10	13. 16	12. 22	11. 22
附加价值	87. 69	85. 90	86. 84	87. 78	88. 78
总资产	100	100	100	100	100

由于存在附加价值核算的全面性及适用性的差别，基于会计谨慎性原则，将经济价值直接作为自然资源总资产进行分析，见图 5 - 9。在剔除附加价值后，三种自然资源资产均大幅减少，其中占比最多的自然资源资产由原来的土地资源变成林木资源。一方面，原来土地资源资产中，旅游服务的附加价值占比极大，使得在去除附加价值后，土地资源的资产价值量明显减少；另一方面，目前自然资源的定价普遍偏低，而林木资源在三种自然资源中，市场化流通程度最高，定价更为合理，市场化的定价更接近其真实价值，故其资产价值较高。

太湖流域水资源价值量中，附加价值占据绝大部分（见图 5 - 10），其中"淡水产品"的附加价值最为突出，占水资源资产的比例均达 95% 以上，最主要的原因是以单位水资源为载体产出的淡水产品的定价明显高于水资源定价。以江苏省为例，地表水定价为 0.2 元/立方米，而单位水资源生产的渔业产品价值为 7.73 元（渔业总产值/地表水总量），故其附加价值量大。

太湖流域各地区水资源类型的构成比较稳定，故即使各地区的水资源定价略有不同，其实物量在很大程度上也能反映经济价值。由图 5 - 11 可知，太湖流域水资源资产中，地下水和总供水量保持稳定状态，这与地区人口和各类企业数量的稳定有关；而地表水则呈现先下降后上升的状态。

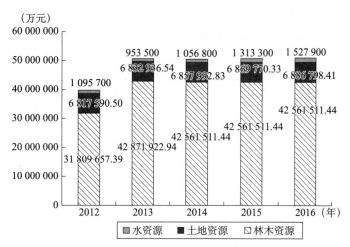

图 5 – 9　2012 ~ 2016 年太湖流域实际总资产——经济价值

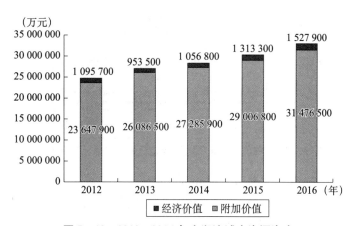

图 5 – 10　2012 ~ 2016 年太湖流域水资源资产

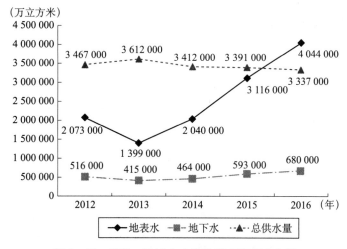

图 5 – 11　2012 ~ 2016 年太湖流域水资源实物量

　　按流域核算自然资源资产、负债具有管理和经济上的价值，但目前我国自然资源的管理层级是按省份划分的，太湖流域层面的分析只能反映数量变化，具体变化原因还要从省级层面探析。将太湖流域地表水变化情况追踪到省级层面，由图 5 - 12 可知，江苏省、浙江省和上海市的地表水水资源实物量的变化情况总体上均呈现出先下降后上升的趋势，而安徽省的地表水水资源总量较小，与太湖流域在安徽省境内流域面积较小有关，其变化量相对较小。

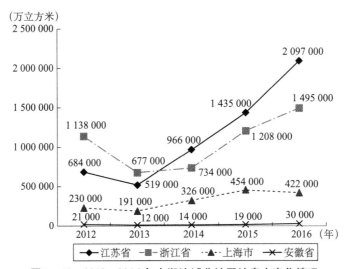

图 5 - 12　2012～2016 年太湖流域分地区地表水变化情况

　　由图 5 - 13 可知，太湖流域林木资源价值量中，经济价值占比较大，平均超过林木资源总资产的 87%，这与水资源和土地资源的情况大有不同，主要原因是其附加价值相对其他两种资源较少。利用林木资源提供的林木产品，如橡胶、松脂等数量远小于林木资源实物量，可量化的生态服务项目较少，目前开发的社会文化服务类型匮乏，均使得林木资源的附加价值量较少。

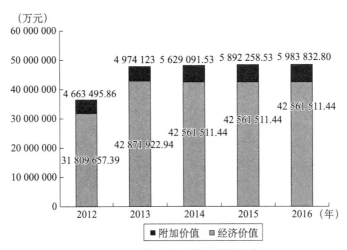

图 5 - 13　太湖流域林木资源资产

由图 5 - 14 可知，林木资源的实物量和经济价值在 2012 ~ 2013 年有较大幅度提升，在 2013 年度以后比较稳定。

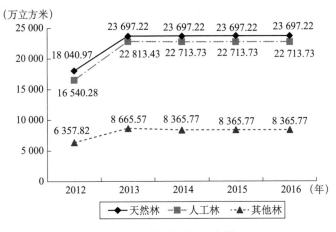

图 5 - 14 林木资源实物量

借助自然资源流量表的框架分析三种森林林木资源的变化情况，如表 5 - 32 所示。天然林中，除上海市无天然林外，其余三省的变化量均较大，浙江省和安徽省的绝对值变化量较大，江苏省的相对量变化较大，达 58.81%；人工林和其他林中，江苏省和安徽省的蓄积量大幅增加。

表 5 - 32　　　　　　　　　　**2013 年太湖流域林木资源资产实物量流量表**

森林资源资产类型	实物量			
	期初（万立方米）	本期变化		期末（万立方米）
		绝对值（万立方米）	相对值（%）	
经济价值	40 939.07	14 237.15	34.78	55 176.22
天然林	18 040.97	5 656.25	31.35	23 697.22
江苏省	93.92	55.23	58.81	149.15
浙江省	11 214.86	3 633.13	32.40	14 847.99
安徽省	6 732.19	1 967.89	29.23	8 700.08
人工林	16 540.28	6 273.15	37.93	22 813.43
江苏省	3 407.83	3 013.02	88.41	6 420.85
浙江省	6 008.28	823.18	13.70	6 831.46
上海市	100.95	85.4	84.60	186.35
安徽省	7 023.22	2 351.55	33.48	9 374.77
其他林	6 357.82	2 307.75	36.30	8 665.57
江苏省	1 520.84	770.58	50.67	2 291.42
浙江省	2 159.79	385.19	17.83	2 544.98
上海市	174.25	19.65	11.28	193.9
安徽省	2 502.94	1 132.33	45.24	3 635.27
合计	40 939.07	14 237.15	34.78	55 176.22

在本书的核算框架内，土地资源的经济价值与附加价值的差异更明显，其附加价值包括"农作物及畜牧产品""旅游服务"，两者合计占比各年均超过97%（见图5-15），主要原因是单位土地面积上的产品产出和旅游人次提供的附加价值明显高于其单位经济价值。

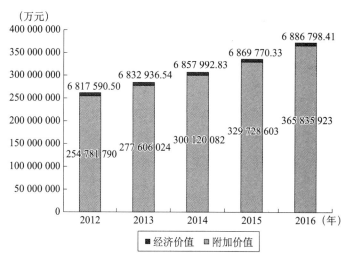

图5-15 太湖流域土地资源资产

进一步考虑土地资源的实物量和经济价值，如图5-16所示，发现各年各类土地资源的实物量变化比较平稳，没有较大波动。

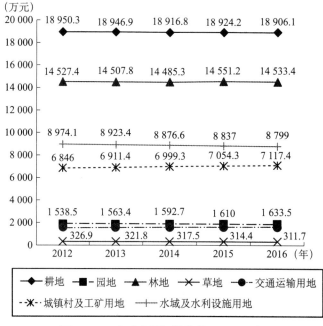

图5-16 土地资源经济价值——实物量

5.4.2　太湖流域自然资源负债分析

太湖流域自然资源总负债的值呈波动式增长，如图 5 - 17 所示，本书认为，自然资源总负债在未来一定期间内仍会呈上升态势，但这种攀升不会成为常态，因为随着污染防护和补偿治理的增加，其投入额在达到峰值时会逐步回落，一方面是治理取得成效；另一方面是伴随政府和民众对自然资源保护意识的增强以及各种高效环保技术的问世和推广，自然资源污染程度会逐步减轻，相应负债支出会逐渐减少。2012 ~ 2016 年，2015 年的自然资源总负债投入量最低，为 1 856 578.42 万元，2016 年的总负债投入最多，为 2 647 637.2 万元，变化幅度为 42.61%。

图 5 - 17　太湖流域总负债

由图 5 - 18 可知，2015 年、2016 年太湖流域自然资源总负债发生较大变化的原因是水资源和林木资源负债都较之前年度有较大变动，土地资源负债则呈缓步上升状态。

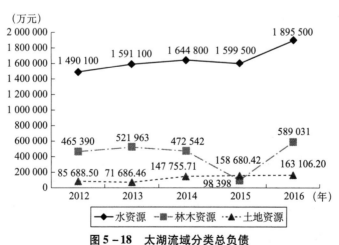

图 5 - 18　太湖流域分类总负债

更进一步，如图 5 - 19 所示，2015 年水资源负债的"废水治理环保投资"额较

2014 年减少 52 900 万元，超过了治理废污水投入额的增加值，使得 2015 年水资源总负债下降，而 2016 年两类水资源负债投入额均再次增加。

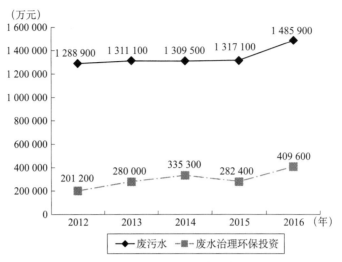

图 5 – 19 太湖流域水资源负债

由表 5 – 33 可知，2015 年太湖流域废水治理环保投资额下降的主要原因是浙江省和上海市分别下降了 46 400 万元和 43 000 万元，其合计值超过江苏省和安徽省投入的增加额。

表 5 – 33 　　　　　　　　2015 年太湖流域废水治理环保投资流量表

水资源负债价值量	期初（万元）	本期变化		期末（万元）
		绝对值（万元）	相对值（%）	
生态修复	335 300.00	– 52 900.00	– 15.78	282 400.00
废水治理环保投资	335 300.00	– 52 900.00	– 15.78	282 400.00
江苏省	75 900.00	32 900.00	43.35	108 800.00
浙江省	175 100.00	– 46 400.00	– 26.50	128 700.00
上海市	62 700.00	– 43 000.00	– 68.58	19 700.00
安徽省	21 600.00	3 600.00	16.67	25 200.00

如图 5 – 20 所示，林木资源负债在 2015 年下降的驱动因素是生态修复与其他项的投入额小，使得林木资源负债总额下降 374 144 万元，降幅达 79.18%。在生态修复的明细项中，各省份"防沙治沙"投入额在 2015 年及以前年度均为 0，2016 年，江苏省、浙江省和安徽省开始投入"防沙治沙"资金。而生态保护补偿明细项中，《中国林业统计年鉴》中各省份均未报告投入资金额，查找其他相关资源网站也没有相应信息，可能是该年未投入生态保护补偿资金。

在图 5 – 21 中，土地资源的负债投入金额稳步上升，但该稳定情况是各类土地负债综合作用的结果。湿地恢复与保护项目各年变化较大，投入金额最小值为 2013 年的

62 410 万元，最大值为 2015 年的 143 839 万元；土地资源利用与保护支出则从 2012 年的 0 投入持续增长到 2016 年的 23 802.39 万元。

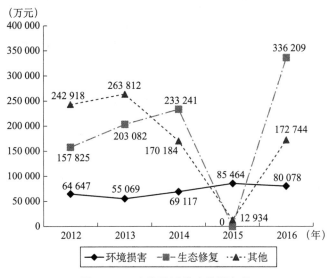

图 5-20　太湖流域林木资源负债

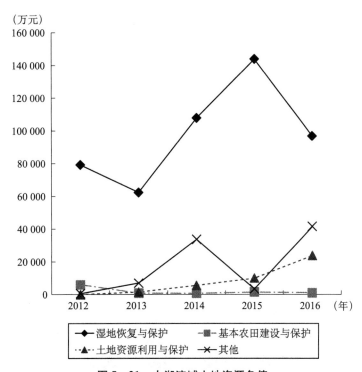

图 5-21　太湖流域土地资源负债

由表 5-34 可知，江苏省的湿地恢复与保护支出最多，与其境内湿地资源较多有关。浙江省和安徽省近年来对湿地资源的投入力度也在逐渐加大，上海市对湿地的治理投入有较大波动性。

表 5 – 34		各地区湿地恢复与保护投资额		单位：万元	
土地资源负债类型	2012 年	2013 年	2014 年	2015 年	2016 年
湿地恢复与保护	79 172.00	62 410.00	107 793.00	143 839.00	96 752.00
江苏省	67 071.00	53 215.00	56 772.00	85 302.00	45 507.00
浙江省	11 183.00	5 772.00	6 329.00	7 126.00	8 708.00
上海市	244.00	21.00	35 646.00	29 317.00	23 935.00
安徽省	674.00	3 402.00	9 046.00	22 094.00	18 602.00

基于生态补偿观核算自然资源负债，各地区一般采用"先污染后治理"的模式，即根据自然资源实际受损或被破坏情况进行补偿性投入，使得自然资源负债具有不稳定、无规律性的特征，各年差异较大。同时也说明我国目前对自然资源负债的核算计量未形成统一体系，具有随意性。

5.4.3 太湖流域自然资源净资产分析

5.4.3.1 净资产的趋势变化

汇总太湖流域各年自然资源净资产，如图 5 – 22 所示，2012 ~ 2016 年，自然资源净资产一直呈增加趋势，其中 2016 年净资产较 2015 年提高了 9.22%，说明太湖流域对自然资源管理总体较好，"家底"不断增值。

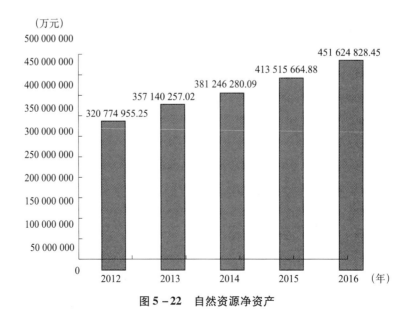

图 5 – 22　自然资源净资产

为进一步分析太湖流域自然资源净资产增加的驱动力，需要从各个明细资源进行分析，如图 5 - 23 所示。由太湖流域自然资源净资产构成可知，在自然资源净资产中，林木资源的净资产一直占据主导地位，一方面是太湖流域各省份的林木资源实物量较多，尤其是浙江省；另一方面是林木资源在三种自然资源中市场化流通程度最高，因而市场化定价更接近其真实价值，故倒挤出来的净资产值也相对较高；而林木资源负债相对稳定，使得林木资源净负债有较大提升。林木资源净资产在 2012～2013 年实现了跨越式增长，增长了 31.43%，其中主要是林木资源的实物量和经济价值有大幅增长，天然林中浙江省和安徽省的实物量分别增加了 3 633.13 万立方米和 1 967.89 万立方米，使得相应经济价值分别增加 2 822 942.01 万元和 1 529 050.53 万元，人工林中江苏省和安徽省分别增加 3 013.02 万立方米和 2 351.55 万立方米，相应经济价值增加 2 341 116.54 万元和 1 827 154.35 万元（见"林木资源资产存量表"）。水资源净资产逐步提高，由图 5 - 12、图 5 - 21 可知，水资源的经济价值和附加价值的合计增加值超过各年水资源负债的增加值，使得水资源净资产价值逐年提高。在编制核算的时间区间内，土地资源净资产保持稳定的状态，没有较大变化。

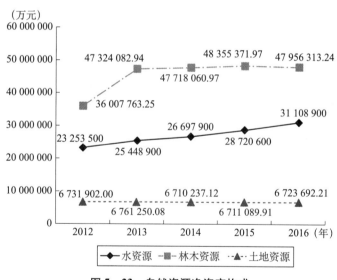

图 5 - 23　自然资源净资产构成

5.4.3.2　实际净资产的趋势变化

本书在核算净资产时，采用"净资产 = 自然资源总资产 - 自然资源总负债"的倒挤方法。但由前述分析可知，自然资源总资产的主要构成部分是附加价值，本书对附加价值的核算是一种尝试和框架设计，考虑到附加价值目前核算的成熟性和全面性，附加价值的计量存在较大的不确定性，故本书将刨除附加价值后分析自然资源实际净资产，即利用"自然资源实际净资产 = 自然资源经济价值 – 自然资源总负债"来进行分析。由图 5 – 24 可知，自然资源实际净资产呈小幅波动状态，近几年基本维持在 4 800 亿元上下，并没有实现长期稳定的增长，说明各有关部门对自然资源的管控有限，尚未进入更体系化、规律化的管控过程，但总体向好。

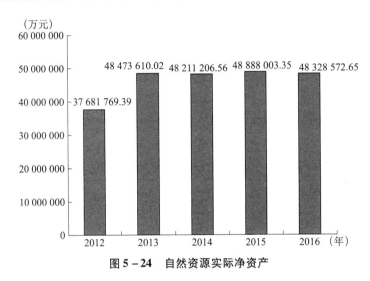

图 5 – 24　自然资源实际净资产

在剔除了自然资源附加价值后，各类自然资源的实际净资产如图 5 – 25 所示。其中，林木资源和土地资源与图 5 – 23 中"自然资源净资产构成"的变化趋势基本一致，而水资源在各年间则呈负值，但该负值的绝对值呈减小趋势。水资源的实际净资产小于零，直接原因是各地区的污水处理费用标准均明显高于取用水的价格，导致在采取生态补偿观核算自然资源负债时，负债总价值远远高于自然资源总资产。根本原因是水资源的定价机制不合理，目前的定价思路是"先使用，后补偿"，导致水资源在取用时的价值被低估；因此，在资源定价时，要根据可量化的价值和支出，逐步采用"完全成本加成法"，使自然资源总成本中不仅包含生产成本，也要包含环境补偿成本、资源税等。

5.5　本章小结

首先，分析了社会核算矩阵和会计复式记账对自然资源资产负债表账户设计的启示意义和指导作用；在此基础上分析了自然资源的账务设计和处理。系统地分析了水资源、林木资源和土地资源的分类资产负债表和核算表格。

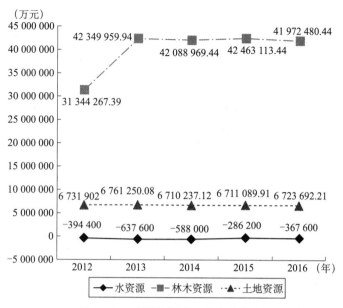

图 5 - 25　自然资源实际净资产构成

其次，实践应用方面，本书以太湖流域为例，结合太湖流域自然资源的情况，具体设计并编制了水资源、林木资源和土地资源三类资源的资产存量、流量表、负债表、资产负债表及太湖流域汇总自然资源资产负债表。在流量表的设计过程中，采用了平衡式的流量表和矩阵式的流量表两种形式，为核算自然资源的变动情况提供更为详细的信息。本书的总体思路是先分后总、由点及面进行逐步编制。数据均来源于各相关部门已经公布的官方数据，能保障自然资源信息的真实可靠。

通过太湖流域水资源、林木资源和土地资源资产负债表的实际应用和价值量分析，本书发现，太湖流域的自然资源资产的总体自然资源总资产价值及各类资源资产价值均呈逐年上升态势，表明太湖流域这些年的生态环保做得越来越好。在结构方面，土地资源的总资产值最大，核算期间内每年都分别超过森林资源和水资源的 5 倍，主要是土地资源的附加价值贡献大，原因在于衍生出来的"提供产品"和"社会文化服务"的附加价值量大。

最后，以各类及汇总的自然资源核算表为对象，分别分析了太湖流域汇总及各类自然资源资产、负债及净资产的变化情况，为进一步应用提供数据支撑。总体来看，本书构建的核算框架体系具有理论基础扎实、核算范围广泛、核算内容丰富、核算结果准确的优点，也具有较好的应用价值和前景。

第6章 我国流域自然资源资产负债表
的应用分析

本书在前面章节分析了流域自然资源的核算和资产负债表编制综合框架，并以太湖流域为例进行了具体的编制方法和技术探讨，接下来分析流域自然资源资产负债表的应用问题。自然资源资产负债表除了纳入国民经济核算的国家资产负债表以反映一个国家和地区的"生态账"以外，还有其他的用途，相关指标可以作为政府部门绩效评价的组成部分和领导干部离任审计的考核指标（赖敏等，2012；王英哲和陈昕，2016）。我国这些年倡导的将"绿色 GDP"纳入考核的思想与自然资源资产负债表编制的思路不谋而合，自然资源资产负债表的数据和指标为"绿色 GDP"的开展和实施提供了坚实的微观基础，提高了政府绩效考核标准设立的科学性。自然资源资产负债表与领导干部离任审计极具关联性，2013 年 11 月《决定》提出要"探索编制自然资源资产负债表，对领导干部实行自然资源资产离任审计"。领导干部自然资源资产离任审计是自然资源资产负债表应用的一个重要方面，值得进行深入探究。因而，接下来本章主要从政府部门绩效评价和领导干部离任审计两个方面分析流域自然资源资产负债表的应用。

6.1 流域自然资源资产负债表在政府部门绩效
评价中的应用分析

流域自然资源资产负债表的编制可以将各类资源统筹，对各类生态系统进行有效把控和精准计量，反映流域内各生态资源资产的消耗情况，从而为生态保护和生态管理的实施提供理论和实践依据，最终增强了生态管理的层次和深度。对于流域自然资源资产负债表的范式，可以建立囊括实物量和多重价值量的综合框架体系。其中实物量呈现各类资源的时期动态量化，也就是期初、期末的滚动量变，价值量则是在实物量计算的基础上从经济角度核算自然资源资产的资金价值和生态价值以及社会文化的多重价值，从而使得自然资源资产负债表的计量协调统一，可以使得政府环境保护部门按月度或年度把握生态资产量化情况，同时为其科学开展保护和管理工作提供了实现的可能。在流域内开展编制自然资源资产负债表，可以分门别类地把区域内自然资源的数量、质量和价值信息反映出来，既有利于相关领导和政府部门动态监督社会经济运行对环境的影响，也有利于上级政府部门对下部门政府绩效考核的"生态化"和"绿色化"，缓解经济与环境的矛盾，从而实现社会经济的可持续发展。

在探讨基于自然资源资产负债表的政府绩效评价之前先得分析一下流域内的政府"绿色 GDP"如何将自然资源资产负债表融合进来以及政府部门的资产负债表与自然资源资产负债表如何衔接的问题。

6.1.1　流域自然资源资产负债表与"绿色 GDP"政府考核的融合

流域自然资源包括区域内的水资源、矿产资源、土地资源、森林资源、海洋资源、生物资源等，其中一些不可再生的资源为经济发展提供了重要的工业原料和能源资源。不可再生的自然资源会对绿色 GDP 核算产生影响，这些不可再生的自然资源的成长周期多以百万年为计量单位，如此长的更新周期使得其数量随着资源的消耗而逐步减少。但是市场上自然资源的价格大多只反映了资源的劳动价值，从而忽略了自然资源由于地理位置和自然性质本身所具有的天然价值，按照自然资源市场价值核算的传统 GDP，没有考虑到经济发展对资源本身数量消耗的影响，为了客观反映经济活动的真实综合成本，同时也为了更好更科学地评估政府工作绩效，需要考虑到资源可供利用的代际问题，将不可再生资源本身的资源价值进行扣除。

而对于水资源、渔业资源等可再生资源来说，因其具有一定的修复与更新能力，只有当人类过度使用或者不恰当利用时才会对绿色 GDP 核算产生影响。对于可再生资源，一方面要将过度消耗的资源纳入绿色 GDP 核算范围进行扣除；另一方面水资源、森林资源以及海洋资源等除了具有经济价值同时还具有生态价值和社会价值。例如，对水资源而言，传统的 GDP 核算只在于对水资源存量及变动表的编制优化和提高水资源利用率，缺失了水资源中蕴含的环境生态价值；而对森林资源而言，传统的 GDP 核算目前仅统计采伐木材等活动的效益，忽视了经济活动中消耗的森林资源中蕴含的自然价值和环境价值等因素。

如何将自然资源与政府的绩效考核结合起来呢？这将引出自然资源资产负债表的概念。自然资源资产负债表作为资源环境管理中的重要评估和反馈工具，同时也为各级政府开展资源审计活动以及各级政府领导的离任审计、生态环境损害责任终身追究的落实工作提供了丰富的信息资源（杨多贵和周志田，2005）。流域自然资源资产负债表作为自然资源资产负债表的重要组成部分，从区域划分的角度审视流域内自然资源的发展态势。它在反映自然资源质量和变更信息的同时也对自然资源的管理责任和发展效率进行了深入分析，能够为政府的生态绩效和相关领导的政绩评估提供说明信息。自然资源资产负债表的构建可以在内容上反映国家或者地区时点的资源情况的权利和义务，需要涵盖自然资源资产、负债等要素，既可以有效解决经济发展带来的财富增长对资源环境的破坏的核算问题，又可以解决资源环境综合核算体系存在的资源环境破坏在 GDP 核算中直接抵消的问题（张金昌，2018），但目前尚未形成标准化的自然资源资产负债表体系内容，各学术流派间的要素设计和内容覆盖上存在较多分歧。在核算方法方面，需要统筹实物量与价值量的标准以及自然资源资产负债表的结构层次，在划分过程中均要体现出资源存量和变量关系，反映期初期末的更新状态和发展状况。

6.1.1.1　传统政府绩效考核中缺乏资源消耗、环境影响考虑

在传统政府绩效考核中，通常的做法都是以 GDP 作为量化成果的关键指标。GDP 是指由一个国家或地区中的所有居民生产者所创造出的经济增加值，其绝对数值的计算公式可简化为社会生产总产出与构成最终产品的各项中间投入的差额。由此可以看出，生产领域的 GDP 的计算未考虑自然资源及生态环境的退化和修复所需的成本支出，导致 GDP 不能真实反映社会生产的价值创造（杨多贵和周志田，2005）。GDP 不仅是国民经济核算方法中的重要指标，同时也是衡量一个国家或地区总体经济发展状况和发展程度的重要指标。但是 GDP 只考虑了经济活动中的经济属性，忽略了相应的社会属性，因此对自然资源与环境要素对社会经济活动的贡献体现不足，将资源与环境两者放置于经济过程之外。虽然 GDP 在有效反映市场经济体制下纯粹经济的发展过程中发挥着独特的作用，但是，只以 GDP 作为国民经济核算体系的绩效考核方式极易导致资源破坏、环境污染等社会现象不断恶化，从而难以有效体现出我国经济的增长速度和质量情况，资源环境已经从发展的条件演变成制约国家安全的关键因素之一。政府作为我国经济建设与生态环境责任的主体，迫切地需要考虑我国目前的环境容量和资源可续性发展的问题，为此，政府应该建立一套以社会经济发展和生态环境保护为核心，同时兼顾自然资源可持续发展、以绿色 GDP 为指导的政府绩效考核评价指标体系。

绿色 GDP 是指从已有的 GDP 中扣减自然资源损耗成本和环境污染成本后剩余的 GDP，这是结合了资源与环境两个重要因素对真实国民经济财富的科学计量和反映（余海鹏和张小朋，2012）。具体而言，"绿色 GDP 等于 GDP 扣除自然资源消耗和环境退化损耗、资源与环境恢复费用开支、环境损害预防费用以及由于非优化利用资源而进行计算调整的部分"。当前来看，绿色 GDP 停留在动态概念层，在未来随着我国国民生产力水平的提高、创新型科学技术的不断发展，绿色 GDP 的内容也在不断的丰富和发展中。

从现阶段的内容来看，绿色 GDP 是指顺应着我国可持续发展战略的要求，在满足当前科学技术水平和社会生产力水平的前提条件下，扣减了资源损耗成本与环境保护成本之后的国民生产总值的余量，同时，就我国而言，绿色 GDP 中有关于自然资源耗减的核算还包括了地下资产和水资源的过量开采、水和土地资源的质量恶化、生物多样性的丧失、林木资源的减少等多方面的内容。绿色 GDP 能够有效地反映出在我国社会经济的增长过程中，资源环境成本所做出的突出贡献，凸显出环境质量的不断恶化和自然资源的过度消耗对经济发展的制约性，克服了过去传统 GDP 未对经济发展加以考虑的缺陷，真实、客观地反映出我国国民经济的增长情况。

2002 年，可持续发展世界首脑会议在南非召开。在会议上，各国提出要建立各级政府的"环境保护问责制"，即把环境保护的绩效与当地政府官员的任免建立起密切的关系，自此，"考核官员的环保责任"就演变为一种国际化的趋势。同样地，我国要想发展循环经济，实现绿色增长，就要充分发挥政府的能动作用，即把绿色 GDP 纳入对我国干部的考核体系中，作为对地方经济社会发展评价的重要业绩指标参数，提倡实行以"绿色 GDP 尤其是人均绿色 GDP"为核心的政府绩效考核制度，来改善过去仅仅关注经济效益，而忽略了环境效益影响的政府绩效评价体系，从根本上改变了我国政府官员的政绩观念，纠正了以过去传统 GDP 为指导的业绩评价体系中存在的非合理性，使政府官员的考核体系变得更为健全、科学，积极促进我国将粗放型的经济增长模式向低消耗、低排放的集约型模式转变。

政府绩效考核是指由国家组织成立专门机构或配备专业的人员，运用现代化的管理理论和传统的考核方法，依法对政府单位活动的经济性、效率性、效果性及执行相关法律法规等方面内容进行独立性考察。政府绩效考核的客体包括对各级政府机构以及其投资项目的评估，对归属于国家的自然资源资产及其他社会公共资源的管理、使用和经营情况进行考核。政府绩效考核的目的是客观、科学地评价政府领导人的经济责任，督促提高政府的工作绩效并促进实现我国的可持续发展目标。政府绩效考核的内容主要体现在经济性、效率性和效果性三个方面。具体而言，经济性就是指在维持政府相关机构人员工作质量不降低的前提下，可以调整相关资源的历史成本，即花得少；效率性是指政府工作成果与资源损耗之间存在的关系，即在额定投入量的前提下如何能够获得最大程度的产出或是在额定产出的前提下如何减少相关资源的利用成本，即花得好；效果性就是指政府具体计划、项目以及其他活动的设定的预期实现目标与实际发生的成果之间的关系，即获得值。只有在政府绩效考核中综合考核评估三要素，才能获得可信的考核结论。

6.1.1.2 "绿色 GDP"考核与自然资源资产负债表编制思路融合

自然资源资产负债表的构建将资源的实物和价值两个层次有机结合起来，有利于政府相关部门及其他报表使用者充分了解自然资源的开发利用情况。就目前来看，我国自然资源的产权制度主要划分为四层：一为自然资源所有权；二为管理权；三为使用权；四为收益权。如果以自然资源实体的所有权、管理权、使用权和收益权四个维度来对自然资源资产负债表进行构建，并与编制自然资源资产负债表的制度背景和时代背景等现实路径相结合，就能够对自然资源的产权进行细致的划分，明确所属职责问题，减轻政府在自然资源绩效考核方面的障碍阻力。自然资源资产负债表的呈现能够更好地将绿色GDP的成果以数字化的形式反映出来，也就是说将绿色GDP与政府绩效考核的内容结合在一起，就是强调我国的社会经济发展要与环境保护和资源节约齐头并进，注重提高环境保护与环境治理指标在政府绩效考核制度中所占的比重。

绿色GDP绩效考核机制实质上是一种以"和谐"为导向的指标体系，对当前经济社会发展具有不可或缺的意义，具体表现在以下几个方面：一是引导政府领导人树立积极向上的政绩观，政府行为与政府绩效考核体系息息相关。绿色GDP绩效考核是一种先进的、科学的、可持续发展的理念，它可以逐渐改正传统经济增长方式的高污染、高耗能等缺点，调整政府机关行政人员的经济行为。二是为政府职能的转变提供指引。绿色GDP绩效考核以环境保护和人与自然的和谐为核心，已经形成一套新型的绩效考核理念。政府要想全面地履行自身的职责，就必须要对政府的现有职能做出转变，要更加强调环境保护与资源节约等方面的内容，切实做好对政府工作的考核。三是使政府建立以绿色GDP为指导目标的公共管理机制。绿色GDP绩效考核已成为政府公共管理工作的新观念，在这种新的工作观念之下，可以运用绿色GDP目标管理和质量管理等方法对政府的行政经济行为进行考核。

绿色GDP虽然对传统政府绩效的"唯GDP论"做出了一定的修正，但仅仅将经济发展导致的环境资源过耗、生态退化成本作为减项纳入GDP的核算体系之中，而自然资源对经济增长的贡献未能全部体现和核算出来，对自然资源生态系统的服务价值功能也体现不足。反过来，自然资源资产负债表编制和设计之前应适当考虑自然资源核算中哪些资源、哪些服务功能应核算到自然资源资产负债表中去，并对绿色GDP考核产生什么样的影响，也就是说，需要从各自制度和运行机制设计方面提前考虑如何融合的问题。

6.1.1.3 "绿色GDP"考核与自然资源资产负债表核算方法、指标的融合

除了在各自的思路方面注意融合以外，绿色GDP考核与自然资源资产负债表编制的融合还体现在核算方法和指标体系的结合上。我国开展政府绩效考核，就是要通过强化政府的经济责任，达到促进绿色发展、经济增长和社会进步等目的。因此，绿色GDP的政府绩效考核应该考虑如何融合更多的自然资源资产负债表指标及相关内容，具体要

注意以下几点。

（1）绿色 GDP 绩效考核体系的首要任务是明确由谁来考核。绩效考核结果的全面性、客观性和准确性一定程度上由考核的主体决定。一方面，我国强有力的中央政府给予绿色 GDP 绩效考核成功很大支持，强有力的领导机构体系不仅有助于科学高效地运用绩效考核的结果，而且还有助于提高我国政府绩效考核的权威性和效率性。另一方面，激励更多公民参与到绿色 GDP 绩效考核机制中，也能更好地发挥社会公众在政府绩效考核中的监督和制约作用，给民众提供一个合理的参与考核的平台。同时，还可以通过广泛宣传绿色 GDP 绩效考核的理念制定对政府绩效考核制度的改进措施，完善我国政府的公共服务等一系列措施以吸引公众积极参与到绿色 GDP 绩效考核中，提高公众对我国政府绩效考核的认可性，强化我国政府绩效考核工作的效率和效果。

（2）政府绩效考核要求的科学发展观的内涵，要与绿色 GDP 的考核指标相契合。科学发展观的内涵要求政府在促进经济发展和社会进步的同时也要重视环境保护和资源节约。政府绩效考核作为推进资源高效利用和节约的主体，在社会经济发展过程中，有着加强对政府财政收支和公共事业收益审查等作用。从本质上来讲，绿色 GDP 的核算体系就是将资源、环境等多方要素内容纳入现行的经济体系中，并分析经济活动与资源环境带来的双向影响，将资源环境与经济发展综合起来考虑，达到资源环境与经济发展合作共赢的局面。

（3）通过对政府绩效评价中有关环境考核方面内容的融合，得到了绿色 GDP 评价指标。自然资源和环境保护方面的问题在我国社会经济日益高速发展的今天已越来越突出，这在一定程度上必然会带动政府绩效考核的发展。此外，为充分适应我国经济可持续发展的客观要求，环境绩效方面的考核也是以披露自然资源、环境信息等的真实性、合法性为出发点。自我国加入世界贸易组织后，传统 GDP 核算方法的使用所导致的自然资源使用不当、生态环境日益恶化的问题，已严重地遭受到了国际绿色壁垒和环境考核监督的挑战。因此，在政府绩效考核这一过程中，除了要强化政府本身的职能目标以外，还一定要明确地、成体系地建立环境绩效考核的指标评价制度，把政府本身职能和环境绩效考核紧密联系在一起，让政府能够根据考核制度标准更好地发挥环境绩效考核的职能作用。

（4）绿色 GDP 这一评价指标是协调我国社会发展、经济增长和环境资源保护等多方面内容的绩效评价指标。这一评价指标中所蕴含的内容并不是孤立化、片面化的，它与我国社会当前的宏观经济发展指标之间存在着不可分割的关联，有机地形成一个多元化的整体，绿色 GDP 不仅能够完整反映我国国民经济全部活动的经济成果，且能科学真实地体现出我国政府行为运作的经济性、效率性和效果性。当代经济社会发展转变的显著特征恰好与绿色 GDP 的核算要求相契合。只有将社会利益、经济利益和环境利益三者的协调发展程度作为政府绩效考核的评价指标，才能更好地引导社会公众改变传统的思想观念，在社会利益和经济利益协调发展的同时强化资源节约与环境保护的意识，自觉地走可持续发展之路。

（5）在政府绩效评价体系基础上，要重点关注为了迎合我国经济的快速发展而付出的社会环境成本，同时以绿色 GDP 评价指标为基础构建绿色健康的政府绩效评价体系。我国长期以来一直强调的以人为本的可持续发展观，不但要求人民将人与自然环境的和谐发展作为社会关系的基础，还要求大家将其作为社会发展与经济增长的基础。在我国的地方领导人政绩考核中，应将绿色 GDP 纳入考核指标中，并为其赋予适当较高的权重。另外还要分地区、分资源状况对评价体系进行补充完善，尽可能多地纳入自然资源资产负债表相关指标。评价结果一方面能促进地方领导人重视经济发展与生态环境保护的和谐统一；另一方面能促使我国的生态文明建设成为衡量绿色 GDP 的重要内容，从而能够全面、准确地了解我国各地区经济、社会、生态等方面的综合情况。为此，需要尽快地探索出一套绿色 GDP 的衡量指标，例如要重点关注大气污染等环境考核的指标，将 PM2.5 作为一项重要的衡量政府绩效的指标，同时还要将公众对环境质量评价等多项指标纳入政府官员考核标准当中。

6.1.1.4　绿色"GDP"考核与自然资源资产负债表融合的改进路径分析

为深入贯彻落实自然资源资产负债表与政绩考核服务的目标，流域管理中多运用以自然资源资产负债表为基础的绿色 GDP 考核，并需要从以下几个路径着手改进。

（1）树立绿色 GDP 政绩观，构建生态建设的利益分配机制。实施绿色 GDP 的绩效考核制度，要求将环境保护与社会经济可持续发展两部分的内容同时纳入绩效考核体系之中进行综合评定，这就意味着我国的政府官员要从思想上转变对社会经济发展的认识，改变曾经片面追求经济增长而忽视环境保护的不当政绩观念。这一重大转变将有助于政府人员树立符合新思想、新观念的发展理念，树立科学发展观，并重视以人为本、可持续发展的观念。作为政府领导干部应当处理好社会经济发展、自然资源利用与生态环境保护三者之间的关系，注重社会发展的质量和可持续性，努力追求实现永续发展的良性循环。目前流域辖区内的官员为什么很难树立绿色 GDP 的政绩观，在于现有的考核机制产生了官员的收益与辖区内生态环境建设不匹配的现象。长期如此，官员们的心理预期就会固定下来，没有动力进行制度改革。制度经济学理论告诉我们，在制度约束下的主体，只有在制度变革中获得一定的利益，或制度变革高于主体心理预期时，他们才有动力去进行制度变革，以期获得更多的好处（罗筠，2008）。只有让官员们能够从生态文明建设和环境保护的努力中获得对等的回报，那么政府官员才会主动地去重视辖区内的生态环境状况。具体而言，要在绿色 GDP 和政府官员的政绩之间搭建起利益的链条，借此推行绿色 GDP 绩效考核制度，并引起政府官员对生态环境问题等方面的重视。此外，还应敦促政府官员在行政过程中坚决抵制类似"形象工程""面子工程"等虚假政绩的行为，避免出现一些领导干部为了追求"好"政绩而搞形式主义的行为。

（2）纳入自然资源相关指标以完善绿色 GDP 绩效考核评估体系，鼓励民众广泛参与。流域内的政府部门应设计科学合理的评估指标，客观真实地评价政府官员的绩效水平，同时还应当考虑把经济发展和生态环境保护相关的自然资源指标纳入政府绩效考核的内容之中。不过，由于不同地区的经济发展水平存在较大差异，因此各地开展的基于自然资源的绿色 GDP 考核不可以完全"一刀切"，而应该将当地的差异化考虑进来，根据当地的实际情况，并结合未来社会可持续发展的目标，以长远的目光设计并执行考核指标。由此可见，在制定相应考核评估指标时，不能忽略一致性的特征，以便能综合体现考察对象的各项情况，还应关注其特殊性，结合地区的特色因地制宜选择某些具有代表性的指标重点考核。

此外，为了推动基于自然资源的绿色 GDP 绩效考核制度的全面运行，可以借助对绿色 GDP 绩效考核理念的宣传等措施引起社会公众对这项问题的关注，充分发挥社会公众在政府绩效考核中的监督作用，构建公民参与政府绿色 GDP 绩效考核的长效机制。

（3）建立基于自然资源的绿色 GDP 绩效考核激励约束机制和动态跟踪考核机制，持续反映生态建设成果。一方面，基于自然资源的绿色 GDP 绩效考核需要建立相应的激励约束机制，将政府领导干部的政绩与辖区内绿色 GDP 考核结果相挂钩，这样不仅可以通过提高奖励幅度、加大激励力度以激发政府官员的工作积极性，而且可以对绩效考核不合格的人员进行惩罚，并监督其改正某些不合理的行为。同时，要注意在基于自然资源的绿色 GDP 绩效考核过程中，以正向激励措施为主，以惩罚措施为辅，综合运用奖惩手段，充分调动政府工作人员的积极性和主动性，使得地方政府工作人员为生态文明建设目标而努力。另一方面，还需要建立动态跟踪的考核制度，因为贯彻落实绿色 GDP 的责任主体是各级地方政府官员，他们的每届任期是五年，而生态文明建设却并不都可以在五年之内就产生结果，所以在地方政府的行政管理中往往很难综合兼顾到经济、社会和生态三个方面的内容。由此看来，在考核过程中就迫切需要对任期内的领导干部业绩进行跟踪，那些已经离任的官员仍然应当对自己任职期间的生态环境负责，建立终身追责制度。长此以往，政府领导干部自然就不会单纯地追求 GDP 而忽视生态环境状况了（王田田，2015）。

（4）完善基于自然资源的绿色 GDP 绩效考核技术与方法，提高考核效果。拥有一套成熟完备的绩效考核技术和方法是顺利开展政府绿色 GDP 绩效考核的基础，然而，目前我国的绿色 GDP 绩效考核还存在诸如环境成本确认、责任归属和计量等众多难题。因此，需要整理出一套行之有效的绩效考核技术和方法。对于绿色 GDP 绩效考核来说，信息的及时性和准确性与环境成本的确认关系密切。因此，本书需要建立一套完善的政府绿色 GDP 绩效考核信息系统，能够对有关信息进行综合管理。例如，针对不同自然资源的特点，建立一个涵盖土地、矿产、森林、水等多种资源和环境治理的基础性数据库，搭建绿色 GDP 核算的基础平台，可供搜集有关政府绿色 GDP 绩效考核的信息、数据和资料，并通过对数据进行整理分析，促使形成绿色 GDP 绩效考核信息资料库，以方便查询在绿色 GDP 绩效考核工作中所需的有关资料。此外，还可以建立绿色 GDP 绩效考核信息网络，将绿色 GDP 绩效考核结果通过网络系统及时地进行公布和反馈，使考核对象能够在短时间内了解学习考核结果，并根据考核结果对工作及时改进（颜金，2014）。

综上所述，实施基于自然资源的绿色 GDP 绩效评估考核，既需要从国家层面入手，转变经济增长方式，减少绿色 GDP 绩效评估体系施行过程中的阻力，又需要从制度建设上下功夫，改变各级地方政府官员传统的政绩观，明确政府官员在环境保护中的责任，改正盲目追求 GDP 的不端动机。从实际出发，不断改良和完善原有的制度体系，即在原有的绩效考核评估体系基础上，融入生态、资源、环境保护等多项新元素。既需要建立基于自然资源的绿色 GDP 绩效考核激励约束机制和动态跟踪考核机制，持续地反映政府官员的绩效水平，又要加快完善绿色 GDP 绩效考核的技术方法，提高考核效果。这样才能使基于自然资源资产负债表的绿色 GDP 政府绩效考核体系真正在流域内发挥作用，才能实现流域内自然、人类活动、经济、社会的共同繁荣、和谐发展。

6.1.2 流域自然资源资产负债表与国家资产负债表的关系与衔接

有学者研究表明，自然资源资产研究主要关注点在自然资源资产负债表、自然资源资产管理和自然资源资产离任审计三个方面（胡咏君和谷树忠，2018）。自然资源资产指的是具有经济价值、产权明确且可以进行会计核算的经济资源。在现阶段，我国所能掌控的各项自然资源资产总和是决定我国经济社会发展进步的重要物质因素，其独有的不可替代性和稀缺性便充分展现了它在我国国家战略发展中的重要地位。同时，对自然资源资产负债表的探索编制，也是推进我国生态文明建设、支撑经济可持续发展的重要战略任务。政府作为我国自然资源资产的管理者，为了对自然资源资产进行科学化、精细化管理，需要其对辖区内的各项自然资源资产的数量、质量和价值量等相关信息有着全面准确的了解。简而言之，政府资产负债表就是将一个国家政府部门管辖范围内其所掌控的全部自然资源资产和负债进行分类，然后分别加总得到的报表，而与之相对应的流域自然资源资产负债表恰好就是一种为政府管理工作服务的报表。为此，在参考《环境经济核算体系 2012》（SEEA 2012）基本原则的基础上，结合当前我国自然资源环境的现状，同时吸取其他国家自然资源资产负债表的编制经验，系统指出我国的自然资源资产负债表与政府资产负债表的关系衔接主要包括如下内容。

（1）自然资源资产确认、核算和列报的衔接。自然资源资产负债表中资产数量上等于管辖区域内具有明确产权的自然资源资产的实物量表以及价值量表的汇总数。自然资源资产的核算范围主要有两个方面：一是通过对自然资源资产存量的变化率、资源的开采率及自然资源资产的使用效率等多项指标的核算，不仅可以揭示出自然资源资产实际的存量及其增减情况，而且可以有效地对当地自然资源资产的利用情况做出评价。二是对实物与价值双重计量模式的充分运用，可以从侧面反映出当地政府制定的有关自然资源资产的定价机制和自然资源资产产权制度实施的规范性。从对自然资源资产的核算范围来看，根据各地区不同的实际现状，优先考虑将产权明确、数据资料准确和管理规范化的自然资源资产进行核算，而剩余的其他自然资源资产就需要等到具备了相应核算条件时再逐步纳入核算范围。从自然资源资产的核算方式来看，以实物量为基础，按照编制资产的计算公式：期初数＋本期增加量＝本期减少量＋期末量，来核算各项自然资源资产的变动情况，编制出相应的政府资产负债表，最终目的在于摸清各级政府辖区内的自然资源资产"家底"情况，并督促政府行使好对自然资源保护管理的职能。在编制自然资源资产负债表时，应当明确自然资源管理改革的基础目标是统一行使所有自然资源的确权登记，不仅要整合确认包括水流、森林、草原、荒地、滩涂等在内的所有的自然资源，统一建立产权体系，也要构建明确的权属界线（严金明等，2018）。目前自然资源资产负债表对于自然资源资产的数量和价值量核算并没有完全达成一致的认识。

国民经济核算 SNA 系列体系只有将具有经济价值的自然资源核算到国民经济核算体系，参与社会经济系统的转化和消耗才能被核算，而作为卫星账户的 SEEA 出于环境保护目的才开始将自然系统中非生产自然资源纳入国民经济核算的卫星账户中，如自然界土地、水、生态景观等（向书坚和郑瑞坤，2015）。国家资产负债表是将土地、矿产和能源、非培育性生物资源、其他自然资源资产作为非生产性资产纳入政府资产负债表核算。我国创新性提出的自然资源资产负债表不仅将自然资源资产的核算范围扩展到没有经济价值的自然资源上，同时又将自然资源资产范畴扩展到非经济价值核算上，如生态服务价值和社会价值的核算过程中。这就必然要求我们在基于自然资源资产负债表汇总编制国家（政府）资产负债表过程中做好衔接。一种处理办法是将部分自然资源和部分自然资源资产价值纳入国家负债表的核算，这时应研究出具体标准和纳入核算办法；另一种处理办法是扩大国家（政府）资产负债表的核算口径和自然资源范围及资产范畴，但这可能会带来与编制国家资产负债表的通行国际标准存在差异。

（2）自然资源负债衔接与是否纳入核算。学术界大多数学者认为微观自然资源负债表编制应确认自然资源负债，但在实际运用中，国民经济核算和国家负债表中自然资源负债是不可确认的。自然资源资产负债表中负债是指为了恢复自然资源的良好状态，实现经济的可持续发展所应当付出的成本代价。具体而言，主要反映的是当地政府部门为了追求社会经济的高速发展而带来的自然资源"现时义务"，即自然资源资产负债表的"负债"账户可以反映出政府所在地区对自然资源资产的过度耗损情况以及当地生态环境的恶化程度。例如，绿色植被的破坏程度可以反映出自然资源的质量状况；生态环境的压力指数、环境污染程度等可以反映出我国生态环境的质量情况；对过度开采自然资源资产所产生的使用费用、对资源破坏而发生的治理费用、对环境污染带来的修复费以及在现在或将来某一时点政府部门为了恢复生态环境而付出的高额成本支出等多方面的内容都如实地反映出我国自然资源恢复和环境治理情况。该负债是经济社会的发展对自然资源环境的影响所带来的现时义务，对其进行计量有规定的程序和方法。对于自然资源负债的核算范围，要遵循对生态环境负责的理念，优先核算经济社会活动向环境排放产生的责任，包括废气废水排放、固体物残余等多项内容。此外，自然资源负债既可以按照导致"环境责任"的活动类型分类列报，也可以直接划分为环境保护负债、资源管理负债和自然现象负债三种类型列报。自然资源资产负债表应与国民经济核算及国家（政府）资产负债表做好衔接工作，使其仍沿袭过去将负债作为一种对经济资产的抵减价值扣除掉，但应调整扣减的范畴。

自然资源资产负债核算的净资产在数量上等价于政府所管辖区域内涵盖的全部自然资源的总财富数，即由自然资源资产扣除自然资源负债的间接计算的方法得出（盛明泉和姚智毅，2017），计算公式为"自然资源净资产 = 自然资源资产 – 自然资源负债"。本章是将其直接纳入国民经济核算系统还是需要做出一定剔除和调整后纳入有待进一步讨论。尤其当自然资源净资产的计算结果为负值时，经济含义说明我国的领导干部在其任期内未能严格贯彻落实可持续发展观和自然资源保护的长远规划的政策要求，其相应的生态政绩就是负的（黄溶冰和赵谦，2015），这个时候是直接扣除还是要调整扣除，需要形成一定统一标准。

做好自然资源资产负债表和国家（政府）资产负债表的衔接工作具有十分重要的意义。做好衔接工作可以为政府及相关部门的自然资源管理和政策制定提供微观信息基础，政府能从微观上探寻产生变动的原因及其与经济活动的关系。同时，做好衔接工作可以有利于自然资源资产负债表的探索编制，可以为考核领导干部在任期间绩效以及离任时审计提供重要的数据支持，并促进地方政府树立良好的执政理念和高效执政。自然资源资产负债表所反映的自然资源的存量和流量信息在一定程度上反映出领导干部对资源开发、利用和管理的决策责任。自然资源的破坏和修复情况也显露出其在职期间可能出现的决策失误以及管理失职等问题。我们应该利用自然资源资产负债表提供的详细的自然资源基础信息，同时将领导干部的绩效考核与自然资源是否被科学有效地利用直接挂钩，这样可以对报告期间政府自然资源管理绩效、资源与环境质量以及政府生态绩效进行综合评价，更好地界定领导干部应承担的责任。最后，做好衔接工作也是重中之重，衔接工作的顺利开展有利于领导干部尽职履行国有自然资源资产的出资者职能与监管者职能，从而实现自然资源资产的保值与增值，提升自然资源资产开发、利用和管理的综合效益，从根本上促进自然资源的可持续发展与生态文明建设。自然资源资产负债表也反映了我国自然资源的现状及生态文明体制建设程度，国家在衡量政府风险，深入分析风险形成机理、传导机制及其对宏观经济的深刻影响时纳入环境因素考量，既能够起到"事前预警、事中提醒与事后评价"的作用，也能够维持我国经济的可持续发展，构建和谐生态环境（杨志宏和郑岩，2014）。

6.1.3　基于自然资源资产负债表的政府绩效评价

基于自然资源的政府绩效如何进行评价是自然资源资产负债表与国家（政府）资产负债表衔接中最为重要的话题。下面本部分来谈一谈基于自然资源资产负债的政府绩效评价模式和评价过程。

政府绩效的评价者作为政府绩效评价的主体，具体也就是指对政府绩效进行价值判断的组织、部门和个体等（葛蕾蕾，2011）。实施基于自然资源资产负债表的政府绩效评价的机构既可以是政府的内部机构，也可以是独立于政府之外的学术研究机构或是营利性机构等，换言之，对自然资源资产政府绩效评价既可以在政府内部进行，也可以在政府外部进行。基于此，政府自然资源资产绩效评价模式从评价主体与评价对象来看可以划分为内部政府绩效评价模式和外部政府绩效评价模式两大类。具体而言，内部政府绩效评价模式是指由政府及其部门实施的关于自然资源资产方面的绩效评价，通常包括横向评价、纵向评价和自我评价。外部政府绩效评价模式主要是指由独立于政府及其部门之外的机构组织实施的评价，具体则包括委托独立的第三方评价和社会公众参与评价。本章基于自然资源资产负债表设计的政府绩效评价模式见图 6 - 1。

6.1.3.1　内部政府绩效评价模式

在我国的政府绩效评价实践中，不同主体所发挥的作用不同，从自然资源资产负债表的角度出发，将内部政府绩效评价模式分为三类。

（1）横向评价。横向评价是指由所处同一层级的政府部门单位内部之间组织开展针对自然资源资产具体内容的评价活动。评价主体与评价对象之间在具体的业务范畴内的绩效表现情况是此类政府绩效评价通常较为关注的对象，具体到自然资源资产而言，包括衡量政府内部责任机构对自然资源资产管理工作的效率、有关部门之间对自然资源资产的调配使用情况等。横向政府绩效评价的主要优点在于其客观性（胡文龙和史丹，2015），它通过评价对象之间的比较、评价对象与评价主体之间的比较，来使评价主体熟悉评价对象的工作。即各个政府部门可以清晰地了解到同级单位对自然资源资产的管理运用情况，便于互相对比分析，发现自身在自然资源资产管理方面存在的不足之处，从而间接地保证了政府绩效评价的客观性。此外，横向政府绩效评价也有缺陷，同级之间对政府绩效的评价结果存在很大程度的主观性，在针对自然资源资产评价的过程中，同级政府部门之间往往会发生互相包庇的行为，最终的政府绩效评价结论不是真正地依据被评价单位的自然资源资产现状得出的，而是基于评价主体之间的密切关系主观地得出较好的结论。基于此，在我国一般不会单独开展对政府绩效的横向评价活动，通常会将其作为政府绩效纵向评价的补充内容，从侧面反映出政府各单位的自然资源资产绩效情况。

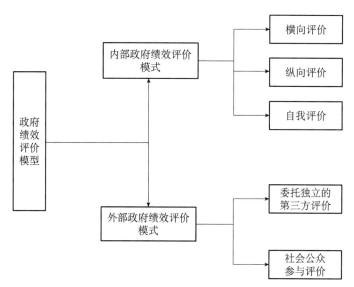

图 6-1　基于自然资源资产负债表的政府绩效评价模式

（2）纵向评价。纵向评价主要是指由其直属的上级政府行政机关对下级政府单位内部的自然资源资产状况开展的绩效评价活动，目的在于检查下级政府在规定期间内完成上级政府部门下达的工作任务情况，一般情况下这项工作是由代表上级政府部门的考核办等部门负责组织实施的。纵向评价模式在政府绩效评价中具备的独特优势表现在评价主体间熟悉性较强上。第一，上级直属行政机关可以更加清楚地了解下级政府部门自然资源资产的运作方式，能及时、有效地了解下级政府部门的工作成果，有利于准确地对相关政府绩效进行评价；第二，政府工作绩效管理的重要组成部分是自然资源资产政府绩效评价，它可以成为上级政府机关对下级政府部门工作绩效的一种引导、激励和监督的有效途径，有助于确保政府工作计划的全面开展和绩效考评的顺利实施。同样地，纵向评价也存在着某种局限性，例如上级对下级进行有关自然资源资产方面的政府绩效评价时，可能会发生规范、控制下级行为的行政管理倾向，这样就会导致政府绩效考核工作发生偏向，使得政府绩效评价流于形式。由此而言，还要结合运用其他层面的政府绩效考核方法，客观地评价政府自然资源资产的绩效内容。

（3）自我评价。自我评价是指政府内部有关部门有针对性地组织开展对自身自然资源资产的绩效评价活动，目的在于自我检测，准确地发现政府工作过程中存在的相关问题以及进一步改进对自然资源资产管理工作的不足，提高政府的工作效率。在自然资源资产政府绩效考核工作中采用自我评价的方法有以下几个优势：第一，政府及其有关部门比其他任何机构和评价主体都更为清楚它们对工作任务的计划完成进度、资源的需求情况、工作所取得的成果和存在的缺点，所以，政府及其有关部门的自我评价能大大减少评价时间，降低信息的获取成本，改进评价程序，从而达到有针对性地评价的目的（刘笑霞，2011）；第二，自我评价可以促使政府及其部门及时发现某些自然资源资产项目具体的绩效水平差距，并不断地改善政府工作的不足；第三，通过自我评价这一方法，可以调动政府及其自然资源有关部门管理人员的积极性，使其能主动对政绩管理建言献策。本章在《环境经济核算体系》（SEEA）的指导下，基于绿色 GDP 核算框架建立如下的自然资源资产绩效评价方式。

结合流域内自然资源消耗的层次和种类，由第 2 章的分析可知主要集中在森林资源、水资源以及土地资源上，再结合《中国资源环境经济核算体系框架》《基于环境的绿色国民经济核算体系框架》的核心观点，本章采用自然资源耗竭价值、环境污染损失价值、环境治理价值以及资源环境改善价值四个指标体系进行考核。流域内自然资源耗竭价值可由以下三个公式进行量化考核：

森林资源消耗价值 = 林地减少面积 × 每单位林地价值

土地资源消耗价值 = 土地减少面积 × 每单位土地的产值

水资源消耗价值 = 水资源减少量 × 每单位补偿费用

在环境污染损失价值的计算上，从流域的角度来分析主要体现在水资源污染对环境造成的恶劣影响，公式如下：

水资源污染损失价值 = 污水月排放量 × 12 × 每单位体积治理价格

流域涵盖了不同的地理区域，同时因为其资源形式的特殊性所以在环境治理方面主要集中在水资源利用、治理相关的基础设施建设以及工业污染的治理投资建设。对于工业企业来说，部分环保投入在会计处理中可以从生产成本项目中进行扣除，因此本章在对流域内绿色 GDP 考核过程中，侧重政府部门对流域环境治理活动中的基础设施投资。

资源环境改善价值指标是基于流域的具体情况选取森林资源环境改善价值来衡量环境改善的效果。森林资源的价值可以从环境收益角度和人类健康角度进行衡量，本章参考了资源环境改善收益核算公式（何玉梅和吴莎莎，2017）并对其进行优化：

森林环境改善价值＝流域内年度各类林地面积增长量×各类林地价格（市场均价）

人类健康改善价值＝环境改善对健康贡献度×心血管疾病发病减少人数创造价值

环境改善对健康贡献度＝心血管疾病发病减少人数×环境改善的权重

心血管疾病发病减少人数创造价值＝平均心血管疾病治疗金额×平均治疗期

综上所述，整合建立如表6-1所示的绩效考核指标体系。

表6-1   流域绿色 GDP 考核指标

一级指标	二级指标
自然资源耗竭价值	森林资源消耗价值 土地资源消耗价值 水资源消耗价值
环境污染损失价值	水资源污染损失价值
环境治理价值	流域基础设施投资价值
资源环境改善价值	心血管疾病发病减少人数创造价值 森林环境改善价值

6.1.3.2 外部政府绩效评价模式

随着社会的不断发展进步，政府的绩效考核成果备受社会关注，由此也出现了由政府外部机构组织实施的政府绩效评价模式。具体上讲，外部政府绩效评价模式是指从政府体系外部对政府绩效进行的评价活动，它主要可以划分为委托独立的第三方评价和社会公众参与评价两大类。

（1）委托独立的第三方评价。委托独立的第三方评价主要是指由独立的第三方（这里特指注册会计师）接受政府或其部门委托所开展的政府绩效评价。具体而言，它能不受政府的影响，站在客观公正的立场，对政府自然资源资产管理工作的实际情况进行评价。委托独立的第三方开展对自然资源资产的政府绩效考核主要可以发挥以下优势：第一，独立的第三方能够充分了解到政府有关自然资源资产绩效考核过程中存在的重难点问题，并在此基础上发挥自身优势解决对应问题；第二，独立的第三方可以熟练地掌握政府绩效评价的方法和手段，能够显著提高考核工作的效率；第三，客观和中立的立场是独立的第三方的相对优势，能够在一定程度上保障政府绩效评价的公平性和客观性。但相应地，其缺陷之处在于对政府开展自然资源资产专项考核评价的成本相对较高，需要容纳更多的人力和物力予以组织、协调、配合开展政府绩效考核工作。由此看来，在我国应当鼓励、支持并发展委托独立第三方的考核评价模式，以弥补政府审计机关对我国自然资源资产政府绩效考核工作的不足。2018 年在中央全面深化改革委员会第三次会议中，审议通过《关于推进政府购买服务第三方绩效评价工作的指导意见》，初步引入第三方机构对政府购买服务行为的经济性、规范性、效率性以及公平性评价，间接提升了财政资金效益和政府公共服务管理水平。同样，在对流域自然资源资产管理相关的工作中，也可以按照相似思路实施第三方评价，建立具体的第三方绩效评价机制，具体措施如下。

首先，绩效评价一般以预算年度为周期，考虑到流域内自然资源资产的相对固定性可以不进行中期审核以节省评价成本。在前期准备中，政府部门要提供给第三方机构自然资源资产相关的基础数据资料，根据资产属性设置指标体系，完善相关的评价方案；在年度期间，第三方机构要定期与部门工作人员进行座谈交流、查阅资料，在条件允许的情况下进行实地勘探和抽样统计。其次，在流域周边城市和农村地区的住宅区发放调查问卷以及走访询问，切实落实环境资源管理的真实情况。最后，审核年度自然资源资产负债表的相关数据，并对各项指标体系赋予权重，综合评判计算得分，评定环境绩效等级。在出具审计报告时，还要对自然资源资产披露及管理存在的问题进行总结，并针对性地提出建议以促进未来自然资源资产的统筹管理。

（2）社会公众参与评价。社会公众参与评价的考核模式主要是指由公民以个人或团体的名义对政府自然资源资产管理工作的绩效整体水平情况进行直接评价。政府绩效考核工作的好与坏以及相关政策执行情况的优和劣，都与社会公众的合法权益有着紧密的联系。当前，社会公众是社会管理活动的主要参与者，他们已经开始享有参与政府绩效评价的主体权利，以及可以随时通过参与政府执行的绩效评价活动表达公众对政府绩效的看法，可以促使政府对自身的行为做出及时有效的改进，同时也在我国自然资源资产的政府管理工作方面发挥着越来越重要的作用。因此，政府绩效评价主体的关键角色，社会公众影响且决定着政府绩效评价的内容、标准及方式等。现阶段，随着外部评价主体如社会公众和非政府机构逐渐参与到对政府自然资源资产的绩效考核工作之中，传统的自上而下的政府内部评价模式已经逐渐被改变，政府绩效考核的主体也逐步地走向多元化的发展趋势，这将有助于我国政府强化培养绩效与责任意识，更好地履行自身职责。

因此，值得注意的是，对于不同的政府绩效考核评价主体，由于各自所处的层面和地位的不同，其关注的政府自然资源资产绩效考核的重点、方向就各有所侧重，这就一定会在不同的评价主体中存在评价的目标、程序、方法等不同之处，因此，不同的评价主体在根本上就会对政府绩效的评价产生或多或少的局限性。所以，在构建和完善我国政府自然资源资产绩效考核评价模式的时候，既要考虑在各评价主体之间形成一种良性的互动，还要实现评价主体的多元化。为此，更应当充分调动政府及其有关部门、独立的非政府评价机构和社会公众的参与度，让他们以积极的态度参与政府的绩效评价。因此，客观、全面地评价政府及其部门的绩效是多元化政府绩效考核评价模式和科学合理的政府绩效考核评价体系共同作用的结果。

在具体运用中，针对与流域自然资源相关的满意度调研，可以与第三方绩效评价结合起来，编制调查问卷。在调查问卷发放的覆盖范围上，尽量选择流域周边的城市和农村；在问卷问题的设计上，要涉及生活与环境保护、身体健康程度、呼吸感受等多方面；在问卷征集的人群上，为增强问卷可信度应侧重于 20 岁以上人群；在问卷采集的形式上，要综合线上线下的各类渠道。综上所述，本章设计了调查问卷，内容见附录。

6.2　自然资源资产负债表在领导干部离任审计中的应用分析

自然资源资产负债表在领导干部离任审计中的应用是自然资源资产负债表最为核心和紧密的应用之一，因此，领导干部自然资源资产负债表离任审计与探索编制自然资源资产负债表在《决定》中被同步提出，可见，一方面显示了领导干部自然资源资产负债表审计的重要性；另一方面也显示了其与自然资源资产负债的紧密联系。对于领导干部自然资源资产负债表离任审计，有的学者也称之为自然资源资产审计，即通过采用审计的理论、方法和程序，对自然资源政策、自然资源资产负债表和自然资源的利用情况进行检查、观察、询问、重新计算、重新执行、分析程序等，以审计自然资源政策执行情况和自然资源的利用效率。

6.2.1　领导干部自然资源资产负债表离任审计目的与方法

由于我国自然资源资产的所有权属于国家，只有国家可以依法决定自然资源资产的各项内容，因此我国的自然资源资产负债表的审计主体应该是各级政府审计机关和相关人员，并在遵循政府自然资源会计准则以及有关会计审计制度规定的基础上，采取"上审下"的方式，同时还参考借鉴民间审计和内部审计的审计模式。我国领导干部自然资源资产负债表离任审计目标是追求真实性、合法性和公允性，就是对自然资源资产负债表是否在所有重大方面按照适用的报告编制基础编制，并公允地发表审计意见（黄溶冰和赵谦，2018）。具体而言，我国进行领导干部自然资源资产负债表离任审计的目的可以分为两个层面的内容，第一，在宏观层面上，审计是为了实现我国自然资源资产审计的"免疫系统"功能，维护国家自然资源资产的安全。自然资源资产安全是针对区域来说的一个可持续概念，是指某一区域能够长久、稳定、循序渐进地获取自然资源的能力。第二，在微观层面上，对我国自然资源资产负债表进行审计是为了通过监督、整改等手段，使自然资源管理者制定科学合理的资源政策，严格配置、保护和使用我国的自然资源资产，使各项活动内容都符合经济性、效率性和效果性的要求并最终能够实现可持续发展的目的（张鲁娜，2014）。

我国的自然资源资产种类丰富多样，现阶段开展领导干部自然资源资产负债表离任审计并没有现成的可靠经验可供参考，由此而言，在充分发挥审计机关主导作用的基础上，探索创新审计方式，灵活运用各种审计方法，并充分借鉴现代化的审计技术手段，研究审计机关与多部门开展多层次、多方面的协作审计，对提高我国自然资源资产负债表的审计质量和审计效率具有极其重大的意义。同时，我国自然资源资产具备的稀缺性、动态性、多样性等特点，直接影响着自然资源资产负债表的审计进程。因此，各审计主体在对我国的自然资源资产进行审计时，通常会结合利用多种审计方法，相互补充，以达到审查自然资源资产合法性和有效性的目的。在审计过程中，一方面我国的领导干部自然资源资产负债表离任审计可以采用一般的审计方法，如检查有形资产、观察、查询、重新执行、分析程序等。另一方面由于自然资源资产负债表的审计不同于传统的审计，自然资源资产本身的特殊性要求审计主体在实施审计的过程中除了采用一般的审计方法外，还应自觉树立创新理念，根据不同的审计对象创新探索自然资源资产审计的新方法。例如，通过采用资产价值法测量宅地周边的森林、草坪灯的绿色效益，并合理推算出自然资源的价值；通过采用机会成本法测算由于水资源短缺和废弃物占用等因素所造成的经济损失；通过采用人力资本法测量对人身危害重大的重污染企业的环境污染情况，也可将其作为评估医疗费等经济支出的依据；通过采取防护费用法测量在噪声污染时安装噪声或隔音装置所产生的费用，即用消除和减少环境污染的有害影响所承担的费用来衡量环境污染的损失。基于自然资源环境遭受破坏后改善的效益较难评价的问题，通过采用恢复使用法计算用于消烟除尘、污水处理等减排治理的费用；在评价自然灾害对农田水利设施等造成的经济损失时，利用调查评价法评价资源环境损失价值或保护措施效益；我国自然资源资产开发和环境保护的方案措施一般而言是存在多种选择的，有的是自然资源资产开发项目可能需要间隔几年甚至是跨越几十年才能够完成，更有的可能是在多年后才会产生一定的效果或是达到某种程度的影响，因此可以采用决策和风险分析法较科学地评价和预测有关自然资源资产项目的成本和效果。最后，审计人员也正在尝试利用 GPS 全球定位系统、空气监测系统、排污监测系统、卫星遥感数据接收系统、GIS 地理信息系统等方法对我国的耕地林业资源、防护林工程建设项目等开展审计，进行在线系统监测和查证，以提高我国自然资源资产审计的效率和效果（唐东海，2016）。此外，在核算具有重要生态功能的自然资源资产时，基于生态系统产品和服务所在的市场是完全竞争市场的前提，可以采用市场价值法评估自然资源资产的直接使用价值，即依据现实中发生的市场行为，评价与生态系统产品产量呈线性关系的自然资源资产供应服务的价值，这是衡量生态系统产品及服务直接经济效益的一种有效方法；在对生态系统服务的间接使用价值进行评估时可以采用替代成本法，如评估林木资源调节服务中的涵养水源价值、固碳释氧价值、净化大气价值等生态系统服务价值；在评估文化服务中的自然资源资产游憩价值时可以使用旅行费用法，其中，自然资源资产游憩价值是指丰富的自然资源资产和优美的环境状态为人类提供休闲活动场所，给人带来身心愉悦的功能；对自然资源资产的生态系统服务功能的价值评价可以采用条件评估法，依据人们的支付意愿或偏好来确定自然资源资产的生态系统服务价值，如森林资源的调节服务价值、稀缺森林保护价值以及作为人类赖以生存的各项自然资源资产的遗产价值等（孙玥璠和徐灿宇，2016）。因此，审计主体在开展领导干部自然资源资产负债表离任审计时要有针对性地运用适合的审计方法，调整好自然资源和生态系统监管部门的职责，要有创新的理念，并去探索自然资源审计新方法；要有绿色的理念，开展自然资源审计模式；要有共享的理念，去编制自然资源资产负债表，建立自然资源信息系统。这样不仅可以精确地计量和评估各项自然资源资产的价值，而且可以为专项的领导干部自然资源资产负债表离任审计做好前提准备。

6.2.2　领导干部自然资源资产负债表离任审计的理论框架

参考正常的审计原理分析，领导干部自然资源资产负债表离任审计同样也可以构建由企业、政府、注册会计师（CPA）三者共同参与的"三位一体"的审计框架；其中，企业内部审计是基础，政府审计是关键，CPA 审计是完善，三大审计既有共性，又相对独立，任何一种审计都无法被完全取代。三者可分别对国内开采、使用、管理自然资源资产等活动的真实性、合法性和效益性进行监督、评价和鉴证。领导干部自然资源资产负债表离任审计的最终目标是加强对我国自然资源的管理，保障国家自然资源安全，使国内自然资源建设项目符合生态文明和可持续发展的要求。因此，在我国自然资源资产负债表的审计实践中，要充分发挥三大审计主体的协同优势和联动效应，积极构建由政府主导、CPA 和企业辅助的多元化工作模式，树立协调理念，构建"三位一体"的理论框架，提升领导干部自然资源资产负债表离任审计的效果（唐勇军等，2018）。

6.2.2.1　政府开展自然资源审计

我国地域宽广，自然资源的种类复杂多样，包括水、森林、大气、海洋、矿产、土地等多种类别。现阶段，审计署不断要求审计机关逐步扩大自然资源审计范围，将审计业务领域从土地资源和水资源扩大到海洋、森林、矿产、大气等多种资源类别。政府机关在对以上国有自然资源审计时，主要包括：一是关注与自然资源有关的重点领域和关键环节，例如，政府对自然资源的开发利用和保护情况，政府对自然资源管理的有效性等；审计与自然资源资产相关的大额资金是否履行了严格的审批程序，资金的用途和范围是否真实可靠，政府人员有无私下贪污、挪用专款的现象等。二是对国有企业进行自然资源审计，要紧紧围绕国有企业自然资源的重要经济事项进行，重视企业项目投入的自然资源专项建设资金的实际效果，是否已达到预期目标；适当开展绩效审计，摸清国有企业自然资源资产"家底"，提升自然资源保护的经济性、效率性和效果性；同时还应重视在审计中发现的有关自然资源违法违规问题，确定国有企业领导干部的经济职责。三是积极开展政府领导干部的自然资源环境责任审计，建立生态环境损害终身追究制。在对各级政府和自然资源管理部门的职责履行情况进行审查时，要时刻关注政策的执行是否达到了生态保护政策规定的要求，开展的环境治理项目是否形成了应有的效益，关注干部任职期间出台的各项经济政策制度及本人取得的优秀政绩是否是以牺牲生态环境为代价，终身追究领导干部应承担的生态环境责任（审计署上海特派办理论研究会课题组，2017；Perande，2015）。

领导干部自然资源资产离任审计的出发点和终点是为了社会和经济的可持续发展（马志娟和谢莹莹，2020），领导干部自然资源资产离任审计对自然资源资产进行管理满足了经济环境可持续发展的需要。领导干部自然资源资产离任审计管理自然资源资产时，最重要的是生态价值和经济价值。自然资源生态价值具有外部性，我们可以探索自然资源的生态价值核算方法，从而扩展到生态产品的市场化实现机制的内容上。目前，在通过市场的方式考核与判断价值量之前，我们不应过度强调"生态价值"核算，而应更注重统筹生态产品的实物量、生态功能质量等方面的考察。

对领导干部自然资源资产负债表离任审计就是检查领导干部任职期间执行国家重大政策的情况，主要是检查领导干部在职期间在执行国家自然资源资产方面的政策时，有没有对生态环境造成重大伤害，或者对环境生态产生重大影响，并检查领导干部在维持经济发展的过程中有没有以牺牲生态环境为代价的行为，做到生态和经济两手抓，把国家政策落实到位，维持可持续发展理念不动摇。通过连续领导干部自然资源资产负债表离任审计，把得到的数据和结果利用综合或趋势分析等手段，不断对比，用对比的结果来综合评价一定区域内的企业发展资源与环境变化情况，进而对领导干部经济责任审计的自然资源资产情况落实进行评价，检查领导干部政策执行力度。

在进行领导干部自然资源资产审计工作时，可以使用自然环境与经济价值比较法，通过对涉及自然资源资产审计的两个或者多个自然资源资产状态和生态价值对经济价值的影响结果进行对比，对影响评估的因素进行合理分析，得到一个最有价值的综合评价。这种比较法，首先从时间角度出发，通过将一个时间点的自然资源资产状态和生态价值对经济价值的影响强度与上一个时间点的自然资源资产状态和生态价值对经济价值的影响强度进行对比，得到时间维度的评价结果，为了得到更有价值的评价，需要选取多个时间点，对其同样的影响强度进行综合性分析，得到最好的评估结果。其次从空间角度出发，不同区域的环境不同，自然资源资产状态和生态价值对经济价值的影响强度都会有不同，选取多个空间点，通过比较两个或者两个以上区域的自然资源资产状态和生态价值对经济价值的影响强度，进行归纳总结，获取最有说服力的评估效果。最后从时间和空间角度同时出发，选取不同空间点的不同时间点的评价结果。如图 6 - 2 所示，通过对一个区域不同时间点的综合评价，与多个不同空间点的不同时间点的评价进行综合性分析，得到最终评价结果，来评估领导干部的绩效或政绩，从而做好自然资源资产离任审计的工作。

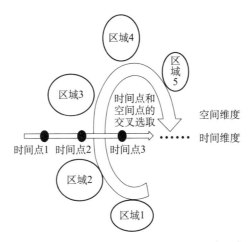

图 6 - 2　自然资源资产空间与时间维度选取点

6.2.2.2　国有企业内部开展自然资源审计

我国政府单位代表国家对所属辖区内的自然资源行使所有权，但是由于企业往往是直接利用自然资源进行生产活动的一方，所以拥有所有权的政府部门一般会委托具有一定资格的企业负责具体开发管理工作。在我国，以公有制为主体的基本制度使得国有企业拥有掌控自然资源的天然优势。本书中谈及的企业内部自然资源审计指的是属地掌控自然资源的国有企业开展的单位内部关于自然资源规划、开发、利用和管理的审计活动。国家授权国有企业对自然资源进行开发和利用，国有企业是自然资源委托代理的中间环节，肩负着对自然资源的开采、利用及可持续发展情况进行自我监督和评价的责任。

国有企业为维持正常生产经营不断开采自然资源，在带来一定经济和社会效益的同时，也伴随着环境损害和保护不力的潜在危险，出于此原因，国有企业就应建立专门的内审机构对所拥有的自然资源进行内部审计，以使得管理层可以根据企业内部管理要求调整计划，改善企业的环境绩效，切实地履行自然资源义务（林忠华，2014）。具体而言，一是审查企业内部自然资源建设资金的管理和使用情况，重点审计自然资源的有关会计核算是否真实、准确、完整；关注是否有遗漏、隐瞒、虚报、谎报有价值的自然资源的现象等。二是审查企业内部自然资源开采建设项目的运营情况及经济效果等内容，企业在自然资源的开发利用工作中是否存在资源浪费、滥采滥伐、生态毁坏等问题，调查其产生的原因及企业应急处理后的结果等。三是审查企业的发展策略是否符合我国国民经济发展规划的要求，企业高层领导人员在管理中是否存在着监督不力、事故责任处置不当的情况；在关注企业各方效益产出的同时，要更为注重各环节要素的使用情况，尤其是关注企业是否存在需大量投入自然资源的"高开采、高耗能、高污染"的产品。随着国有企业的不断发展，有些企业为了追逐短期的利益，对自然资源过度开采，在生产过程中已严重破坏生态环境。2000 年，世界自然基金会和联合国环境计划署联合发表的《2000 年地球生态报告》指出，如果人类依照目前的速度继续损耗资源，那么地球上的自然资源将在 2075 年耗尽。面对如此境况，国有企业内部的自然资源审计行为将会受到更多的社会关注，企业管理层理应根据内审机构的建议，按需要调整自然资源管理计划，以改善企业目前自然资源使用现状。

6.2.2.3　CPA 开展自然资源审计

在我国，由于政府和企业内审机构的独立性不够好，其提供的鉴证信息存在某种程度的限定，因此在自然资源审计中引入 CPA 审计非常关键。一方面，在实际审计过程中，CPA 审计可以与企业内部审计结合开展，重点审查企业内部有关自然资源资产会计信息的真实性、完整性，检查企业是否厘清了自然资源的权属、数量、价值等信息；审查企业对自然资源的开发和使用是否合规，是否有滥用职权、徇私舞弊、损害国家权益等行为；在效益性上，审查企业是否对自然资源开发使用制定了完善的评价指标体系及在资源开发使用过程中对生态环境产生的影响，充分评估被审计单位在自然资源的内部控制及管理等方面存在的缺陷与不足，以达到审计工作应有的效果。另一方面，由于政府审计机关存在人力资源、机构设置等的局限，在对自然资源审计时可以考虑委托 CPA 进行审计。CPA 辅助政府机关开展自然资源审计工作时，对于当地在自然资源资产的开发利用过程中出现的各种影响因素，要及时纳入审计评价过程中，以形成对社会效益、环境效益的审计。此外，CPA 在审计时可以通过统计抽样、现场勘察等方法，分析判断自然资源审计的重点领域，关注审计中存在的重大疑点问题，对各种可能遇到的审计风险进行深入调查，重点审查因审计机构的安排设置不合理导致的审计效率低下、互相扯皮推诿等问题。

不同的自然资源审计对象，应由合适的审计主体进行审计。具体来说，第一，可以由国有企业自身主导开展单位内部的自然资源审计，例如，要重点关注单位自身对于相应的自然资源的耗费管理等内容。第二，由政府作为重要的审计主体，助推我国自然资源资产负债表的审计，例如，可以考虑将对当地的自然资源资产负债表的审计与该地区领导干部的离任情况相结合，充分响应党的十九大报告中点明的目标，建立生态责任追究制，使自然资源资产的审计切实达到保护自然生态的目的。第三，为弥补政府和企业审计不足，还要重视外部社会主体的参与，协同 CPA 开展对自然资源资产项目的联合审计。三大审计主体各有特色，分别在自然资源审计中扮演不同角色，同时又彼此关联、互相协调发展。三大审计主体协调凝聚成为一个共同体并融入自然资源审计工作中，不仅能通过及时、全面地开展内部审计工作，来改善和加强国企对自然资源的内控管理，而且有助于政府审计机关在审计报告中对被审计单位自然资源情况的真实性、合法性和合规性发表合理保证意见，同时也会促使 CPA 审计组织有效地履行自然资源审计职责，要求企业将自然资源内容作为社会责任报告的重要组成部分列入审计工作计划，及时披露自然资源现状。

现如今，从具体的实际情况出发进行考虑，学术界对于自然资源资产负债表的审计讨论还是把政府看作第一主体研究的，我国相关的自然资源资产的审计业务主要以政府审计为主，企业内部审计和 CPA 审计涉及得还不深入，从未来发展而言，两者必将发挥越来越重要的作用。但就目前而言，考虑现实因素的影响，还应以政府审计为开端，积极发挥其"免疫系统"的作用，企业内部审计和 CPA 审计也围绕政府审计发挥相关积极作用。因此，在下面的研究中主要从政府审计的角度探讨具体审计模型的研究。

6.2.3 自然资源审计实践路径：创新、绿色、开放、共享

6.2.3.1 树立创新理念，探索自然资源审计新方法

树立创新理念，探索自然资源审计新方法是实现我国自然资源审计的重要途径（见图 6 - 3）。我国资源具有稀缺性、动态性、多样性的特点，这直接影响着资源环境审计进程。各审计主体在对自然资源审计时，通常会综合运用多种审计方法，相互补充，以达到审查自然资源合法性和有效性的目的。而自然资源的特殊性要求各审计主体必须树立创新理念，根据不同的审计对象创新探索自然资源审计的新方法。例如，针对宅地周边的森林、草坪等绿色效益的计量要采用资产价值法；针对对人身危害重大的重污染企业环境污染的计量要采用人力资本法；针对用于消烟除尘、污水处理等治理费用的计量要采用恢复使用法；针对跨年度预测项目的成本和效果应采用决策和风险分析法；而针对利用如 GPS、GIS 等进行耕地保护、防护林保护工程的审计要采用在线监测法等（唐

东海，2016）。

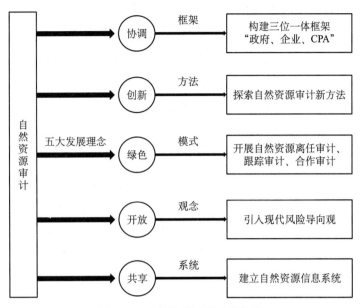

图 6 - 3　自然资源审计实践路径

6.2.3.2　树立绿色理念，开展自然资源审计新模式

党的十八大明确提出的生态文明建设制度，要求我国的自然资源审计工作必须树立绿色理念，将其融入审计全过程，时刻关注生态环境变化。同时由于工作的复杂性，还需嵌入离任审计、跟踪审计、合作审计等多种审计模式，形成耦合效应，以达到成本效益最佳原则。自然资源联合审计能在更广阔的范围内预见自然资源的管理问题；跟踪审计便于监控被审计单位后期自然资源改进情况；自然资源离任审计要借助联合审计的优势，共同对审计结果的实施情况进行评估。

自党的十八届三中全会通过的《决定》提出"健全领导干部的政绩考核制度，对领导干部实行自然资源离任审计"以来，全国各地开始了自然资源审计实践。为响应号召，积极探索领导干部自然资源离任审计，该项审计工作应结合当地实际情况，优先选择在森林资源、国土资源、水资源、矿产资源、海洋资源等重点领域项目开展审计试点（刘西友和李莎莎，2015），并在此基础上，建立起合理的领导干部自然资源离任审计工作规范，健全审计运作体制，明确此项审计工作的基本纲领、审计原则和工作重点。自然资源离任审计在重视合规性、合法性的基础上，同时开展绩效审计，逐步构建合理的自然资源评价指标体系，同时，建立自然资源资产负债表作为政府审计绩效考核的重要依据，由国家统计局统一制定核算方法、内容及程序，并以各省级统计局为主各相关部门为辅，收集整理自然资源的数据信息，针对不同类型自然资源资产组建专家组开展审计工作，以明确各方责任（盛明泉和姚智毅，2017）。领导干部自然资源资产离任审计是对政府领导干部监督工作的深化与创新（李博英和尹海涛，2016），即将领导干部的经济职责与自然资源离任审计有机联系起来，对被审计领导干部的经济职责做出客观真实评价，完善对领导干部生态文明建设的考核机制，积极寻求对领导干部自然资源生态责任的终身追究制度。在官员调任或离职后仍可继续追究其任职过程中对自然资源环境的相关责任，逐步深化生态文明建设，健全生态文明体制，以提高政府主要负责人对自然资源审计的重视程度，谋求可持续发展。

当审计人员在审计报告中对相关的自然资源项目发表了重要的审计意见，并针对被审计单位的自然资源治理结构提出了今后改进的建议时，审计人员就有必要对该单位相关项目的后期具体改进状况进行长期追踪调查。跟踪审计并不是对被审计单位自然资源的重复检查，而是基于前次的审计结果，并结合当期具体社会形势的变化，对被审计单位再进行的重要审计活动。在自然资源审计过程中可以将一项大型审计项目划分为具体的几个时期，并按项目的建设周期及资金的投入运行状况，分阶段地进行重点环节跟踪审计。

鉴于自然资源审计在诸多问题上的特殊性，在开展自然资源审计活动时，我们可尝试开展联合审计及合作审计，即建立各审计机关间联合审计的组织模式（陈宏光和温婉灵，2016）。自然资源联合审计是指各大审计主体在审计工作中，对某个特定的自然资源审计问题，与其他审计机关或相关部门机构如国土部、水利部、生态环境部、财政部及相关工程技术专家等展开合作，创立机构间的协商机制，加强对自然资源审计情况的协调与沟通，各部门各司其职、密切联系，相互借鉴利用相关的专业知识和技术，共同研究和探讨解决自然资源问题的措施与办法。考虑到自然资源审计工作本身的特殊性，各审计主体在开展审计工作时，可以聘请有关方面专家直接参与，即建立外部专家协作制度，利用外部专家的专业知识与技术优势，弥补我国自然资源审计方面的人才缺口，增强审计质量的可靠性。在自然资源审计过程中采纳联合审计的方式可以提高审计主体对审计环境的适应性，且通过联合也有利于促使其他合作部门合法、高效地履行其在自然资源审计工作中的监管职能，形成联动的自然资源审计监督网络，逐步缓解我国自然资源审计工作在人力、技术方面的不足，以降低审计风险。

6.2.3.3 树立开放理念，引入现代风险导向观

现阶段，各审计主体在对被审计单位进行自然资源审计时，缺乏一种对潜在审计风险的防控意识，尚未树立开放理念，未来需要有意识地将风险导向思维贯穿于整个审计过程。由于我国自然资源审计研究刚刚开始，审计实务工作尚处于探索阶段，我国在自然资源审计方面没有专门的法律法规，也没有通用的审计标准，审计结论的得出很大程度依赖于审计人员的职业判断，这就使得自然资源审计责任难说清，审计风险骤增。基

于以上原因，就有必要在自然资源审计过程中引入现代风险导向观。

首先，风险导向的审计战略先是应用于 CPA 的审计活动，具体到自然资源审计方面，CPA 要进行风险识别，通过实地调查了解被审计单位性质，熟悉该单位自然资源的基本情况，如经营目标、经营环境、行业状况等，预测所有可能会出现的风险情形，制定总体自然资源审计策略；在风险应对阶段，CPA 根据风险评估的结果，逐步开展控制测试和细节测试等进一步审计程序，并对各类重大自然资源事项实施实质性测试获取充分可靠的审计证据，评估自然资源审计活动的有效性，防范自然资源审计的高风险领域。由于企业面临的风险类型复杂多样，不但有市场环境的风险还有企业自身管理方面的风险，因此，风险的识别、评估与应对在整个自然资源审计中具有导向作用，注册会计师等审计人员要时刻保持职业怀疑，充分运用自己的专业技能和工作经验，在更开拓的视角下发现被审计单位可能存在的错报行为，对自然资源审计风险进行系统判别分析，评判潜在评估风险发生的可能性，及风险发生后对企业内控、运营、财务等方面造成的影响后果的严重程度，从而考察被审计单位应对风险的能力，切实将自然资源的审计风险控制在可接受范围内。其次，很多国有企业已逐渐认识到自然资源的重要性，在管理中也越来越强调要以开放的视角看问题，将自然资源审计风险的评价和控制贯穿审计工作全过程。从国企内部审计角度注入风险导向观，时刻关注企业内自然资源的账目管理情况，做好主要自然资源资产指标的分析工作，评价自然资源管理的内部控制措施和方法。此外，企业管理层不得干涉企业内部审计部门的工作，内审人员要时刻保持独立性并尽可能地避免外界因素的干扰，同时内审人员的审计工作还要参与到企业的经营决策中，注重在动态环境中对自然资源风险的评估与管理，找出企业资源管理工作中的薄弱环节，以降低内审风险。最后，在政府的自然资源审计中也要借鉴 CPA 审计的风险导向审计观念，要重点防范政府自然资源审计的运营操作风险，时刻关注政府内部的潜在风险，例如，领导干部任期履行经济职责、遵纪守法等情况，领导干部对风险防控的意识、责任感，自然资源审计方法、政策等的选择和应用，资源环保部门各项政策措施的落实情况等。

6.2.3.4　树立共享理念，建立自然资源信息系统

审计信息化是未来自然资源审计发展的趋势，也是审计现代化的必经之路。当今世界随着技术的不断进步，尤其是以互联网为代表的现代信息技术的持续发展，"互联网＋"在某种程度上能够贯穿自然资源审计的全过程，采集全面化的信息数据，实现多方位信息资源的共享，并克服传统自然资源审计搜集信息单一化、片面化的问题，对数据信息进行实时监控、实时防御和实时评估。具体而言，通过互联网平台，逐步建立和实施自然资源审计信息的应用操作系统、网络安全系统和信息维护系统，用"互联网＋"

辅助自然资源审计工作，建立覆盖全面内容的自然资源信息系统，将不同阶段的审计信息连接起来，实现多层次、全方位的自然资源审计信息的连接，同时建立自然资源信息系统共享机制，拓展自然资源信息系统的内涵，提升自然资源审计的质量，做到预先审计、预先防范。例如，企业内部审计部门主动构建企业内部的自然资源信息数据库，储存企业各类资源信息，如自然资源质量评价标准、自然资源政策法规等，增强企业自然资源信息的收集、分析和共享能力（马志娟和梁思源，2015）。

6.2.4 领导干部自然资源资产负债表离任审计的模型与程序

6.2.4.1 在领导干部自然资源资产负债表离任审计中融入风险导向审计模型

在以往的制度导向审计模式下，注册会计师习惯于只关注被审计单位的内部控制制度，而不直接对企业的经济事项进行审查。自20世纪80年代以来，风险导向审计逐渐发展起来，其以审计风险的识别、评估为出发点开展具体审计规划及工作。具体而言，该模式将风险的分析与评估贯穿整个审计流程，将审计风险理论与整个审计过程紧密地结合在一起，并涵盖了审计风险评估、分析性复核、控制测试、实质性测试等多项内容。目前，国内外的审计准则对审计风险模型有较为一致的看法，均认为该模型体现了审计工作的精髓，浓缩了审计风险的主要要点，并清晰描述了各风险点间的相互联系。在风险导向审计模型中，审计风险是重大错报风险与检查风险两者的乘积。具体到我国实际的领导干部自然资源资产负债表离任审计中，重大错报风险是指在有关审计人员开展审计工作前，财务报表自身就存在重大错报的可能性，即相对于审计来说是客观存在的，与注册会计师是否开展审计工作无关的风险；相对而言，检查风险是注册会计师工作的主观因素造成的，具体是指自然资源资产的某项认定存在错报，该错报单独或连同其他错报是重大的，但审计工作人员没有发现的可能性。其中，重大错报风险还可以划分为较微观的认定层和较宏观的财务报表层两个具体层次。在我国的领导干部自然资源资产负债表离任审计之中，财务报表层的重大错报风险具体是指财务报表整体无法真实反映当地自然资源资产的实际拥有和掌控情况的风险，它通常与周围的控制环境相联系，并可能会同时影响多项认定的内容；认定层的重大错报风险主要是指由于自然资源资产本身的独特性和复杂性而引发的错报、被审计单位自身对自然资源的认知差异和账务处理能力的不足产生的错报以及自然资源资产管理的相关人员或被审计单位管理人员的舞弊行为造成的错报。检查风险主要取决于审计程序设计和实施的有效性、合理性。风险导向审计模式可以有效地督促相关审计人员自觉地重视可能会引发审计风险的各项重要流程和关键环节，一方面可以显著地提高审计工作效率，另一方面还可以有针对性地降低和控制审计风险，最终实现审计工作的目标。基于此，针对我国的自然资源资产而言，可以充分地借鉴风险导向的审计模式，将相应的风险管理理论引入我国的领导干部自然资源资产负债表离任审计中，形成专门的风险导向审计程序以指导具体审计工作的开展。

6.2.4.2　自然资源资产负债表风险导向审计程序

在现代风险导向审计模型之中，针对自然资源资产负债表的审计目标、审计规范综合分析自然资源资产负债表的整个审计过程，对表中数据的真实性、合理性、效益性等进行鉴证，按照风险导向审计程序，具体步骤如下。

（1）了解被审计单位及其环境。了解被审计单位及其所处的环境是执行领导干部自然资源资产负债表离任审计的必要程序，这是识别和评估财务报表的重大错报风险，并设计和实施进一步审计程序的前提条件。审计工作人员通过向被审计单位管理层和内部其他责任人员询问，观察重要自然资源资产的存在情况，检查各项重要自然资源资产的记录资料和文件，并实施分析程序识别异常的自然资源资产状况等途径获取重要信息，了解被审计单位的性质，对其自然资源资产具体规章政策的制定和执行情况、被审计单位自然资源资产的内部控制设计和运营情况，以及被审计单位所处行业状况、法律监管环境等外部因素进行了解。对被审计单位基本情况的了解为审计人员在某些关键环节做出职业判断提供了重要的基础，对被审计单位内外部环境的风险的分析并非只是审计工作开始前的预备工作，而是一个需要在开展审计工作的前中后阶段实施的动态过程。

（2）风险识别与评估。在这个阶段，审计工作人员运用第一步获取的信息，结合具体自然资源资产的衡量指标分析、识别并全面评估被审计单位在财务报表层存在的重大错报风险，并根据可能存在的风险编制具体的审计计划，进一步明确需要重点关注的审计环节。具体来说，首先需要明确的是风险识别过程发生在了解被审计单位及其所处环境的整体过程中。其次在判定某事项是否构成风险时，要考虑各项自然资源资产的自身属性，如交易使用列报披露情况。最后还要进行发散思维，将已经识别出的风险与具体认定层次可能发生错报的环节相勾稽，据此分析判断该项风险的重大程度；再将此微观层面的认定错报与宏观层面的财务报表层重大错报相联系，进一步分析报表层发生错报的可能性。

此外，还应考虑风险的特殊性质，审计人员要重点关注仅通过实质性程序无法应对的重大错报风险和特别风险，尤其是舞弊风险，重点分析被审计单位是否对特别风险设计和实施了相应的控制机制。如在具体操作上，审计工作人员要重点关注揭露和查处破坏浪费自然资源、国有资源收益流失、危害自然资源安全等重大问题；关注被审计单位是否有具备专业胜任能力的会计人员，其对自然资源资产的核算和记录是否准确、是否符合规定标准；关注被审计单位自然资源资产的内部控制活动是否存在薄弱环节、是否形同虚设等问题。

（3）实施进一步审计程序。这主要是针对风险的应对环节，即通过实施恰当的审计程序，如控制测试、实质性测试以及对风险的再评估和审计计划的进一步修正等，来收集充分的审计证据，将审计风险，尤其是各项认定层次的重大错报风险降至可接受风险范围内。在执行审计程序过程中，不断增强审计程序的不可预见性。

第一，实施控制测试程序。控制测试又称符合性测试或遵循性测试，其实施的主要目的是确定被审计单位对拥有的自然资源资产内部有效的控制性。然而控制测试不是必经的程序，其使用情况仅限以下两种情形：一是在进行风险评估时确定被审计单位的内部控制有效；二是当单独实施实质性程序不足以提供充足的审计证据或不能够为某项认定提供充分的证据时（李博英和尹海涛，2017）。

在测试被审计单位自然资源资产内部控制有效性时，审计人员可以综合使用询问、观察、检查和重新执行等多种审计方法，重点测试以下三个方面的内容：一是检查被审计单位是否设计了与自然资源资产有关的内部控制制度，并关注该控制在审计期间的不同时点是如何运行的；二是测试在单位的实际工作过程中该内部控制制度是否得到了充分的贯彻执行，其针对不同的事项产生的内部控制运行效果如何；三是充分调查了解该内部控制制度由谁执行及以何种方式操作运行。

第二，实施实质性测试程序。实质性测试主要是对自然资源资产负债表所反映的业务事项进行的审计，其主要目的在于直接发现某项自然资源资产在具体认定层次上的重大错报风险。审计工作人员对自然资源资产重大错报风险的评估只是一种主观层面上的专业判断，在审计工作过程中是不可能识别出所有项目的重大错报风险的，同时考虑到内部控制制度本身的局限性，相关审计准则和制度的要求，无论内部控制运行是否有效，都应当对自然资源资产的重要项目内容展开详细审计，通过实质性测试确保被审计单位反映的自然资源资产内容的真实性、可靠性。实质性测试程序包括了细节测试和实质性分析程序两种方法，通常情况下，分析程序并不能够直接发现认定层次的重大错报风险，因而要结合细节测试联合开展审计工作。

此外，当审计人员发现评估的自然资源资产在认定层次上的重大错报风险属于特别风险时，还应该设计专门应对该特别风险的实质性测试程序。在执行控制测试和实质性测试的过程中，还特别需要引起注意的一点是对审计资源的合理配置和使用，审计人员应当在综合分析各大审计环节潜在风险的基础上，将审计资源集中用于关键的风险领域内，对高风险的自然资源资产项目实施全面的审计，强化对审计工作内部重大风险的管理，提高审计工作的效率和效果。

第三，对风险进行再评估并及时修正审计工作计划。审计是一个连续运行、不断修正的过程，在完成具体的领导干部自然资源资产负债表离任审计工作之前，伴随着审计程序的实施，审计人员可能会发现在原先制定好的计划中存在着某些不符合现实的地方，或者是目前获取的信息与之前风险评估时依据的信息之间存在着重大的差异，此刻就应针对最新获取的审计证据再次做出客观评价，结合已确定的错报结果和发现的控制测试偏差等情况及时地调整具体审计工作计划，修正之前重大错报风险的评估结果，确保审计工作的质量。

（4）评价获得的审计证据，编制审计报告。在执行完成上述各项审计程序之后，审计主体有针对性地出具可靠的领导干部自然资源资产负债表离任审计报告就是审计工作的最终结果。具体来说，审计工作人员应当汇总自然资源资产审计过程中的整体情况，对审计风险进行最终的评价。即在最终确定的总体审计风险范围内，再次考虑获得的全部审计证据的充分性和适当性是否足以支持审计主体出具恰当的审计报告，并以此为基础对审计过程中发现的各类自然资源资产的问题提出改进建议，促进被审计单位各项自然资源资产的合理开发、保护和利用。

（5）开展后续跟踪审计。审计工作人员出具了审计报告，并不代表着审计过程的终结，鉴于自然资源资产审计工作的特殊性，还要进行后续的跟踪审计。在风险导向的审计模式下，自然资源资产审计人员实施的各项审计程序均是围绕在风险评估中发现或预估的风险潜在点展开的，因此能够识别和评估各类自然资源资产项目的内外部风险。

在采取了有针对性的审计措施后，审计人员能发现被审计单位的各层次错报，进而对自然资源资产管理情况出具合理保证的审计报告。最后，根据审计结果及被审计单位的后续表现决定是否对其进行跟踪审计。在我国，自然资源审计仍处于试错建设阶段，尚未正式开展，因此在经验欠缺的情况下，跟踪审计显得尤为重要。一方面，跟踪审计可以检验注册会计师给定的审计结论的正确性和整改建议的适当性；另一方面，跟踪审计还能查看被审计单位对自然资源相关建议的执行情况及实施效果，便于下次对被审计单位进行风险评估时提供依据。由此，现阶段若开展领导干部自然资源资产负债表离任审计，则后续跟踪审计应成为一个必备程序。

6.2.4.3　基于自然资源资产负债表的领导干部离任审计路径探索

在编制自然资源资产负债表的基础之上，为提高相关信息披露的真实性与可靠性，还需要有针对性地开展相关方面的审计鉴证工作。我国自改革开放以来对官员政绩的考核，多采用 GDP 增长率作为单一评价指标。这就导致多数官员一味追求任职地区 GDP 的快速增长，而不顾当地生态环境的恶化，生态文明建设滞后的状况频频发生；能源和资源高耗费的粗放式经济发展模式会忽视对环境的保护，导致我国资源可持续利用程度低，严重制约经济更好更快发展。为此，党的十八届三中全会提出要完善政府领导干部的考核评价体系，不得单纯地以经济发展速度作为评定政绩的唯一指标，并在《中央关于全面深化改革若干重大问题的决定》中首次提出要将自然资源资产负债表的编制工作提上日程，并以此为契机，开展实施领导干部自然资源资产离任审计工作，对资源利用与环境损害进行责任追究（李博英和尹海涛，2016；李素其和高红卫，2011）。根据党的十八届三中全会的思想，对我国自然资源资产负债表开展的审计工作实际上就是为下阶段进一步展开专项领导干部自然资源资产离任审计工作所做的前提准备。按照当前的政策导向，研究编制自然资源资产负债表并加强对自然资源资产的离任审计可以被视作一项具有中国特色的自然资源资产监管机制。自然资源核算及资产负债表编制属于宏观环境会计范畴，在生态文明建设中，其编制能体现出我国在环境会计理论和核算体系方面的创新。一方面，自然资源资产离任审计工作的开展能定期展示自然资源的存量和流量增减变化情况，有利于开展对政府"绿色GDP"的考核，有利于对政府领导干部在其任职期间内管理、使用受托自然资源情况做出客观评价，促使领导干部重视资源保护，重视节能减排，最终树立科学发展的政绩观，这一点是对我国领导干部自然资源资产离任审计工作关注的前提和重点内容。另一方面，积极推进领导干部离任审计，考虑采用"先审计，再离任"的审计模式，并将审计结果和离任考核紧密结合，深入揭示政府干部在对自然资源的开发、利用等过程中存在的问题，要求其重视江河湖泊污染治理，强化责任追究，推动节约能源和保护环境，增强环保意识和环保责任，加快推进我国的生态文明制度建设，确保我国的经济发展始终坚持走在绿色可持续发展的道路之上（陈波和卜璠琦，2014）。

编制自然资源资产负债表最终用于对我国政府绩效的考核，同时作为领导干部离任审计的重要依据，有利于促进我国政府自然资源和环境以及经济的综合发展。党中央为了进一步推动我国自然资源资产离任审计的有序开展，于2017年6月颁发了《领导干部自然资源资产离任审计暂行规定》，并在该文件中提出审计工作的具体目标、内容和开展模式等诸多内容，这再次体现了国家对自然资源资产离任审计工作的高度重视。自然资源资产离任审计的直接目的是对领导干部在任期内进行的自然资源资产的管理、利用与恢复等情况进行考核评价，倒逼领导干部在之后的任职岗位能注重对自然资源的保护；根本目的是出于维护国家自然资源安全的考虑，了解自然资源的整体状况，加强对自然资源资产的宏观管理。资源环境审计是反映被审计单位资源环境状况和环境经济责任的特殊鉴证活动，而自然资源资产离任审计又在此基础上进行了巩固加深，一方面强调自然资源的资产属性，另一方面涉及与领导干部相关的受托责任。这就意味着，自然资源资产离任审计已突破了以往审计只强调经济责任的观念，将资源与环境责任这种更具长远利益与发展走向的事项考虑进来，即领导干部在其履职过程中所应负担的对资源环境的责任，这充分适应当前我国资源环境管理的现状，对促进我国社会发展转型和经济发展方式转变具有重要意义。自然资源资产离任审计还包括了真实性、合法性和效益性三大具体审计目标，其中最受关注的是效益目标，即评价自然资源资产在政府官员受托管理的过程中产生经济效益（自然资源应用于生产领域产生的价值）、社会效益（自然资源带来的物质文化价值）和生态效益（自然资源提供的多项生态附加价值），促使领导干部在统筹区域发展时，注重经济、社会和生态的多方融合发展（华文英，2018）。同时，此类审计类型的综合性和交叉性较强，所以自然资源资产离任审计在未来的发展方向是以经济审计和操作规范性审计为基石，并将绩效审计作为主线。与此同时，从理论和实践角度来看，当前有两种自然资源资产离任审计的操作模式。第一种模式是资源环境审计、经济责任审计的拓展模式，该模式认为自然资源审计的本质仍与传统审计相同，即通过风险评估、实施相关审计程序来发现错报及风险点，因此可将经济责任审计与资源环境审计作为自然资源离任审计的基础，再结合自然资源资产的特点和性质，补充加入具体应对自然资源特有风险的审计事项和措施。以往对政府官员的考核主要注重经济责任的完成情况，随着生态资源形势越来越严峻，考核逐渐加入了资源环境因素；因此在构建自然资源资产离任审计的方法体系时，可以同时借鉴资源环境责任审计与经济责任审计的现有经验，在此基础上选择与自然资源密切相关的关键指标，融合合规审计与绩效审计的优势，加速自然资源资产离任审计的应用推广，促进生态文明保护建设（张宏亮等，2015）。第二种模式是自然资源资产负债表模式，该模式认为要先编制自然资源资产负债表，再进行相关离任审计。自然资源资产离任审计主要审计对象包括地方政府党政领导干部、自然资源主管部门负责人、资源型国有企业负责人等，其中重点考察领导干部个人的履责情况。在开展自然资源审计后，能将资源受损、生态破坏的责任追究到领导干部个人层面，从而促使各级领导责任人提高资源合理利用与生态保护的意识，在更宏观的层面上构建完善资源可持续利用的科学发展路径（雷俊生和王梓凝，2020）。具体而言，这需要根据不同被审计对象所承担经济责任的性质与内容确定自然资源资产离任审计的内容，因此，以领导干部履职期间对自然资源资产管理和环境保护情况为切入点，应将依托于自然资源资产负债表的领导干部离任审计工作拉上正轨。一方面，逐步探索资源审计的广度和深度，对资源种类和审计内容进行扩展，并以此为基础，深入了解和认识我国的自然资源资产情况，包括对与自然资源资产的占有、使用等有关的财政收支，自然资源资产的管理和保护等经济活动开展审计；另一方面，则是要强化对政府领导干部任期内有关自然资源资产审计的责任部分，探索相关政策法规的实施情况以及政府领导干部对自然资源资产的开发利用和生态环境保护等方面的履责情况，从自然资源资产角度构建一套可行的政绩考核指标体系，对领导干部任职期间内履职自然资源资产利用管理的情况进行评价，将两方面的内容充分地融合，不断丰富我国对领导干部自然资源资产离任审计的内容。

　　因此，各级政府部门应当及时地编制自然资源资产负债表，并利用自然资源资产负债表编制的基本原理有效地探索领导干部离任审计的内容，以此为基础扩大审计工作范围，充分发挥国家审计在生态文明建设中的重要作用，最终总结出具有中国特色的以自然资源资产数据体系为基础的自然资源资产离任审计路径。

　　（1）探索建立具有可行性的领导干部自然资源资产离任审计标准指南，为开展领导干部自然资源资产离任审计提供指导。一方面针对自然资源资产离任审计我们需要开展以自然资源资产负债表为起点的审计标准方面的创新工作，认真考虑、探索将自然资源资产负债表的内容更好地嵌入当前的审计准则体系中的途径，包括对现有审计规范内容的修正和补充。将当前的审计政策方针融入国家审计使命中，推动其不断发展成保障自然资源审计向规范化迈进的中坚力量。另一方面领导干部自然资源资产离任审计是具有中国特色的生态文明制度建设的重要举措，无论是在相关理论研究还是在具体的实务操作阶段，目前都尚处于初步探究的时期，没有经验模式可供借鉴，因此，这项艰巨而复杂的工作的开展只能是摸着石头过河，边研究边总结，以问题为导向，逐步地形成对领导干部自然资源资产离任审计的实践路径和标准指南。

　　（2）建立自然资源资产信息共享机制，因地制宜开展领导干部自然资源资产离任审计。我国自然资源资产的种类丰富多样，分布具有地区差异性，相应的自然资源的信息较难统一搜集且数据量大。因此搭建一个尽可能覆盖多种资源、各种信息类型的自然资源信息系统势在必行，以促进形成自然资源资产的信息共享机制（乔永波，2020）。具体而言，首先，将各地区搜集到的完整的自然资源资产信息汇总到该系统中，因地制宜地考察领导干部的在任工作情况；在审计人员对领导干部进行离任审计的过程中，可以借助该系统平台的数据，快速了解自然资源资产在领导干部任期中的具体变化情况，并从中提取出有效信息作为专项的审计证据，尤其是数据反映出自然资源资产大量减少或自然资源负债大量增加时，其审计意义更大。其次，循序渐进地推进自然资源信息的区域共享，例如通过建立能对某种自然资源资产开展量化、动态变化观察的操作体系，保证自然资源相关审计信息能够在批准的网站公布查看，帮助相关单位和社会公众了解自然资源信息，以实现各地区对领导干部自然资源资产离任审计信息的共享。最后，还要确保审计内容的与时俱进性，紧跟时代发展的潮流，共享优质的自然资源信息（陈献东，2018）。

　　（3）领导干部自然资源资产离任审计人才稀缺，要积极培养既掌握审计知识又精通生态环境管理和环境保护专业知识的高素质专业人才队伍。由于我国自然资源资产本身的独特性和复杂性，便产生了需要建立有关自然资源资产审计方面专业人才队伍的必要性，一方面需要在实行领导干部自然资源资产离任审计时，积极主动地吸纳大量既熟悉审计准则和相关法律规定又充分掌握生态环境管理和环境保护专业知识等的复合型专业人才，制定一套领导干部自然资源资产离任审计的人才队伍培养机制；另一方面也在客观层面决定了我国在开展相关自然资源资产离任审计的过程中必须要聘请有关方面的专家一起开展审计工作，以弥补政府审计工作者在某些相关专业知识层面上的不足（潘旺明等，2018）。同时，针对政府审计工作人员，还应当加大对于自然资源资产专业知识的培训，注重在审计过程中与专家学者们的沟通交流，形成经验共享，提高审计工作人员自身的专业素质，以便更好地适应自然资源资产审计的客观需求，并提高自然资源资产离任审计的有效性（刘伟伟，2014）。

（4）探索编制自然资源资产负债表。研究探索自然资源资产负债表的编制，能对一段时间内自然资源的变化状况进行考核分析，从而可以成为领导干部自然资源资产离任审计的前提及重点。通过编制自然资源资产负债表对政府官员开展离任审计，从生态和经济两个角度强调进行资源节约和生态环境保护的重要性，并通过形成生态文明建设的倒逼机构体制促进转变当前的经济发展模式。考核领导干部自然资源资产审计，自然资源资产负债表是重要组成部分，可以根据领导干部在其任职期间对自然资源资产的耗用量、剩余量等各种项目的比较分析，计算出领导干部任职期间对于自然资源资产的使用情况，有效地提高审计人员自然资源资产审计工作的效率和效果（李秀珠和刘文军，2020）。

自然资源资产负债表的编制需有一套清晰明确的理论框架指导和科学客观的数据处理方法支持（吕晓敏等，2020），同时还要加强各相关学科对自然资源资产负债表的研究，如会计理论、环境学、资源学、统计学、经济学等的辅助引导，特别是在对自然资源资产进行价值量计量时，我们既要注重吸取其他国家的先进经验，又要注意结合我国资源状况的实情。

此外，由于我国目前的自然资源资产审计工作仍处于不断的探索过程中，本书需要借鉴利用国际有关自然资源资产核算的经验，并结合中国国情，尽早制定出一套确切的自然资源资产负债表的会计核算标准和审计准则，并建立科学的自然资源核算体系，保证自然资源资产负债表数据的真实性和可靠性，编制出符合中国国情的自然资源资产负债表。

6.2.5　行为视角的水资源资产离任审计的案例分析

在推动领导干部自然资源资产离任审计的进程中，我们可以结合其他视角来深化绩效考核的形式，完善自然资源资产负债表的利用方式。传统的"物本审计"重点强调了数据等的重要性，而忽视了审计过程中人们行为的影响。本部分在上述审计框架的基础上，进一步提出行为视角的水资源资产离任审计的框架，通过关注行为影响来明确责任主体，创新并完善了自然资源资产审计的内容。

6.2.5.1 审计模式选择与行为导向的水资源资产离任审计框架

水资源资产离任审计在方法上可以采用传统的账项导向审计模式、制度导向审计模式和风险导向审计模式，但是传统的审计模式并不适合水资源资产离任审计（见表6-2），基于"物本审计"理念的传统审计模式，审计对象局限于账簿、制度等，单纯评价经济行为的结果，没有涉及评价过程（徐国君和姜毅，2012）。而且，制度导向审计和风险导向审计以控制风险为目的，是从审计实施方的利益出发的，而水资源资产离任审计作为一种监督手段，是控制和创新领导干部水环境行为的管理工具，其面临的情况需要从审计需求方的利益出发，应先满足领导干部管理机构的要求，所以，水资源资产离任审计需要的是将"监督"与"服务"、资源资产负债表审计与资源资产离任审计有机结合的审计模式。

表 6 - 2 审计模式比较与选择

比较内容	账项导向审计模式	制度导向审计模式	风险导向审计模式	行为导向审计模式
审计目标	检查水资源会计错误，揭示舞弊行为	验证水资源会计报表的真实性、公允性	控制水资源审计风险	提高水资源管理效率、效果
审计技术	判断抽样	统计抽样	统计抽样、分析性检查方法	传统的审计技术及行为科学分析技术、系统分析、访谈法等的综合应用
审计对象	会计账簿会计报表	企业内控制度控制环节	检查与企业相关的内外部因素	受托责任人行为、所有与行为相关的内外部因素
适用领域	业务量小、简单的单位	多种经营形式的大型企业、股份公司、跨国公司	多种经营形式的大型企业、股份公司、跨国公司	以评价特定行为人受托责任履行过程及结果为落脚点的审计

行为导向的水资源资产离任审计与传统审计并不矛盾，它亦是建立在制度导向审计模式之上的，同样关注审计风险，只是两者关注的重点不同。行为导向审计模式突破了传统审计只注重会计账项、凭证记录、制度规范等物质载体的局限，将审计链条由"风险—制度—账项"延伸到"行为—风险—制度—账项"，由局部拓展到全局，改进了传统审计忽视被审计对象心理因素及环境因素的不足，有利于监控异常行为的发生，提高履职效率及效果。

对审计理论框架的讨论一般从逻辑起点展开。逻辑起点的确定是开展审计实践的前提。现有研究主要将哲学基础、审计假设、审计目标、受托责任论（冯均科等，2012）等作为审计逻辑起点。本书认为，水资源资产离任审计包括两个层次的审计对象：一是直接审计对象——主要相关负责人；二是间接审计对象——主要领导人任期内所负责的与水资源资产相关的开发、保护、管理等水环境事项，其本质审计对象则是领导干部的受托水环境责任，水资源资产离任审计就是对领导干部的受托水环境责任行为进行评价、归责，因此，本书认为应将受托责任作为开展自然资源资产离任审计的逻辑起点，相应地形成以受托责任—审计假设—审计规范—审计方法—审计报告为主的审计理论体系基本结构。

审计模式是审计理论体系的实践形式，是对审计方法、内容等各要素的有机结合。行为导向的水资源资产离任审计模式建立在传统审计基础之上，其审计流程应以传统审计流程为蓝本，在贯穿行为这一主线的基础上，对其进行变革和延伸。本书将以水资源为例，探讨行为导向模式下水资源资产离任审计，以受托责任及受托责任行为作为切入点，构建水资源资产离任审计流程（见图 6-4）。与常规审计流程相比，行为导向审计模式下审计流程的不同之处表现在四个方面：（1）增加"行为分析"环节，包括行为目标确认、动机分析、行为过程测试、结果评价；（2）依据行为分析结果确定重点审计内容；（3）出具融合了行为评价报告的审计报告；（4）增加成果应用环节，实现受托责任追究。行为导向水资源资产离任审计是以受托责任为起点，审计活动以责任行为取证为始，以责任行为评价为终。

6.2.5.2　行为导向的水资源资产离任审计的实施步骤

（1）审计主体和审计对象确定。水资源的所有权属性，以及其突出的政策性，决定了水资源资产离任审计必须以政府审计为主，同时要严格按照规定，由上级党委组织部门具体负责执行对下级某政府部门主要受托责任人的离任审计，防止其演化成内部审计。综上所述，笔者认为水资源资产离任审计应采用政府审计为主、社会审计为辅的多元化审计，有利于审计活动的顺利开展，加强社会监督，保证审计的质量和独立性。

水资源资产方面的受托责任人主要是具有水资源管理决策权和管理权的各级党委政府主要领导和水资源管理有关部门主要负责人，包括水利部、生态环境部、水利厅、环保厅、水务、建设等相关部门的主要负责人。其相关行为包括两个层面：一是制度行为层面，即是否制定专门的战略、政策制度和管理机构等；二是行为活动层面，包括资产总量控制行为、开发行为、节约行为、资金管理行为、保护行为等方面。

（2）评价标准的确定。由于水资源资产离任审计的目标之一是监督管理领导干部在水资源资产管理、利用等方面的环境行为，落实并追究环境责任。所以，相关评价标准是其审计规范最重要的内容。

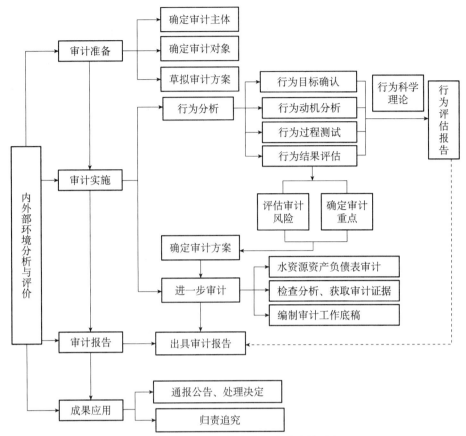

图 6 - 4　行为视角的水资源资产审计流程

风险评估过程中，水资源资产离任审计的评价依据可以参照《中华人民共和国水法》（以下简称《水法》）、《中华人民共和国环境保护法》（以下简称《环境保护法》）、《中华人民共和国环境影响评价法》（以下简称《环境影响评论法》）、《中华人民共和国水污染防治法》（以下简称《水污染防治法》）、《体现科学发展观要求的地方党政领导班子和领导干部综合考核评价（试行办法）》以及《党政主要领导干部和国有企业领导人员经济责任审计规定实施细则》等，并根据职业判断和逻辑分析能力来评估受托责任人滥用权力或低效率的行为风险。

笔者在参考张宏亮等（2015）及澳大利亚用水审计等评价指标设计的基础上，根据审计准备环节对受托责任行为的具体化提炼，结合评价依据，对行为分析评价指标进行了初步设计，详见表 6 - 3。

评价体系共包括六个层次的一级指标，分别用 A、B、C、D、E、F 代表制度建设行为层面、总量控制行为层面、开发行为层面、节约行为层面、资金利用层面、保护行为层面六个行为层面。

对指标的权重设计及分值的具体计算，可采用 AHP 法获得各评价指标的权重，将二级、三级指标所占的权重分别记为α，β。对期初值的确定，采用比较打分法进行指标分值计算，比较受托责任人离任与上任时各评价指标的分值，可将期初赋值 100 分，若离任时评价指标有所改善，则相应加分，若评价指标劣于期初指标，则相应减分。例如，以节约行为为例，假设浪费率每增加 1%，分数就会减少 S1 分，反之增加 S1 分，耗费率每增加 1%，分数就会减少 S2 分，反之增加 S2 分，政策执行率每增加 1%，分数就会增加 S3 分，反之减少 S3 分，则受托责任人在水资源节约行为上的得分是：

$$D = [100 + (-100 \times D_1) \times S_1] \times \alpha_d \times \beta_{d1}$$
$$+ [100 + (-100 \times D_2) \times S_2] \times \alpha_d \times \beta_{d2}$$
$$+ [100 + 100 \times D_3 \times S_3] \times \alpha_d \times \beta_{d3}$$

以此类推，通过比较各层次受托行为的得分情况，识别行为缺陷，确定审计重点，并最终得到行为结果，即 $X = A + B + C + D + E + F$。

在行为分析阶段，主要是通过对行为动机的分析和行为过程的测试，评价风险，识别行为缺陷，确定审计方案，为进一步实施审计程序奠定了基础。

表 6 - 3　　　　　　　　　水资源资产离任审计行为分析评价指标体系

目标层	一级指标（权重α）	二级指标（权重β）	
		定量指标	定性指标
领导干部水资源资产离任审计行为评价	水资源资产管理体制建设行为（A）	水资源政策问责机制（A_1）＝水资源政策失误问责数/水资源政策失误数×100%	专门管理机构建设行为（A_2）
			水资源政策科学性（A_3）
		—	—
	水资源资产总量控制行为（B）	水资源分配率（地区、行业、项目）（B_1）	取用水项目的审批行为（B_2）
		—	—
	水资源资产开发行为（C）	水资源开发利用率增减变化（C_1）＝（年末水资源开发量/当期水资源储存量）×100% －（年初水资源开发量/当期水资源储存量）×100%	设施建设行为（C_3）
		水资源违规利用率（C_2）＝（违规使用水资源量/规划水资源使用量）×100%；	—
		—	—
	水资源资产节约行为（D）	水资源浪费率（D_1）＝（浪费水资源数量/规划水资源使用量）×100%	节水政策的执行等（D_3）
		水资源资产消耗增长率（D_2）＝单位工业增加值年均耗水量增长率＋单位农业增加值年均耗水量增长率＋单位服务业增加值年均耗水量增长率	—
		—	—

续表

目标层	一级指标（权重α）	二级指标（权重β）	
		定量指标	定性指标
领导干部水资源资产离任审计行为评价	水资源资产资金管理行为（E）	资金预算管理行为（E_1）＝（纳入资金预算管理金额/资金实际筹集数）×100%	水资源费征缴行为（E_4）
		资金拨付进度符合率（E_2）	资金管理政策的执行（E_5）
		资金利用合规率（E_3）＝1－（违规金额/项目审批总额）×100%	—
		—	
	水资源资产保护行为（F）	水功能区水质达标率（F_1）	水土保持行为（F_4）
		废水排放量增减（F_2）	—
		城乡污水处理率（F_3）	—
		—	—

（3）水资源资产负债表审计实施程序。水资源资产负债表统计、核算了水资源的存储量及流量，能侧面反映受托责任人的环境行为。

行为导向视角审计模式下，对上一环节确认的审计重点，结合水资源资产负债表审计，进行更严格的测试，对水资源资产信息披露进行相关的认定，以获取充分、适当的审计证据。基本审计程序见表6－4。

表6－4　　　　　　　　　　水资源资产负债表的认定与审计程序

水资源资产信息披露认定	审计目标	审计程序
发生与责任	所有披露的水资源资产信息是真实的且与受托责任方有关	检查相关文件及记录；函证等
完整性	所有应记录的与水资源资产相关的行为活动均已记录	检查相关文件及记录；分析性程序等
分类和可理解性	与水资源资产相关的行为活动的数量和金额尽可能符合实际，减少偏差	检查相关文件及记录等
准确性	水资源资产数量、质量、价值等数据准确无误	检查相关文件及记录；函证等
可比性	水资源资产信息能进行有意义的比较	分析性程序等

（4）审计报告及归责追究。在行为导向的审计模式下，审计报告既应反映传统审计模式对"物"的评价，同时也应明确责任归属，反映相关行为的归责，对受托水环境责任的履行情况出具综合性审计意见。因此，在编制水资源资产离任审计报告过程中，既要依据进一步审计环节获得的审计证据，又要结合行为评价报告中的主要内容。

基于行为导向的审计模式以"人本审计"为中心，成果应用环节是其主要特征，同时又是水资源资产离任审计的必然要求，审计报告是组织部门科学评价和考核领导干部的重要依据，必须对其进行成果运用，通过通报公告制度、监督查办，实现责任追究，推动生态文明建设。

6.3　本章小结

本章探讨了自然资源资产负债表的应用，主要从政绩考核和领导干部自然资源资产负债表离任审计两个角度出发。

在政府绩效考核中，笔者阐述了以自然资源资产负债表为基础的"绿色 GDP"对政府绩效的重要意义：引导政府领导干部树立积极正确的政绩观；为政府职能的转变提供指引；建立了基于自然资源"绿色 GDP"考核评价，明确了由谁考核，契合科学发展观，融合环境考核、协调多方面指标，平衡社会环境成本与经济发展等多项重要议题。

为此，需要做好"流域自然资源资产负债表与绿色'GDP'政府考核的融合""流域自然资源资产负债表与国家资产负债表的关系与衔接"工作。在此基础上，探讨了基于流域自然资源资产负债表的政府绩效评价模式，包括内部和外部两大类模式，其中内部评价模式又分为横向评价、纵向评价和自我评价，外部评价模式又分为独立第三方评价和社会公众参与两类，多元化的政府绩效考核评价模式能更客观、全面地评价政府及其部门的绩效。

在审计应用分析中，其基本思路与常规审计相同，可以构建由企业、政府、CPA 三者共同参与的"三位一体"的审计框架；但要结合自然资源的特征展开审计工作，结合自然资源的特有风险点进行风险导向审计。尤其要注意自然资源资产负债表与领导干部离任审计的融合发展，各级政府部门应当及时地编制自然资源资产负债表，并利用自然资源资产负债表的基本原理，有效地探索领导干部离任审计的内容，以此为基础扩大审计工作范围。

在具体应用中，也可以将行为分析纳入自然资源资产负债表的审计和评价中，本章以水资源为例，构建了行为导向视角下的水资源资产离任审计框架，在行为分析的基础上，识别行为缺陷，据以制定和实施审计策略和方法，最终对受托责任的履行情况出具审计意见。行为导向视角下，水资源资产离任审计从受托责任行为取证开始，以受托责任行为评价、归责结束。在实施过程中，水资源资产离任审计应采用政府审计为主、社会审计为辅的多元化审计，强化监督，保证审计的质量和独立性。在准备阶段应当合理确定受托责任人的受托责任行为，包括包含战略、政策制度、管理机构等在内的制度行为层面和包含资产总量控制行为、开发行为、节约行为、资金管理行为、保护行为等方面在内的行为活动层面。审计实施阶段，在分析和审计时多从受托责任人的动机和行为过程入手，评估行为结果，识别缺陷行为，从而对受托责任进行恰当评价。总之，行为方法贯穿水资源审计框架的全过程。

通过本章分析，真正落实自然资源资产负债表编制，并使之为政府管理和政绩考核所用，才能为实现自然资源的高效利用与可持续发展发挥巨大促进作用。

第7章 推进我国流域自然资源资产负债表编制和应用的协同机制

党的十八大以来，习近平总书记在不同场合多次强调要在经济社会发展评价体系中纳入资源消耗、环境损害、生态效益等推动生态文明建设的评价要素。编制自然资源资产负债表是推进全国生态文明建设、实现经济社会与资源环境协调发展的重要手段和工具，更是落实"五位一体"总体布局的重要推动力量，具有高度的历史意义和现实价值。

流域综合资产负债表的编制和应用是一项系统性工程（徐广才等，2013），上到宏观国家整体需要，下至微观企业细化落实。而政府机构正是扮演"串联上下"，实现自然资源合理配置的平台角色，其重要性十分明显。政府机构作为编制自然资源资产负债表的实施主体，涉及多部门各个方面的事项，要有效推进报表体系的建设及应用，必须构建一个自然资源整体管控协同机制，解决过往管理碎片化、协同失灵的问题，为我国推进流域自然资源资产负债表编制提供机制保障。

7.1 推进我国流域自然资源资产负债表协同机制的内在需求

改革开放以来，我国经济社会高速发展，全国各项发展目标都取得显著成效，但随着近年来的经济结构转型升级，原先的资源过度依赖型产业已经不能适应新经济环境下的发展需要，需要进行深层次的转型升级，满足国家坚持走绿色可持续发展道路的整体战略发展需求。站在广大社会公众角度，人民的物质生活已经得到充分的满足，随着社会发展的不断推进，人民对美好生活的向往，特别是对绿色家园的向往和需求，呈现加强的趋势，这也为我国继续推进生态文明建设，共创绿色家园、共促绿色发展提出新要求。

多年来，我国水资源管理和其他自然资源管理一样，沿袭计划经济体制下形成的管理模式。这一模式的最大特点是按产品门类和行业来设置管理部门，导致横向职能部门设置过多，事权划分过细。根据 2016 年《中华人民共和国水法》、2017 年《中华人民共和国水污染防治法》及其他有关法律和规范性文件的规定，我国现行的水资源管理体制是"统一管理与分级、分部门管理相结合"的管理体制。《水法》第十二条规定："国务院水行政主管部门负责全国水资源的统一管理和监督工作。国务院水行政主管部门在国家确定的重要江河、湖泊设立的流域管理机构（以下简称流域管理机构），在所管辖的范围内行使法律、行政法规规定的和国务院水行政主管部门授予的水资源管理和监督职责。县级以上地方人民政府水行政主管部门按照规定的权限，负责本行政区域内水资源的统一管理和监督工作。"《水污染防治法》第九条规定："县级以上人民政府环境保护主管部门对水污染防治实施统一监督管理。交通主管部门的海事管理机构对船舶污染水域的防治实施监督管理。县级以上人民政府水行政、国土资源、卫生、建设、农业、渔业等部门以及重要江河、湖泊的流域水资源保护机构，在各自的职责范围内，对有关水污染防治实施监督管理。"就中央一级来说，除了地质矿产部对地下水具有管理职能以外，我国对水资源保护和开发利用具有管理权的机关有水利部、生态环境部、农业农村部、国家林业和草原局、国家发展和改革委员会、国家电力公司、住房和城乡建设部、交通运输部和卫生部等部门。其中水利部是水行政主管部门，这在管理体制上形成了"九龙治水"的格局（方兴东，2016）。

由此看出，我国自然资源生态管理的现状和管理机制仍然不能满足促进国家绿色发展、创建人民绿色家园的内在需求。我国尝试构建推进生态统筹管理的协同机制势在必行，必须改变以往"九龙治水""管理碎片化"的顽疾，使得现有的改革举措能够有效协同，形成合力，切实推动我国生态文明建设，特别是为我国自然资源资产负债表的编制提供机制保障。

7.2 推进我国流域自然资源资产负债表协同机制的外部条件

7.2.1 国外流域生态管理的经验启示

7.2.1.1 国外流域生态管理先进经验

国际上对水资源管理历来较为重视，一方面，水资源对人类生存、经济发展具有重大影响；另一方面，洪水灾害、水资源污染对人类社会的破坏作用巨大。因此，相较于国内，西方国家早在 20 世纪上半叶就开始尝试流域生态管理模式。流域管理是通常用于水资源管理的一种区域管理方法。世界最早的流域综合管理机构是美国在 1933 年建立的田纳西流域管理局，管理效果显著。法国于 20 世纪 70 年代建立了以流域为基础的水问题解决机制，英国在 20 世纪 80 年代建立的流域综合管理规划，均对水资源管理提出要求和构建了适应的管理体制（耿建新和胡天雨，2020）。

国外流域生态管理的先进经验离不开它们具备一套成熟的流域管理机构和与之相匹配的管理职责。从国外流域管理的机构性质和职能来看，各种流域管理机构大致可以分为三类：理事会（council）、委员会（commission）和管理局。理事会模式中水资源理事会的权力较小，管辖范围较窄，不干预现行机构的正常职能。在斯里兰卡和马来西亚部分地区都流行水资源管理理事会的流域管理模式。

流域委员会比理事会模式具有更大权力和更为广泛的范围，拥有数据搜集与分析的支持系统以及制定水资源开发的规划策略、制定流域水资源利用和环境恢复措施等权力。例如澳大利亚的墨累—达令流域委员会，该委员会由来自各签约州和联邦政府的代表以及来自国土部门的 1 名代表和 1 个主任共 12 人组成。该委员会不是一个政府部门或任何单个政府的机构，它向理事会负责，一年至少开 4 次会，同时代表理事会向政府负责。委员会下设项目董事会（project board），负责重大事项决策；设有专家委员会，负责监督项目的运行；设有办公室，负责处理日常事务（Milman and Gerlak，2020）。

相比前两种模式来说，流域管理局更像是一种行政部门，具有更大的权力，其职能范围也更为广泛，多由国家级或省州级的行政主管机关进行管理。流域管理局的权力表现在对水资源的使用规划、水质监管、污染防治等具体的管理事项上，也表现在对相关资源，如土地资源和环境保护的规划和决策上。例如 1933 年成立的美国田纳西流域管理局，最开始，其职能是防止田纳西流域发生洪灾，维持该流域的航路畅通，对沿岸植被、土地进行管理，达到环境改善的目的，进而能促进居民生活水平的提高。该管理局由董事会起主导作用，其核心成员由国家任免，管界内 7 个沿岸州都派出代表常驻在董事会。《田纳西流域管理局法》实施后多次修订，尽管该法律的基本结构保持不变，但目标随需求的变化而不断调整，尤其在核能利用成为现实后，这种变化更为显著，例如田纳西流域管理局的战略目标是：向客户提供可承受并可靠的电力、对流域资源和环境进行统一管理以改善生活、实现流域经济的可持续发展和加强与利害相关者的合作。

7.2.1.2　国外流域生态管理的教训与启示

以美国为代表的注重流域生态管理的国家，虽然在流域具体管理中总结了许多值得我国借鉴的先进管理经验，但同样也遇到了许多污染治理、经济环境协调失灵的困境，通过分析美国等国家的问题教训，可能对我国推动流域生态管理协同机制的建构，更具有现实意义。

以美国为例，美国自成立田纳西流域管理局，对田纳西流域进行统一管理后，流域内的经济发展取得了显著的成效，但与此同时，流域内的环境污染问题日益恶化，这也就意味着美国田纳西流域同样陷入了经济与环境相矛盾的困境，这也给美国环境污染治理带来了巨大的治理成本。美国自 1972 年通过了《清洁水法案》，并在后期先后进行了几次修订完善，但都没有很好地解决环境污染问题，美国联邦环保局先后对美国流域生态进行了多次评估，结果发现美国近 40% 的河流、湖泊的水质不能达到联邦政府标准，给经济发展带来了巨大的阻碍（杰克·图侯斯基和宋京霖，2020）。美国之所以没能完全实现《清洁水法》的目标，没有形成合理有效的跨界流域水质管理体制是主要的根源之一。美国的联邦制体系使得美国宪法赋予了地方政府太大的自由裁量权，联邦政府缺乏对流域这样的公共产品的实质管理权。可见，地方政府拥有制定保护性制度政策的权力，然而联邦政府却没有。在水污染管理领域，地方保护主义更为明显且难以克服，联邦政府难以形成全局性的协调管控，导致美国流域生态管理浮于表面，呈现碎片化管理态势，从长远来说不利于美国流域的可持续发展。美国跨界流域水质管理给本书的重要启示就是：必须要有流域水质整体规划，来明确界定流域水质的产权关系，只有这样才可能确定究竟是生态补偿还是污染赔偿；并在合理的流域水质整体规划的基础上，通过有效的手段去完全实施该规划，才能有效地管理流域水质。事实上，从制度经济学的角度来看，生态补偿或者污染赔偿机制的本质是政府主导下的生态环境产权置换，让失灵的市场有效。使生态补偿和污染补偿机制制度化，除了有争议的情景需要走司法程序外，其他均由行政部门执行，进而达到降低交易成本的目的。设定污水排放标准的管理远不如以流域水质标准为基准进行的生态补偿、污染赔偿制度的管理有效。

7.2.2 我国推出系列流域生态管理改革措施

国外流域生态管理的成熟经验和存在的不足，为我国本土流域生态管理，特别是推进构建流域自然资源资产负债表编制的协同机制，创造了积极的外部条件。与此同时，我国近年来出台了加强生态文明建设的一系列改革举措，也同样为推进我国构建流域自然资源资产负债表编制的协同机制创造了良好的外部环境。目前，我国出台了一系列有层次的生态文明建设改革有力举措，例如政府相应机构改革、生态文明纳入"五位一体"总体布局、生态补偿机制、污染治理机制、河长制等，这都为我国进行具体化的自然资源管理提供了制度保障，例如为流域自然资源资产负债表的编制提供了制度保障。我国构建自然资源资产负债表编制协同机制的推进和实施与政府机构设置改革、流域管理机制、生态文明建设、生态补偿机制、污染治理机制和河长制等各项制度改革具有天然联系并相互影响。我国相关部门应尽快厘清已出台的改革举措之间的内在逻辑和应用范围，为推进流域生态管理下自然资源资产负债表编制的协同机制构建及应用，创造积极的外部环境。

7.2.2.1　"五位一体"总体布局下的生态文明建设

党的十八大将生态文明建设纳入中国特色社会主义事业"五位一体"的总体布局中，明确提出要着力完善生态文明建设，尤其是逐渐深入人心的两山论更是为生态文明建设提供了思想指导和根本遵循。建立完整的自然资源管理制度体系是生态文明建设的重要内容，深化自然资源管理制度改革是实现中华民族伟大复兴中国梦的战略选择。

生态文明建设是一项复杂的系统工程，是保证人们福祉、维护社会稳定、确保国家与民族繁荣发展的根本举措（张高丽，2013）。党的十八大所提出的"五位一体"将生态文明建设与经济建设、政治建设、文化建设、社会建设并列。党的十八届三中全会明确提出必须"建立系统完整的生态文明制度体系，用制度保护生态环境"。至此，生态文明制度建设在全面深化改革总体部署中的地位明确确立（黄勤等，2015）。

7.2.2.2　基于生态管理的政府机构改革

改革开放以来，我国先后进行多次较大规模的行政部门结构调整，最新的改革调整以 2013 年的大部制改革为重要指导，不断优化调整政府部门机构配置，更好地服务于社会主义市场经济发展（刘小妹，2019）。随着大部制改革的不断深化，原先的政府机构之间的职责重叠、权责模糊等现象问题得到明显的矫正。与此同时，大部制改革也是进一步落实完善"简政放权"政策的重要推动力量。《国务院机构改革方案》提出精细化改革党中央和国务院各机构部门的具体措施，例如组建自然资源部、生态环境部、农业农村部等 7 个部委。在这一轮改革中，党政机构的工作职责得到了清晰的界定和划分，新组建或调整的政府部门职能更好地适应我国经济发展步入新常态下的必然要求，更有利于我国社会、经济、文化、生态保护等多维度的统筹发展（何文盛和王焱，2018；竹立家，2018）。习近平总书记在党的十九大报告中提出：我国社会主要矛盾已经转化为人民日益增长的美好生活需要和不平衡不充分的发展之间的矛盾。本轮改革从顶层设计到各省、市、县机构具体设置和调整无一不是为了解决这一矛盾，从而实现"以人民为中心的发展"，如应急管理部、国家移民管理局、国家国际发展合作署等的组建和成立均是针对我国社会经济发展进入新阶段、面临新考验、出现新问题时的合理调整。本轮机构改革还突出环境保护和绿色发展，为生态文明建设提供体制保证（周宏春，2018）。同时，本轮改革将不再保留国家环境保护总局，组建生态环境部，下设国家林业和草原局与中国地质调查局，为我国自然资源管理体制的顶层设计奠定了基本框架。即自然资源管理的归口部门为自然资源部，明确自然资源部对于我国自然资源的统筹管理，打破过去条块分离的局面，对自然资源保护、开发和使用的不利局面。

从生态系统整体具体到流域管理体制上，我国在借鉴国外流域管理及模式的基础上，形成了国家统一部署规划、地方具体管理实施、按资源分部门分级管理的管理体制。实际上，我国对流域的管理策略是以流域统一管理为主导，以部门和行政区域管理辅之的结合式管理模式。现阶段我国实行的流域管理体制为三级流域管理体制：一级流域有七大流域，流域设立了相应的流域管理机构，它们是国务院水利部的派出机构，性质被界定为"具有行政职能的事业单位"，享有"计划、管控、监督、服务"等职能，代表水利部在各自的流域行使水行政管理职能；二级流域主要是指我国境内跨省、自治区、直辖市的除了七大一级流域以外的江河、湖泊；三级流域是指一级、二级流域以外的其他江河、湖泊。中央政府直接领导，与其宏观经济管理部门相配合，掌握流域管理机关及其分支机构的事务管理权、财力支配权和人事安排权。水资源环境管理、水资源开发和利用对地方经济发展影响巨大，因而地方政府通常都设置有水利厅、水利局等水资源管理的专门机构，受本级地方政府直接领导，对本级地方政府负责，代表地方政府行使水环境资源使用权的配置权和相关的行政管理权。理论上我国流域管理体制应该是"流域统一管理为主，行政管理为辅"，但实际上，流域管理机构的权限及范围相对较小，主要涉及水资源开发利用、水灾预防管理等，并不具备监测水量和水质、统筹地表水和地下水统一管理的工作权限。从科学角度考虑，我国流域管理体制应该突出流域管理部门的主体权力地位，赋予相应管理责任主体充分的自由裁量权，避免流域管理部门被多部门领导，导致流域生态管理得不到科学合理的统筹管理。但是在现实中，我国仍然存在中央与地方条块分割，以河流流经各行政区域管理为主，面临利益藩篱、各自为政的管理现状（郝庆，2018）。

7.2.2.3　生态补偿机制出台

生态补偿机制是为了促进人与自然的和谐相处，运用国家的宏观财政和货币调控手段，并采取市场化运营方式，从而调节生态文明建设和环境保护中利益相关者关系的一种机制（欧阳志云等，2013）。生态补偿机制应充分发挥市场作用，针对环境保护和污染治理进行市场化管理，生态补偿机制兼具经济激励和惩罚（污染者付费）效应的特点。生态补偿机制有广义和狭义之分，广义的生态补偿机制是指除对环境污染的治理外还包括对环境所丧失或削弱的生态功能的补偿，而狭义的生态补偿机制仅是指后者（毛显强等，2013）。生态补偿机制的经济方面具有双向性，对保护和恢复生态环境的一方给予补偿，对开发利用自然资源而损害或导致生态功能丧失的一方收取经济惩罚性费用。简而言之，就是"十一五"规划中提出的"谁开发谁保护、谁受益谁补偿"的生态补偿机制。生态补偿机制的提出有利于进一步推动资源节约型、环境友好型社会的建设，最终实现可持续发展的目标。

"补偿"是指要支付一定的代价，生态补偿机制则是自然资源有偿使用制度的一个重要开端，倒逼自然资源的使用者、开发者和经营者改变以往认为生态资源是无须付费或使用成本很低的一种公共物品的错误认知，使大众认识到自然资源无形的生态价值。生态补偿机制的一大亮点就是促使人们由"谁污染谁治理"的这种"先污染后治理"发展模式，转而走向"谁受益谁付费"的预防模式，用经济手段激励人们重视生态环境的保护，将其渗透到生产、生活的方方面面，使得对生态环境的保护由被动治理转向主动参与。而生态受益人支付的费用既能保障生态资源的所有权人实现其经济利益，相对而言，也是对生态环境保护一方付出代价的补偿；同时也为生态环境保护资金的筹措问题提供了解决路径。所以说，生态补偿机制的建立是大众对生态环境重视及环保意识深化的结果。

自 20 世纪 70 年代以来，我国在自然资源保护及污染防治方面出现过两次环境立法的白热化阶段。但美中不足的是这些环境法律规章未能实现资源保护的源头控制，仅仅是事后的投入治理，仍不能完全使生态环境恢复如初。而生态环境补偿机制则弥补了这一不足，从制度层面上约束了"先污染后治理"的发展模式，为经济社会与生态环境的协调发展提供了有力支撑。企业由于体量大，生产所需资源多、环境破坏力大，对生态受损负主要责任。而生态补偿机制的实施使得企业将外部污染成本内部化成为可能，将其支付的生态环境补偿费用作为成本计入经营成果中，促使企业改变无偿或低价使用自然资源的错误观念。此时，企业为了降低总成本，势必会采取必要措施减少对生态环境的污染和破坏，同时激发企业创造力，促使企业进行技术革新、提高管理水平，最终成为经济社会可持续发展的重要推动力。因此，生态补偿机制的实施与完善能促使我国迅速走上可持续发展道路。

生态补偿机制的实施与完善能缩小区域间的差距，有利于构建和谐社会。生态补偿机制的一个定位是突破时间、地域的局限，将"现今"与"将来"的生态资源，将发达地区与欠发达地区的生态资源统一起来，看作一个整体的生态发展，从更广泛的视角去审视自然资源的生态价值。然而为将各地区间资源建立联系，就要求从生态中受益的地区需要对为生态环境保护付出的地区进行补偿。在我国实际情况中，生态环境脆弱的县（市）与贫困县的契合度高达 51.4%，且分区域来看，西部地区明显高于东部地区。在这些贫困地区，往往存在着"贫困—人口增长—生态脆弱—环境恶化—贫困"的不良发展模式，使得经济社会与生态环境不能协调统一发展。在我国这样的地区发展不平衡的现实背景下，生态补偿机制通过市场发挥作用，促使作为生态环境受益方的经济发达地区，向经济欠发达地区进行补偿，从而弥补欠发达地区因保护生态而造成的经济损失，从而使得跨越地区的整体生态状况得以优化。而欠发达地区由于获得资金支持，也会走出不良发展模式的怪圈，助力其协调经济与环境的发展（洪尚群等，2001）。

目前我国生态补偿机制的开展已卓有成效，生态补偿机制通过发挥市场作用已在自然保护区、重要生态功能区、矿产资源开发以及对流域水环境的保护等许多领域得到很好的体现。近年来，生态补偿机制逐渐稳步上升到国家层面，我国也相继出台了多项与之相关的法律法规。中央及地方政府对生态补偿机制的发展方向也做出了指示，规定将其作为加强生态保护和污染治理投入的重要环节。在实际操作层面，国家相关部门也进行了生态补偿机制的有益尝试，在多地开展试点工作，不断探索、完善生态补偿机制的运作模式，如天然林资源保护工程、生态转移支付等，且呈现出投入资金多、覆盖面广、重点防护突出的特点，取得了不俗的成绩。各地区在生态补偿实践中进行了诸多探索。金华市"金磐扶贫经济开发区"的"水资源异地开发补偿机制"探索是生态补偿机制探索实例中的典型范例，金华市将开发区内相关企业的利税全部发放于用水的上游乡镇，以此作为企业用水方对该市水源地地区供水方的保护补偿；德清县则通过多种渠道筹措建立专项补偿资金，单独进行账户的管理，用以补偿西部乡镇的农民；河南省于2010年开始实施以地表水水质为评价基准的生态补偿机制，具体内涵是：当水域上游地区的水污染超标时，需要对水域下游地区进行经济补偿，补偿资金的划转由省财政部门相关机构专门负责，也即建立污染补偿的资金转移支付。此外，苏、辽、冀、豫等省份也在各自境域内，针对当地流域的水资源开展类似水污染控制的生态补偿实践。

7.2.2.4 "河长制""湖长制"等新模式的探索

随着经济发展，我国众多地区的水污染问题日益严重，且在中国很多省份，水情就是主要的省情，如何治理好辖区内的江湖水海是推进地区生态文明建设的关键，江苏省无锡市是全国最先探索"河长制"的地区，无锡地区于2008年9月正式颁布了《中共无锡市委、无锡市人民政府关于全面建立"河（湖、库、荡、氿）长制"全面加强河（湖、库、荡、氿）综合整治和管理的决定》（朱玫，2017），这一决定体现了当地党委政府把"兴水治水"摆在了地区工作的突出位置，体现了对于生态文明建设的高度重视，"河长制"的最大特点是解决了地区内的协同治理问题，以往地区对于河流的管理往往会存在地方保护主义，上游向下游要生态补偿，下游向上游要污染赔偿，从而导致管理碎片化，难以形成协同治水的良治。"河长制"的出台，改变原有的官员配置格局，由地区党委书记、省长（市长、县长、乡镇长）亲自挂帅，从制度上改变了以往相互推诿、管理分散的旧格局，推进系统治理，有利于全面建设可持续发展的河湖生态系统（黄爱宝，2015）。

河长制起于江苏，兴在全国。河长制、湖长制等新机制的探索已在全国范围内得到很好的发展。云南昆明市是首个将河长制纳入地区法律体系的城市。《昆明市河道管理条例》于 2010 年 5 月 1 日起施行，这一地方法规的颁布施行在全国范围内都具有深远影响，该地方法规的颁布使得地方政府推进河长制具备了法律依据，有利于长久推行实施。浙江省是全国范围内推动河长制力度空前的省份。2014 年，浙江省委、省政府全面铺开"五水共治"（即治污水、防洪水、排涝水、保洪水、抓节水），河长制被称为"五水共治"的制度创新和关键之举。河长制在浙江省的落地生根，极大地推动了浙江省"五水共治"的全面布局实施。浙江省目前采取各级政府党政负责人兼任河长的举措，全省构建了上下共分为省级河长、市级河长、县级河长、乡镇级河长、村级河长的五级相互联动的河长体系。此外，全国还有很多地区推出了值得推广全国和其他地区借鉴的河长制具体举措。以上几个地区的河长制实践都充分考虑到生态保护的战略地位和地方具体实际，分别在有法可依、系统联动、党政同责、标准规范等方面做了开创和探索（王书明和蔡萌萌，2011）。

7.3　协同机制的基本框架构建

7.3.1　协同机制构建的现实意义

党的十八届三中全会通过的《决定》指出，各地区要强化"山水林田湖草"的生命共同体理念，我们要充分考虑生态系统的复杂性和多样性，准确把握生态保护的内在规律，从天空、陆地、海洋到河流的上游、中游、下游，分别进行系统的生态保护和污染修复，在科学指导下，不断提升生态系统的自我调节、自我修复能力，构建人与自然和谐相处的和谐生态圈（成金华和尤喆，2019）。由此看出，自然资源管理本身是一个复杂的系统性工程，这个工程需要各个部门既不能"缺位"，更不可"越位"。只有这样这个系统工程才不会紊乱，才能发挥它的有机作用。而我国目前自然资源管理面临的挑战较为严峻，能否有效化解自然资源管理困境，进而实现国家整体绿色可持续发展，是我们大家共同面对的一个具有极强现实意义的课题。

7.3.2　协同机制的基本框架的构建

自然资源资产负债表协同机制应是一个协调有序、保障到位的有机系统。构建该系统的根本目标就是要形成一个闭环机制，使得协同机制真正成为一个推进自然资产负债表编制的"内循环"系统。自然资源的权益主体回归本质，仍然归结于微观企业层面。我们在设计自然资源资产负债表协同机制时，应充分考量企业因素，发挥企业层面的经验支撑作用。

目前自然资源管理中，主要面临资源存量的枯竭、收益分配的失衡、资源利用的不可持续等现实挑战。从会计学视角出发，从会计属性分析我国现有的自然资源管理困境和自然资源资产负债表编制中存在的问题，这对于构建我国自然资源管理以及相关资产负债表的编制的协同机制，具有很强的借鉴意义。站在传统企业会计层面上，企业同样也会面对资源约束的挑战，同时企业需要权衡各利益相关者的利益诉求（管理层、股东、员工、政府、社会公众等）。企业经营管理层在发展中也同样会面临短视问题，不注重研发投入，则会损害企业的长期发展。而公司治理等相关机制设计安排，为解决企业上述问题提供了很好的机制保障，这为我国流域自然资源管理提供了经验支撑，特别是自然资源资产负债表的构建，为尝试构建一个推动自然资源管理发展和资产负债表编制的协同机制提供了经验支撑（郑志刚，2010）。

基于前面一节的需求和实践经验总结，为推进流域自然资源资产负债表编制与应用，本书建构了协同机制，见图7-1。流域自然资源资产负债表编制和应用的协同机制可以改善过往自然资源管理碎片化、协同失灵的问题，为我国推进流域自然资源资产负债表编制提供机制保障。

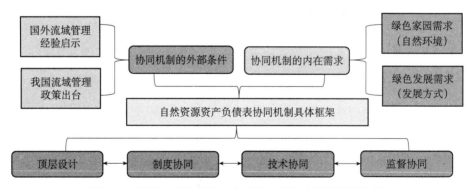

图7-1 流域自然资源资产负债表编制和应用的协同机制

7.3.3 协同机制基本框架的具体内容

顶层设计是指以自然资源部为体现的国家政策方针的统筹、规划等宏观职能体系的统领和落实。自然资源部的组建可以说是推进自然资源管理及资产负债表构建协同机制最大的顶层设计。自然资源部的组建为统筹自然资源规划，打破原有利益藩篱提供了根本保障。这一顶层设计也为协同机制中的制度协同、技术协同、监督协同奠定了基础。

制度协同是指通过完善不同部门的制度，以及自然资源资产的产权制度、自然资源有偿使用、自然资源的收益等各项制度的协调，为自然资源资产负债表编制提供制度基础。从制度协同出发，我国的自然资源管理制度还不够完善，各部门之间职权界限不清，部门间缺乏机动的调节机制，各自为政，难以发挥自然资源的综合效益。所以应完善自然资源资产的产权制度、自然资源有偿使用等制度，且这些制度是相互联系的，在完成顶层设计后，我国现有自然资源管理制度得到了充分的统筹考量，可以站在"全国一盘棋"思维下，进行协同安排，更好地发挥制度优势。

技术协同是指在自然资源核算及资产负债表编制的技术、标准、规范等做到统一。从技术协同出发，我国原有的各部门在编制流域自然资源资产负债表时，存在数据口径、调查内容不统一等问题，各部门掌握的信息资料残缺不全，影响编制进程和效果。而利用现代信息技术对所搜集到的数据进行整合，建立全国数据库和信息平台，融通政府部门、科研院所、社会企业等各方数据，帮助进行数据填报、制表、报表分析等，可以有效避免上述问题。然而，顶层设计的实现为打通各个部门壁垒，实现标准统一、数据共享创造了坚实的外部基础。

监督协同是指各部门以自然资源核算及资产负债表编制为手段，形成自然资源的动态监管体系。从监督协同出发，编制自然资源资产负债表的重要目标之一就是发挥自然资源资产负债表的监督职能，强化多自然资源的全方位监督管理，改变以往对于自然资源管理缺乏监督的不利局面。而我国有关部门对自然资源的监管职责重叠，权责不明确，所以有必要统一各部门监管手段，各部门之间应相互配合，构建有机协调的监测预警机制。特别是党的十八届三中全会中通过的《决定》提出的官员自然资源离任审计，如何发挥自然资源离任审计和自然资源资产负债表的监督协同，打通两者联通路径，这对于我国生态文明建设的总体布局具有重要意义，而我国现有机构改革等顶层设计的实现为我国实现监督协同，特别是统计部门和审计部门的数据共享奠定了坚实基础。

协同机制的顶层设计、制度协同、技术协同、监督协同这四个维度以顶层设计为统领，以制度协同、技术协同、监督协同为抓手，相互联系，相互促进，相互协调，就像一辆车的四个轮子，驱动其不断前进。因而，可以称之为"四轮驱动"协同机制。

7.4　协同机制具体内容的实施路径

7.4.1　统一思路，做好顶层设计

山水林田湖草是一个整体的生态系统，如果沿袭传统对自然资源实行分割式管理，

见图 7 - 2，可能会对其他资源和环境要素造成一定影响。统一管理保证了自然资源的整体性和自然资源各要素间的有机联系，有利于自然资源系统修复、统一规划、全要素管制以及对自然资源的可持续、高效管理。党的十九大报告中明确提出要建立具备对所有自然资源进行统筹管理和兼具监督职能的政府机构以及"设立国有自然资源资产管理和自然生态监管机构"，基于此背景，自然资源部于 2018 年 3 月成立，自然资源部的成立标志着我国全面开启自然资源综合协调管理新模式。自然资源部的成立进一步完善了自然资源产权制度、自然资源有偿使用制度，强化了对自然资源的生态保护监督职能。在自然资源的统一管理模式下，加强自然资源资产价值全面核算，将为生态补偿之"补多少"等研究提供重要基础保障。

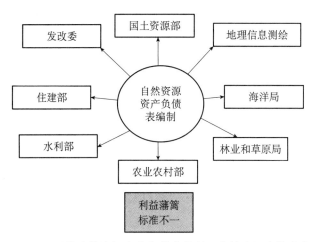

图 7 - 2　以往自然资源资产负债表编制工作的责任主体分布

相比以往，国家对于自然资源的管理权分散在各个职能部门中，条块化的管理确实有利于我国集中力量办大事、提升行政效率、实行专业化管理，但随着经济结构的不断转型升级，原先的政府机构设置在一定程度上阻碍了自然资源的管理，在此背景下，整合的意义与优势就凸显出来。自然资源部由原先的兼具自然资源管理部分职责的八个部、委、局进行重新调整组建而成。自然资源部对于原先 8 个部门职能的整合体现了国家对于生态文明建设的高度重视，自然资源部的建立明确了自然资源管理的责任主体，有利于对我国境内所有自然资源进行统一规划管理，提高管理成效，促进自然资源经济效益、生态效益和社会整体效益的协调发展。

我国新组建的自然资源部、生态环境部等部门，管辖范围涉及自然资源资产管理、生态保护修复和污染防治等关键领域，落实了设立国有自然资源资产管理和自然生态监管机构的重大任务。为统一履行自然资源资产所有权职责，就要以自然资源部为主导构建全国统一的自然资源资产管理体系，见图 7 - 3，使各地方各项资源资产管理机构权责清晰。为充分发挥市场配置资源的作用，就要加快服务型政府、法治政府和有限政府建设，简政放权，清理不必要的行政审批事项，并在决策、执行、监督等环节形成相互制约、相互协调的权力结构和运行机制，为依法行政提供保障。

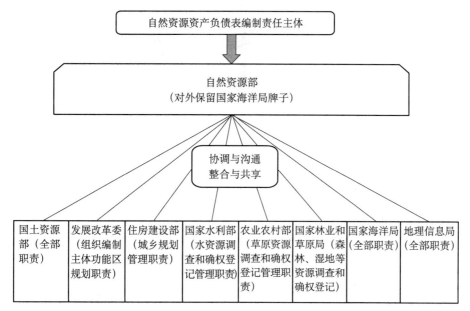

图 7－3　基于组建自然资源部视角下自然资源职责划分

7.4.2　制度协同，提高自然资源管理

自然资源管理体制的构建及其运行机制的设计，不仅要考虑自然资源之间不同的天然禀赋及其相互关系（自然资源的主观因素），还要注意自然资源被利用时所在的不同经济社会平台等客观因素，分析自然资源各利益方的立场角度并均衡各方关系。自然资源管理涉及国家各个层面的方方面面，特别是党的十八大以来，国家对于自然资源的利用和管理更加注重经济效益、生态效益、社会整体效益的有效协调。在这样的背景下，国家出台自然资源管理的制度更全面丰富，兼顾到自然资源管理的每一个部分，因此有效协同自然资源管理的系列制度是推进流域自然资源资产负债表编制的关键一环。

党的十九届四中全会提出落实生态文明建设是一项复杂的系统工程，为我国今后的生态文明制度建设指明了方向。如何发挥生态文明建设中的制度协同，至关重要。我国应实行严格的生态环境保护制度、全面建立资源高效利用制度、健全生态保护和修复制度、严明生态环境保护责任制度等，提出了坚持和完善生态文明制度体系的努力方向和重点任务（马永欢等，2017）。这四个方面的制度需要围绕自然资源的开发、利用和保护的主线做好协调工作，从制度的设计，到制度的应用，以及到制度的完善工作方面都需紧密配合，形成良好的制度协同框架（见图 7－4），以提高自然资源的使用效率。

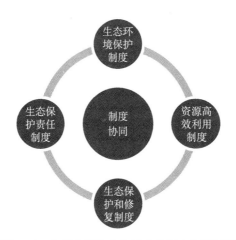

图 7 - 4　自然资源资产负债表的制度协同框架

对于自然资源的过度消耗及直接产生的环境污染问题，其存在的一个基础性问题就是产权制度问题，国际社会对自然资源产权问题的讨论较为深入。从国外发达国家的自然资源管理制度建设角度来看，西方国家十分重视自然资源管理的立法工作。通过法律机制来规范自然资源管理中的资源利用、环境保护、污染治理等任务，建立法律长效机制（朱玫，2017）。在发达国家改革的过程中，信息技术革命对传统的分散型自然资源管理制度造成冲击，各个国家纷纷调整采用"多门类资源综合管理"的体制构架，实现大范围的机构整合。目前，我国政府成立自然资源部，统筹规划管理自然资源，我国自然资源管理也正在形成"多门类资源综合管理"体制。

目前，我国自然资源管理体制还存在明显不足。长期以来的"唯 GDP"政绩观催生出一系列的环境问题。可以说，我国取得经济发展伟大跨越的同时也付出了高昂的环境成本。因此，在未来可持续发展建设中必须牢固树立尊重自然、顺应自然、保护自然的生态文明理念。目前，我国自然资源管理制度还不够完善，各部门之间职权界限不清，部门间缺乏机动的调节机制，各自为政，难以发挥自然资源的综合效益。我国自然资源制度改革应从以下几方面着力：一是研究全民所有自然资源的产权问题，探索其实现形式，研究编制产权层面的自然资源资产负债表，明确资源清单和空间范围，实施全民所有自然资源清查统计制度；落实自然资源有偿使用制度，尤其应当加快土地、矿产、森林、草原等资源的市场建设，逐步建立公平公正的公共资源交易平台。二是建立生态保护修复制度，各级部门应本着"生态优先、保护优先"的原则，启动生态修复总体规划和相关专项规划，强调自然资源的保护和合理利用，树立"尊重自然、顺应自然、保护自然"的理念，实现中华民族的永续发展。三是加强自然资源用途管制，我国需建立自然资源用途管制政策、运行和监管体系，优化国土使用，同步推进省、市、县自然资源规划编制，同时还需要落实最严格耕地保护制度和节约用地制度，让自然资源管理工作真正落到实地（陈波和杨世忠，2015）。

此外，随着自然资源管理体制改革的进展，有必要更新完善相关资源法律法规中关于自然资源产权的确定问题，逐步将自然资源所有权、使用权等其他相关权利的规定纳入正式轨制，建立健全自然资源产权转让和交易的制度。基于以上讨论，笔者建议先确立自然资源资产统一登记体系，随后建立分级的自然资源产权代理体系。具体实施路径为：对于涉及自然资源产权核定的相关国家部门的职能统一整合在固定的登记部门，并通过法规等手段明确产权登记部门的中立地位。另外，自然资源不动产登记体系也应该涵盖环境资源资产，以确保对环境资源资产的预算管理和防治。在上述实践的基础上，逐步建立中央与地方分级代理全民所有的自然资源所有权的法律法规体系，对各级政府部门管理自然资源的范围、权限等做出确切要求，以尽量减少资产托管中普遍存在的"代理人问题"。

7.4.3　技术标准统一，实现动态监测

随着"地理信息+"与"互联网+"等新兴技术的不断发展与深度融合，自然资源监测监管体系建立具有可行性。统一标准、数据共享、数据保密、数据分析等技术已经在实际工作中得到验证，专业的监测监管一张图服务平台、专线的网络服务在保障工作业务顺利开展的同时，确保数据的安全可靠。推动统一自然资源平台化监测监管，将自然资源监管职能化趋向综合化监管体制，横向关系上，统一监督管理与各部门分工负责相结合；纵向关系上，中央与地方的分级监督管理相结合。通过平台搭建与体系建设，实现自然资源节约、生态保护和污染防治统一监管监督机制，实现自然资源管理的大数据信息化管理（王占宏，2019）。

地理信息技术是空间技术、计算机技术和通信技术相结合，多学科高度集成地对空间信息进行采集、处理、应用的现代信息技术，包括了地理信息系统（GIS）、遥感（RS）、全球定位系统（GPS），常常被称为"3S"技术。在自然资源资产管理中，运用地理信息技术，对不同行业部门提供的数据进行对比分析，将不同时点、不同来源的数据进行空间叠加分析并通过坐标准确定位，从而找出草原、森林、河流、湖泊、湿地、沙漠等自然资源发展变化的趋势及存在问题，获得任何时点的自然资源变动情况，为全面准确掌握地区自然资源管理和生态保护情况提供了技术支撑，也为进一步加强对领导干部自然资源离任审计提供了决策数据（张彩仙和秦丽，2018）。

地理信息技术应该在自然资源的核算测量中发挥重要的技术支持作用，特别是在自然资源资产负债表的编制中，对于具体单项自然资源的测算提供测算支持，为提高自然资源资产负债表信息含量，提供有利于国家做出整体决策的信息支持型报表。在监督过

程中，也要进一步利用好"3S"技术，构建对土地资源、矿产资源、森林资源的监督和协调的支撑体系（见图 7-5），以实现对自然资源的动态计量和监管。

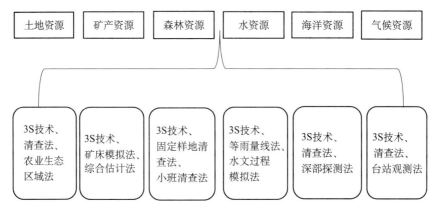

图 7-5　地理信息技术在自然资源监测管理中的技术协同支撑体系

7.4.4　审计监督，公众参与

自然资源资产负债表的编制目标从本质上仍然归结于会计两大基本目标，即核算和监督。值得注意的是，自然资源资产负债表的会计目标兼顾了决策有用观和受托责任观。前者是通过运用新技术，例如大数据、人工智能、地理信息技术等手段，对自然资源的数量、多重价值量、质量等方面进行核算测量，为国家对于自然资源的宏观管理调配提供决策有用的信息。后者从自然资源资产产权视角出发，政府（受托人）作为国家（委托人）对于自然资源的直接管理人，应履行受托责任，自然资源报表也应提供能够反映受托责任履行情况的会计信息。特别是自国家提出开展对领导干部离任自然资源审计以来，如何将自然资源资产负债表的编制和领导干部离任自然资源审计进行有效协同，体现会计的监督职能，发挥监督协同机制的作用，是编制自然资源资产负债表的重要改革方向（马志娟和谢莹莹，2020）。因而，在协同机制中要注意处理好自然资源资产负债表编制和自然资源资产负债表审计的关系，见图 7-6，处理好决策有用与受托责任观的联系和区别，做好自然资源资产负债表和自然资源资产负债表审计的衔接和协同。

我国目前自然资源管理和环境监管存在的一个突出问题就是区域之间的地方政府竞争，大量研究证实环境污染具有溢出效应，特别是空间溢出效应明显，随着大部制改革，自然资源部较好地解决了原先部门之间的权责划分问题，但是区域间的竞争问题仍然持续存在，如何形成一套有效的区域间的协同监管模式，尤为重要。各地区在开展自然资源管理工作中，要进一步理顺各地区的权责关系，形成相互独立、相互配合、相互监督的"协同共治"格局，统筹自然资源管理、生态保护和污染防治，健全区域、流域等生态环境监管机构，实现监管职能的有机统一。

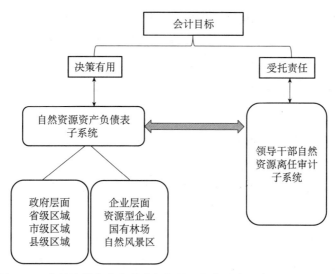

图 7 – 6　自然资源资产负债表与领导干部自然资源离任审计的协同

自然资源资产负债表作为领导干部离任自然资源审计的监督利器，其报表体系的内容需要被不断丰富完善。特别是近年来，随着对自然资源资产负债表编制探索的不断深化，社会各界愈发重视对不同编制主体下自然资源资产负债表的编制研究。特别是微观企业层面作为自然资源资产负债表的新编制主体，探索企业层面的自然资源资产负债表编制，是完善整体报表体系、实现自然资源报表体系勾稽联系的重要一环。

目前，关于微观企业层面的自然资源资产负债表编制，已经开展了对资源型企业、国有林场等的编制探索，旨在加强自然资源特别是矿产资源在企业层面的披露，拓宽政府对于自然资源的监督路径，进一步加强自然资源的有效管理和领导干部自然资源离任审计。

党的十九大报告中明确提出要加强生态文明建设，建立自然资源管理监督机构。然而在现实中，由于不同种类的自然资源在监督管理上存在较大差异，若要建立相对统一的资源管理体制，首先需要考虑对不同的自然资源资产按某一相似特征进行恰当归类，在此基础上明确其具体管理原则。自然资源有直接进入社会生产领域，对经济发展做出贡献的，还有未进入经济社会，但对生态环境等有重要意义的，对此，笔者提倡按照公益性和经营性对自然资源资产进行分类管理。对分类为公益性的自然资源资产，参照公共物品的管理范式，按照自然资源特有的公共目的和原则进行具体管理；对分类为经营性的自然资源资产，参照在市场中流通的商品货物，结合自然资源的定价模式及特征，按照市场目的和原则进行管理。

7.4.4.1　依托功能分区对不同自然资源资产进行分类

自然资源的空间分布和地区有较大的联系，如山西就盛产煤炭资源。而在我国的经济发展中，会划分一些主体功能区并做出相关规划，从而确定不同区域的功能特征和用途。对自然资源也可结合该区域划分，区分公益性自然资源、经营性自然资源或两者兼而有之。公益性自然资源资产主要是一些观赏性、休闲性且具有较大生态价值的资源，如自然保护区、国家地质公园、国家森林公园等；经营性自然资源资产主要是能直接参与到经济社会的建设中的资源，如矿产资源、建设用地、经济林等资源；在自然资源中，还有一部分资源兼具两种属性，为此可以尝试对于一些具有公益性质的资源，政府应该进行适当引导，将其作为特殊的经营性自然资源资产处理，如基本农田。依照自然资源资产的不同特点和功能用途，制定不同的管理制度和目标，建立与自然资源属性相适应的管理体系。

因为公益性自然资源与经营性自然资源的用途存在较大差异，因此应确定不同管理目标，实行不同管理策略。公益性自然资源主要对社会公众提供公共产品和服务，如森林资源提供的净化空气、涵养水源等生态服务对全体社会成员均具有价值；这种自然资源应以存储质量、保护程度和可持续利用为管理原则，严禁或限制用于经济用途；在对公益性自然资源进行考核时，注重生态服务质量、资源管理成本等的考评。经营性自然资源的划分依据是其是否能够带来经济收益（直接出让资产的收益、企业使用的税收收入），促进经济社会发展，如建设用地、矿产资源等。经营性自然资源资产通常具备较完善的权利体系，包括使用权、收益权、处分权等。在对经济性自然资源进行考核时，注重资产价值增值、收益成长性等的考评，由市场机制调控其发展，不能有过多行政干预。

而对划分为公益性但同时开展少部分经营活动的自然资源来说，仍应按照公益性自然资源的管理办法进行管理，并将参与经营部分的业务管理分离出来，创新自然资源使用权的管理，按照特许经营方式委托专业机构经营管理，向其支付一定托管费，并将此份收入作为国有资产经营收入纳入财政预算。同样地，对于一些以经营目的为主，但考虑到社会公众利益需要进行用途管制的自然资源，如占用基本农田的耕地占用税中就有高额的征收尺度，对这部分自然资源就要采用公共物品行政管理与市场机制相融合的方式加以管理，确定功能多样的利用目标和原则。

7.4.4.2　依法明确不同种类自然资源资产管理主体

现有法律规定中，我国自然资源的所有权属于国家和集体所有，但自然资源的体量大、分布不均、管理所需技术性强等因素，使得自然资源代理或托管成为实现所有权的重要环节。因此有必要对各类自然资源，尤其是公益性自然资源，确定具体的代理或是托管机构，并逐步构建一套完备统一的自然资源资产监督管理体系，包括自然资源资产核算和审计等措施，力求实现有限监督管理。另外一种可行的方式是在按照功能区将资源进行分类的基础上，实行"园区化"管理，并探索对比对自然资源进行统一化管理和分区域分部门管理的不同管理路径和实施效果。在具体"园区化"管理中，可成立独立的保护区管理局，例如把国家级保护区单独划分出来，成立单独的管理部门，进行中央政府直接接手的行政管理，而对其他园区实行中央与地方分级管理监督的模式。

在经营性自然资源中，国有经营性自然资源的交易、分配等问题突出，因其未按照透明、规范化的市场交易原则进行运作，使得这部分自然资源在市场价格确定与收入分配方面存在较大问题。因此，可以将国有自然资源单独拆分出来，参照现有国有企业运营模式，组建自然资源资产管理或运营公司，将其职责权限与自然资源行政管理部门区分开来；同时为考量该类型国有公司对自然资源的管理情况，可以按照国有资产管理原则进行绩效考核，实行任期监督制度。

7.4.4.3 鼓励公众广泛参与

自然资源具有全民所有的特殊性质，在编制自然资源资产负债表时要求企业等机构组织和社会公众积极参与。目前，我国自然资源归政府统一配置，但是公众参与自然资源配置的正当性是毋庸置疑的。我国部分企业和机构委托代理自然资源的开发利用权限，更应该编制自然资源资产负债表，以便于及时向公众披露自然资源的使用情况，自然资源资产负债表也应该成为考察代理机构和企业是否高质量管理利用自然资源的重要依据。结合流域来看，推进完善的流域补偿机制需要公众积极参与，制定合理的流域补偿标准，完善自然资源资产负债表的编制体系。

自然资源管理机制涉及面广、所需专业化知识多，如新制度经济学、会计学、统计学、环境经济学等，由此，自然资源资产负债表的编制是会计学、经济学、生态学、资源学等学科交叉融合的产物。因此，自然资源资产负债表的研究正需要大量的有专业学科背景的复合型人才，我国也应当针对这种需求着力培养复合型人才。从广大人民群众的角度而言，人们应当积极参与生态文明建设，增强主人翁意识，积极推进自然资源资产负债表的编制工作。

7.5 本章小结

党的十八大以来，国家高度重视生态文明建设，强调经济、生态、社会的全面协调发展。自然资源资产负债表作为评价考核区域自然资源综合利用情况的"利器",得到了充分的发展和应用,而构建自然资源资产负债表协同机制是发挥自然资源资产负债表各项职能的重要机制保障。

本章先分析了推进自然资源资产负债表协同机制的历史意义和现实价值,站在国家层面分析协同机制构建的必要性和积极意义。接着介绍了构建自然资源资产负债表协同机制的外部条件和内在需求。在外部条件中,本章总结国外对于自然资源管理和环境保护方面的经验教训,同时又梳理党的十八大以来我国出台的一系列自然资源管理领域的政策制度,国外的经验教训以及国内法律法规出台和完善都为我国加快协同机制构建创造了良好的外部条件。

再者,通过深刻分析近年来我国经济结构转型对我国发展方式的深远影响,可以看出,绿色发展是我国未来的主要经济增长方式,人民对绿色家园的向往也日益提升,我国对于绿色发展和绿色家园的内在需求成为构建协同机制的推动力量。最后,借鉴协同学科的理论内涵、综合考量各类自然资源的现实背景,以顶层设计为出发点,以制度协同、技术协同、监督协同为落脚点,构建自然资源资产负债表协同机制框架,旨在加快自然资源资产负债表的探索建设,更好地发挥自然资源资产负债表在领导干部自然资源离任审计中的监督作用。

第8章 结论与展望

自改革开放以来的40余年里，我国社会经济快速地发展，人民生活水平极大地提高，目前已跃居为世界第二大经济体。然而，我国经济呈现"高增长"的同时，也表现出了显著的"高投入、高污染、高能耗"的特征，由此带来了环境污染、生态破坏等突出问题。

党的十七大提出了要建设"资源节约型、环境友好型"社会的建设战略，党的十八大进一步将"五位一体"的生态文明发展上升到重大国家战略。为了将国家战略落到实处，党的十八届三中全会通过了《决定》，提出"探索编制自然资源资产负债表，对领导干部实行自然资源资产离任审计"。自此之后掀起了我国自然资源资产负债表理论创新的发展和实践试点的热潮。2013年12月13日，国家发展改革委联合财政部等五部委发出通知，要求全国各地加快申报国家生态文明先行示范区，示范区率先探索编制自然资源资产负债表，将资源环境离任审计落到实处。2015年11月，国务院办公厅印发了《编制自然资源资产负债表试点方案》，在内蒙古自治区呼伦贝尔市、浙江省湖州市、湖南省娄底市、贵州省赤水市、陕西省延安市开始了国家层面开展编制自然资源资产负债表试点工作。党的十九届四中全会再次提出"建设生态文明是中华民族永续发展的千年大计"，强调要践行"绿水青山就是金山银山"的理念和坚持"节约资源和保护环境"的基本国策，建设美丽中国。

编制自然资源资产负债表作为生态文明制度建设重要组成内容和践行"两山理论"的重要改革内容之一，已经引起学术界和实践界广泛重视。流域作为我国重要的生态文明系统之一，值得我们探索研究并编制基于流域生态系统观的自然资源资产负债表。目前，不少地区都开始了自然资源资产负债表的研究工作并进行编制试点，除5个国家规定的试点地区外，深圳大鹏新区、海南三亚市、内蒙古鄂托克前旗等多地也在不断探索编制自然资源资产负债表。虽然我国的自然资源核算比发达国家起步晚，有关核算的理论、应用方法都还不够完善，但不可否认的是，自然资源资产负债表编制是我国的一项重大制度创新，我国在自然资源核算研究和试编实践中做出了许多有益探索和尝试，取得了重要成绩。

　　然而，自然资源资产负债表的编制和应用仍存在许多值得探索的问题，例如自然资源负债是否确认、自然资源资产负债表的编制主体是谁、自然资源的生态价值如何确认等类似的问题还远未形成一致意见。辩论是非、消弭争议对自然资源资产负债表的编制和使用具有十分重要的意义。

　　为此，本书从流域视角出发，分析了自然资源资产负债表编制的发展历程，重点讨论了我国自然资源分类核算实践和资产负债表编制试点实践，并选择了 4 种典型自然资源资产负债表的编制"模式"，从其编制主体、理论基础、编制范围、编制路径等方面进行了比较和分析，解析了我国自然资源核算和资产负债表编制试点实践中的痛点，并总结出相关经验和启示，提出相关的应对策略。

　　在流域自然资源资产负债表编制中，笔者认为应将自然资源生态服务价值纳入自然资源资产负债表表内核算，因此对自然资源生态价值和社会文化价值计量方法进行了相关探讨。

　　在此基础上，分析了自然资源资产负债表编制的国际规范遵守与借鉴、编制主体和核算范围扩展等核心话题。重点讨论了流域自然资源资产负债表编制理论框架和账表体系，并以太湖流域为例进行了试编制，剖析了自然资源资产负债表动态与静态相结合、数量化与价值化核算并重的核算体系，采用了单式账表、复式账表的具体表格形式。其中在复式账表中，对水资源和土地资源等流量核算试编了平衡式账户和矩阵式账户两种结构。本书的编制理论和方法在太湖流域取得了较好的运用效果，为下一步在流域地区推广乃至全国范围的运用奠定了基础。

　　本书也探讨了流域自然资源资产负债表在政府绩效考核和领导干部离任审计中的应用方式和效果。将自然资源资产负债表的"生态账"纳入政府绩效考核，形成政府绩效的内部评价模式和外部评价模式。在领导干部自然资源资产负债表离任审计中，引入风险导向审计，分析了领导干部离任审计的审计模式、审计程序和实施路径等。

　　最后，为推进我国自然资源资产负债表的编制和应用，笔者构建了我国自然资源资产负债表的协同机制，并探讨了协同机制的实施路径。

　　基于以上对我国流域自然资源资产负债表编制的理论和方法进行的探讨和分析，总结起来主要有以下结论。

　　（1）我国自然资源资产负债表编制取得了不少成绩，但也存在相关问题。自从党的十八届三中全会《决定》提出编制自然资源资产负债表的要求以来，相关的理论研究显著增加，全国的编制试点也大量进行，形成了许多特征鲜明的编制模式，如"湖州模式""贵州模式""大鹏模式"等，进行了许多有益的探索和尝试。通过调研发现，仍然存在基础理论颇具争议、编制技术和方法应用性差、基础数据薄弱等诸多问题。

　　（2）流域自然资源资产价值囊括了经济价值、生态价值和社会文化价值的综合价值。从流域生态系统观来看，流域本身是一个生态系统。流域自然资源在自然资源子系统和社会经济子系统中的转化和循环，自然再生产和社会再生产运动相互联系、相互影响，自然资源在现代文明生产建设过程中的附加价值（包括提供产品、生态价值和社会文化价值）越来越显化，因此，在自然资源资产负债表中应确认和计量自然资源资产的综合价值。

（3）要核算好自然资源资产的多重价值，需恰当地选择价值评价的方法。自然资源资产价值包含了经济价值和附加价值，附加价值又由提供产品价值、生态价值和社会文化价值组成，主要体现于防止水土流失和沙尘暴、净化空气以及供居住环境、教育、美学、生态旅游等社会文化功能层面。一种自然资源的价值既取决于资源内在价值，也取决于资源的使用价值。在市场比较发达的时候，可以采用完全成本加成法、市场比较法、收益现值法、重置成本法、实务期权法等中的一种或几种；当不存在发达的市场情况下，常可以选择采用替代价格法、意愿调查评估法、影子价格法、能量定价法、能值定价法等中的一种或几种。自然资源的经济价值、生态价值和社会价值的计量和估计需要根据具体情况选择使用合适的评价方法。

（4）自然资源资产负债表上，需要对自然资源负债进行表内核算。对自然资源资产负债表中确认自然资源负债的争议颇多，但是从自然资源产权的复杂委托代理关系来看，自然资源负债可以衡量委托代理各方利益主体的权责，也反映了对自然资源的过度开发和不当使用造成的环境污染或者生态破坏承担的一种补偿义务。依据环境承载力理论和环境成本核算方法，自然资源负债的计量是准确可行的。环境承载力可以对自然资源负债临界点进行确定，而环保支出在数据可以从"资源过耗""环境损害""生态修复"方面进行核算和计量，因而，本书认为把自然资源负债确认进流域自然资源资产负债表是必要的，也是可行的。

（5）构建了多层次多重价值的流域自然资源资产负债表编制框架。自然资源具有产权国有的特征，经营和使用基本上需要依靠各省级及基层政府、企业和居民。由此，自然资源资产负债表编制既涉及所有权层面的自然资源的确认、计量和核算，也涉及经营层面的自然资源的确认、计量和核算。从长远来看，自然资源资产负债表编制主体要区分政府自然资源资产负债表编制和企业自然资源资产负债表编制。两者在编制目的、编制原理和方法技术上存在较大的差异。企业自然资源资产负债表编制分为国有单位或国有企业自然资源资产负债表编制以及一般企业自然资源资产负债表编制。当然多层次主体的自然资源资产负债表编制和应用是逐步推进与开展的，目前主要是在政府自然资源资产负债表编制的理论和方法上取得共识。

（6）设置了一套静态动态相结合，单式复式混合使用的流域自然资源资产负债表的账户体系。本书依据社会核算矩阵和复式记账原理，设计了账户体系。流域自然资源账户体系包括了期初、期末的静态核算报表和动态的流量报表。其中，流量表设计了平衡式的流量表和矩阵式的流量表，可以更好地反映自然资源的变动情况。

笔者构建的自然资源资产负债表框架在太湖流域地区进行了试编和分析，通过所编制的水资源、林木资源和土地资源资产负债表分类自然资源资产负债表和汇总的综合自然资源资产负债表，本书发现太湖流域的自然资源资产的总体自然资源总资产价值及各类资源资产价值均呈逐年上升态势，这表明太湖流域这些年的生态环保做得越来越好。在资源结构方面，土地资源的总资产产值最大，核算期间内每年森林资源和水资源均在5倍以上，主要是因为土地资源的附加价值贡献值大，衍生出的"提供产品"和"社会文化服务"的附加价值量大。

（7）自然资源资产负债表是政府绩效考核的重要依据。建立以自然资源资产负债表为基础、以"绿色GDP"为重要考量指标的政府绩效考核体系可以逐步引导政府官员树立积极正确的政绩观，也为政府职能的转变提供指引。政府绩效考核应从内部和外部两个方面将辖区内自然资源纳入考核体系，分别形成基于自然资源资产负债表的政府绩效的内部评价模式和外部评价模式，其中内部绩效评价模式有横向评价、纵向评价和自我评价三种方式，外部评价模式有委托独立第三方评价和社会公众参与的评价两种方式。

（8）将风险导向和行为视角引入自然资源资产负债表审计是非常必要的。自然资源资产负债表也是领导干部离任审计的一项重要内容。自然资源资产负债表的审计程序和方法需要与传统的风险导向相结合，这样做一方面提高审计效果，另一方面可以在一定程度上防范自然资源有关的风险。行为学应用于自然资源资产负债表审计，将使得自然资源资产负债表审计更为精细化和科学化，提高水资源管理效率、效果。

（9）良好的协同机制可以推进自然资源资产负债表编制和应用。笔者构建的协同机制主要包括顶层设计、制度协同、技术协同和监督协同四个方面内容，并提出了实施协同机制的相关路径。协同机制的实施可以加快自然资源资产负债表的探索和建设，也可以更好地发挥自然资源资产负债表在领导干部自然资源离任审计中的监督作用。

考虑到研究编制自然资源资产负债表的系统性和全面性，结合实践层面的需要，为了构建完整的自然资源资产负债表编制及应用体系，还需从以下几个方面深入研究。

（1）编制多主体问题。本书目前的研究大多数是针对政府自然资源资产负债表的编制和应用开展的。笔者在研究框架中认为研究主体包括了政府和企业两个层面，两者在编制目的、核算范围、价值评价等各方面存在差异，例如各级政府理论上是受全民所托，进行自然资源所有权的行使和管理，而企业无论是国有企业还是一般的其他企业，更多的是自然资源使用权的价值核算，因而，应区别编制政府自然资源资产负债表和企业自然资源资产负债表。不过，目前阶段主要是旨在政府自然资源资产负债表编制上减少歧义，尽快达成共识，形成编制的标准体系。当然，自然资源核算和资产负债表在企业层面如何开展也是非常值得研究的一个话题。笔者也初步分析了实施领导干部自然资源资产离任审计对企业环境绩效的影响，相关内容暂未写入本书中。

（2）尚需要在更多的地区开展实践检验。笔者构建了自然资源资产负债表的框架体系，也设计了流域自然资源资产负债表的账表形式，并初步以太湖流域的自然资源数据进行了试编。后续，笔者将结合有关部门，在更多的流域范围内或者其他地区开展编制的应用和实践，完善理论体系。

附 录

自然资源资产负债表调查问卷

　　自然资源为人类提供生存、发展和享受的物质与空间，但现阶段自然资源利用效率较低，同时遭到不同程度破坏。在此背景下，国家日益加大对自然资源的管理力度，因此对自然资源的计量与核算的研究势在必行。

　　请结合您的工作经历和了解回答以下问题。您的匿名回答对本书的研究具有非常重要的价值，本研究仅用于调查研究，请放心作答。感谢您的配合，祝您生活愉快！

1. 您目前所在省（市）是：

A. 上海　　　　　　B. 江苏　　　　　　C. 浙江　　　　　　D. 安徽

2. 您的月平均收入是：

A. 0～3 000 元　　　　　　　　　B. 3 001～5 000 元

C. 5 001～8 000 元　　　　　　　D. 8 000 元以上

3. 您的最高学历为：

A. 初中及以下　　　B. 高中　　　　C. 大专　　　　D. 本科及以上

4. 您了解自然资源资产负债表吗？

A. 一点不了解　　　B. 了解一点　　C. 比较了解　　D. 非常了解

5. 您知道哪些公布自然资源状况的网站及了解自然资源状况的途径？（多选）

A. 政府部门公报

B. 各统计年鉴

C. 国泰安、万德等数据库

D. 自然资源部、林业局等部门

E. 清华规划院和中科院地理所数据共享平台

F. 中国科学院科学数据中心地理空间数据共享平台

G. 其他_____（请填写具体内容）

6. 您认为我国的自然资源情况应当披露到何种程度？

A. 整体披露　　　　B. 披露核心部分　C. 不需要披露

7. 您认为自然资源资产负债表中应该包括哪些资源？（多选）

A. 水资源　　　　　B. 森林资源　　　　C. 土地资源

D. 矿产资源　　　　E. 草原资源　　　　F. 空气资源　　　G. 能源资源

H. 其他＿＿＿＿＿＿＿＿＿＿＿＿＿＿＿＿＿＿＿＿（请填写具体内容）

8. 您认为现有自然资源资产负债表的编制核算理论与实践中的对应关系如何？

A. 没了解过　　　　　　　　　　B. 理论较少不足以支撑实践

C. 理论虽多，但与实践匹配度较低　　D. 两者相符

9. 如果将自然资源负债表示为对过去开发利用自然资源所造成的环境污染和破坏的一种生态价值补偿，您认为有必要确认自然资源负债吗？

A. 有必要　　　　　B. 可有可无　　　　C. 没必要

10. 对于自然资源核算工作，您认为最紧缺哪几类专业人员？（多选）

A. 环境科学专家　　B. 自然资源专家　C. 统计估算专家

D. 公共政策专家　　E. 计算机专家　　F. 其他＿＿＿＿＿＿（请填写具体内容）

11. 您认为自然资源的相关管理部门是否存在职责交叉的情况？

A. 存在　　　　　　　B. 不存在

12. 您认为以下问题中，哪些是自然资源资产负债表编制亟待解决的问题？（多选）

A. 理论依据　　　　　　　　　　B. 价值计量问题

C. 负债问题　　　　　　　　　　D. 管理制度

E. 其他＿＿＿＿＿＿＿＿＿＿＿＿＿＿（请填写具体内容）

13. 您认为在开展自然资源核算时，应主要核算自然资源的哪方面？

A. 自然资源的实物量　　　　　　B. 自然资源的价值量

C. 两者均有

14. 到目前为止，您了解或知道的自然资源价值评估方法有哪些？（多选）

A. 边际机会成本法　　　　　　　B. 市场比较法

C. 替代市场价格法　　　　　　　D. 完全成本加成法

E. 影子价格法　　　　　　　　　F. 意愿价值法

G. 收益现值　　　　　　　　　　H. 重置成本法

I. 其他＿＿＿＿＿＿＿＿＿＿＿＿＿＿（请填写具体内容）

15. 目前自然资源价值多使用市场价值进行定价，您认为该市场价值与自然资源的真实价值相符性如何？

A. 市场价值低于真实价值　　　　B. 市场价值高于真实价值

C. 完全符合　　　　　　　　　　D. 不清楚

16. 当且仅当您在 13 题中选择 A 时，请您回答：您认为目前有必要对自然资源真

实价值超过市场价值的部分进行核算吗？

A. 有必要，全部资源的核算　　　　B. 有必要，主要资源的核算

C. 没必要

17. 目前仍有许多自然资源不存在市场价值或其他可适宜量化的评估方法，如大气资源等，您认为目前需要对这些自然资源进行核算吗？

A. 需要　　　　　B. 不需要

自然资源在一定社会经济技术条件下，能够产生生态价值或经济价值，但目前自然资源的生态价值难以核算，其中森林资源就拥有诸多生态价值。研究小组拟以森林资源为例，探索自然资源附加价值的核算。请您继续回答以下问题：

1. 您听说过或去过森林氧吧或森林公园吗？

A. 没有听说过　　　B. 仅听说过　　　C. 听说过且去过

2. 森林氧吧等森林资源的生态服务功能非常强大，具有固碳释氧、涵养水源、净化空气等功能。那么您会选择多久去一次森林或其他林木资源丰富的地方呢？

A. 每两周一次　　　B. 每月一次　　　C. 每半年一次　　　D. 每年一次

3. 如果现在要求您在享受森林资源提供的生态服务的同时，支付合理的使用费，您是否愿意呢？

A. 愿意支付　　　　　B. 不愿意支付

4. 您认为在收取的森林资源生态服务的使用费中，具体包含哪些内容呢？（多选）

A. 清新的空气　　　　　　　　　B. 基础游乐设施

C. 生物多样性　　　　　　　　　D. 植被覆盖率

E. 宜人的气候　　　　　　　　　F. 景点内舒适的氛围

5. 据现有已景区化的森林资源来看，其门票多设置在 10～60 元不等，如果现在您要去一处森林景区游玩，您觉得门票的合理定价区间为：

A. 0～10 元　　　　B. 11～30 元　　　C. 31～50 元

D. 51～70 元　　　E. 71～90 元　　　F. 90 元以上

6. 您听说过杭州千岛湖森林氧吧吗？

A. 仅听说过　　　　　　　　　　B. 听说且去游玩过

C. 没听说过

7. 假设现在您要去千岛湖森林氧吧游玩，您觉得门票的合理定价区间为（目前千岛湖森林氧吧门票 60 元，优惠价 40 元）：

A. 0～10 元　　　　B. 11～30 元　　　C. 31～50 元　　　D. 51～70 元

参考文献

[1] 边晶莹，赵奎涛，沈镭等．自然资源资产负债表的编制难点分析 [J]．中国矿业，2018，27（8）：38 - 41.

[2] 蔡春，毕铭悦．关于自然资源资产离任审计的理论思考 [J]．审计研究，2014（5）：3 - 9.

[3] 常亮，刘凤朝，杨春薇．基于市场机制的流域管理 PPP 模式项目契约研究 [J]．管理评论，2017，29（3）：197 - 206.

[4] 陈波，卜璠琦．论自然资源资产离任审计的目标与内容 [J]．会计之友，2014（36）：10 - 13.

[5] 陈波，杨世忠．会计理论和制度在自然资源管理中的系统应用——澳大利亚水会计准则研究及其对我国的启示 [J]．会计研究，2015（2）：13 - 19 + 93.

[6] 陈丹，陈菁，罗朝晖．天然水资源价值评估的能值方法及应用 [J]．水利学报，2006（10）：1188 - 1192.

[7] 陈东景．包含海洋自然资源的社会核算矩阵的编制 [J]．统计与决策，2015（20）：22 - 25.

[8] 陈端吕，陈哲夫，彭保发．土地利用生态服务价值与经济发展的协调及空间分异——以西洞庭湖区为例 [J]．地理研究，2018，37（9）：1692 - 1703.

[9] 陈红蕊，黄卫果．编制自然资源资产负债表的意义及探索 [J]．环境与可持续发展，2014，1（8）：46 - 48.

[10] 陈宏光，温婉灵．资源环境审计立法实证研究 [J]．淮海工学院学报（人文社会科学版），2016，14（8）：28 - 31.

[11] 陈良华，刘文鹏．成本计量发展的历史考察．审计研究，2002（6）：44 - 47.

[12] 陈敏，杜才明．委托代理理论述评 [J]．中国农业银行武汉培训学院学报，2006，24（6）：76 - 78.

[13] 陈敏，杜才明．委托代理理论述评 [J]．学术界，2006（1）：69 - 78.

[14] 陈曦．中国自然资源资产收益分配研究 [J]．中央财经大学学报，2019

（5）：109 – 120.

［15］陈献东. 确定领导干部自然资源资产离任审计内容的逻辑机理及例证分析 ［J］. 审计研究，2018（5）：45 – 52.

［16］陈艳利，弓锐，赵红云. 自然资源资产负债表编制：理论基础、关键概念、框架设计 ［J］. 会计研究，2015（9）：18 – 26.

［17］陈燕丽，王普查. 我国自然资源资产负债表构建与运用研究——以政府官员离任审计为视角 ［J］. 财经问题研究，2017（2）：80 – 87.

［18］成金华，尤喆. "山水林田湖草是生命共同体" 原则的科学内涵与实践路径 ［J］. 中国人口·资源与环境，2019，29（2）：1 – 6.

［19］辞海（缩印本）［Z］. 上海：上海辞书出版社，1979.

［20］崔功豪，魏清泉，陈宗兴. 区域分析与规划 ［M］. 北京：高等教育出版社，2001，10.

［21］戴雪梅. 科学发展观、GDP 与国民经济核算体系 ［J］. 统计与决策，2001（1）：35 – 37.

［22］邓光耀. 中国水资源 SAM 表的编制方法 ［J］. 统计与决策，2019，35（6）：9 – 12.

［23］杜文鹏，闫慧敏，杨艳昭. 自然资源资产负债表研究进展综述 ［J］. 资源科学，2018，40（5）：875 – 887.

［24］方恺，朱优蓉. 自然资源资产负债表编制的理论与实践 ［J］. 中国环境管理，2019，3：24 – 30 + 35.

［25］方世南，张伟平. 生态环境问题的制度根源及其出路 ［J］. 自然辩证法研究，2004（5）：1 – 4 + 9.

［26］方兴东. 中国互联网治理模式的演进与创新——兼论 "九龙治水" 模式作为互联网治理制度的重要意义 ［J］. 人民论坛·学术前沿，2016（6）：56 – 75.

［27］封志明，杨艳昭，陈玥. 国家资产负债表研究进展及其对自然资源资产负债表编制的启示 ［J］. 资源科学，2015，37（9）：1685 – 1691.

［28］封志明，杨艳昭，李鹏. 从自然资源核算到自然资源资产负债表编制 ［J］. 中国科学院院刊，2014，29（4）：449 – 456.

［29］封志明. 资源科学导论 ［M］. 北京：科学出版社，2004，1.

［30］冯均科，陈淑芳，张丽达. 基于受托责任构建政府审计理论框架的研究 ［J］. 审计与经济研究，2012（5）：9 – 15.

［31］高敏雪. SEEA 对 SNA 的继承与扬弃 ［J］. 统计研究，2006（9）：18 – 22.

［32］高敏雪. 从联合国有关手册看环境经济核算的国际研究进程 ［J］. 当代经济

管理, 2005, 27 (3): 73 - 75.

[33] 高敏雪. 扩展的自然资源核算——以自然资源资产负债表为重点 [J]. 统计研究, 2016, 33 (1): 4 - 12.

[34] 葛家澍, 王光远. 纪念帕乔利复式簿记论建立我国财务会计概念结构 [J]. 会计研究, 1994 (3): 8 - 11.

[35] 葛蕾蕾. 多元政府绩效评价主体的构建 [J]. 山东社会科学, 2011 (6): 156 - 160.

[36] 耿国彪. 自然资源资产负债表在内蒙古林业起航——内蒙古森林资源资产负债表编制纪实 [J]. 绿色中国, 2016 (3): 14 - 23.

[37] 耿建新, 安琪, 尚会君. 我国森林资源资产平衡表的编制工作研究 [J]. 审计与经济研究, 2017, 4: 51 - 62.

[38] 耿建新, 范长有, 唐洁珑. 从国家自然资源核算体系到企业自然资源资产披露——基于石油资产平衡表的探讨 [J]. 会计研究, 2017 (1): 5 - 14 +95.

[39] 耿建新, 胡天雨, 刘祝君. 我国国家资产负债表与自然资源资产负债表的编制与运用初探以 SNA2008 和 SEEA2012 为线索的分析 [J]. 会计研究, 2015 (1): 15 - 24 +96.

[40] 耿建新, 胡天雨. 编制自然资源资产负债表搞好自然资源资产离任审计——美国 GAO 水资源审计的借鉴 [J]. 财会通讯, 2020 (1): 3 - 12.

[41] 耿建新, 李志坚, 胡天雨, 等. 自然资源资产平衡表的实践探索——以宁夏永宁的报表编制为例 [J]. 会计之友, 2017 (5): 9 - 25.

[42] 耿建新, 刘尚睿, 吕晓敏. 土地自然资源资产负债表与自然资源资产离任审计——基于土地资源承载能力 [J]. 财会月刊, 2018 (18): 113 - 123.

[43] 耿建新, 唐洁珑. 负债、环境负债与自然资源资产负债 [J]. 审计研究, 2016 (6): 3 - 12.

[44] 耿建新, 王晓琪. 自然资源资产负债表下土地账户编制探索——基于领导干部离任审计的角度 [J]. 审计研究, 2014 (5): 20 - 25.

[45] 耿建新. 我国自然资源资产负债表的编制与运用探讨 [J]. 中国内部审计, 2014 (9): 15 - 22.

[46] 宫兆辉. 唯 GDP 论的冷思考 [J]. 金融经济, 2011 (24): 8 - 9.

[47] 顾建蓉. 编制自然资源资产负债表试点工作刍议 [J]. 统计科学与实践, 2016 (12): 49 - 51.

[48] 郭旭. 领导干部自然资源资产离任审计研究综述 [J]. 审计研究, 2017 (2): 25 - 30.

［49］郭志，周新苗，王鹏．环境政策对中国经济可持续性影响分析——基于 CGE 模型［J］．上海经济研究，2013（7）：70－80．

［50］国家环境保护总局，世界银行．建立中国绿色国民经济核算系统研究报告［R］．2006．

［51］国家林业局中国森林生态系统服务功能评估项目组．中国森林资源及其生态功能四十年监测与评估［M］．北京：中国林业出版社，2018．

［52］海因茨，沃尔夫岗，阿恩特．经济发展思想史［M］．北京：商务印书馆，1997．

［53］郝庆．对机构改革背景下空间规划体系构建的思考［J］．地理研究，2018，37（10）：1938－1946．

［54］何利，沈镭，陶建格，等．基于 WSR 方法论的自然资源核算与资产负债表编制［J］．财会月刊，2019（9）：55－61．

［55］何利，沈镭，陶建格，等．基于复式记账的自然权益账户设置与界定研究资源资产负债表平衡关系研究［J］．自然资源学报，2018，33（10）：1697－1705．

［56］何文盛，王焱．合并或合署：绩效驱动的新时代深化机构改革探析［J］．兰州大学学报：社会科学版，2018（2）：124－131．

［57］何玉梅，吴莎莎．基于资源价值损失法的绿色 GDP 核算体系构建［J］．统计与决策，2017（17）：5－10．

［58］洪尚群，马丕京，郭慧光．生态补偿制度的探索［J］．环境科学与术，2001（5）：40－43．

［59］胡婷婷．上海市崇明县试编实物量自然资源资产负债表研究［D］．华东理工大学，2015．

［60］胡文龙，史丹．中国自然资源资产负债表框架体系研究——以 SEEA2012、SNA2008 和国家资产负债表为基础的一种思路［J］．中国人口·资源与环境，2015，25（8）：1－9．

［61］胡文龙．自然资源资产负债表基本理论问题探析［J］．财政金融，2014（4）：62－64．

［62］胡咏君，谷树忠．自然资源资产研究态势及其分析［J］．资源科学，2018，40（6）：3－13．

［63］华文英．领导干部自然资源资产离任审计的内容及路径研究［J］．湖南社会科学，2018（3）：143－149．

［64］黄爱宝．"河长制"：制度形态与创新趋向［J］．学海，2015（4）：141－147．

［65］黄勤，曾元，江琴．中国推进生态文明建设的研究进展［J］．中国人口·资

源与环境，2015，25（2）：111－120.

［66］黄溶冰，赵谦．自然资源资产负债表编制与审计的探讨［J］．审计研究，2015（1）：37－43＋83.

［67］黄溶冰．基于PSR模型的自然资源资产离任审计研究［J］．会计研究，2016（7）：85－95.

［68］焦志倩，王红瑞，许新宜，等．自然资源资产负债表编制设计及应用I：设计［J］．自然资源学报，2018（10）：1706－1714.

［69］康京涛．自然资源资产产权的法学阐释［J］．湖南农业大学学报（社会科学版），2015（1）：79－84.

［70］赖敏，潘韬，蒋金龙，等．海洋资源资产负债表研究进展及其应用展望［J］．环境保护，2020（2）：75－79.

［71］雷俊生，王梓凝．自然资源资产审计制度的供给侧改革［J］．中国人口·资源与环境，2020，30（1）：12－21.

［72］雷明，李方．中国绿色社会核算矩阵（GSAM）研究［J］．经济科学，2006（3）：84－96.

［73］李博英，尹海涛．领导干部自然资源资产离任审计的理论基础与方法［J］．审计研究，2016（5）：32－37.

［74］李春瑜．编制自然资源资产负债表的几点思考［N］．中国财经报，2014－07－03（7）.

［75］李东．生态系统服务价值评估的研究综述［J］．北京林业大学学报（社会科学版），2011，10（1）：59－64.

［76］李金华．中国国家资产负债表卫星账户设计原理研究［J］．统计研究，2015，32（3）：76－83.

［77］李金华．中国国民经济核算体系的扩展与延伸［J］．经济研究，2008（3）：125－137.

［78］李南海．复式簿记与资本主义的兴起：马克斯·韦伯的分析及其遗产［J］．会计之友，2019（11）：156－160.

［79］李胜，阳立高．基于国家治理现代化视角的自然资源资产离任审计研究［J］．财经理论与实践（双月刊），2016，37（204）：85－89＋135.

［80］李四能．自然资源资产视域问题研究［J］．经济问题，2015（10）：20－25.

［81］李素其，高红卫．风险导向审计程序及应用研究［J］．财会研究，2011（11）：37－39.

［82］李秀珠，刘文军．领导干部自然资源资产离任审计与企业债务融资［J］．中

央财经大学学报，2020（6）：52－67.

［83］林斌，饶静．上市公司为什么自愿披露内部控制鉴证报告？——基于信号传递理论的实证研究［J］．会计研究，2009（2）：45－52.

［84］林忠华．领导干部自然资源资产离任审计探讨［J］．审计研究，2014（5）：10－14.

［85］刘超．国家所有权客体范围之依据的证成与考辨［J］．广西大学学报（哲学社会科学版），2013（2）：49－53.

［86］刘耕源，杨青，黄俊勇．黄河流域近十五年生态系统服务价值变化特征及影响因素研究［J］．中国环境管理，2020，12（3）：90－97.

［87］刘汉，张岚．澳大利亚水资源会计核算的经验及启示［J］．水利发展研究，2015（5）：70－74.

［88］刘维志，尚杰，刘凤文．黑龙江省水资源生态服务功能价值评估［J］.安徽农业科学，2008（30）：13326－13327.

［89］刘伟伟．自然资源资产离任审计浅析［J］．商，2014（36）：130.

［90］刘西友，李莎莎．国家审计在生态文明建设中的作用研究［J］．管理世界，2015（1）：173－175.

［91］刘小妹．机构改革与组织法律体系的革新［J］．西北大学学报（哲学社会科学版），2019，49（3）：77－85.

［92］刘笑霞．论我国政府绩效评价主体体系的构建——基于政府公共受托责任视角的分析［J］．审计与经济研究，2011，26（3）：11－19.

［93］罗浩．自然资源与经济增长：资源瓶颈及其解决途径［J］．经济研究，2007（6）：142－153.

［94］罗筠．绿色 GDP 绩效评估体系遭遇困境的原因及解决对策［J］．环境保护，2008（2）：8－11.

［95］吕晓敏，刘尚睿，耿建新．中国自然资源资产负债表编制及运用的关键问题［J］．中国人口·资源与环境，2020，30（4）：26－34.

［96］马梦挺．基于国民经济核算体系的剩余价值率计算：理论与中国经验［J］．世界经济，2019（7）：3－23.

［97］马晓旭，杨军芳．加快我国自然资源管理市场化的对策探讨［J］．生产力研究，2006（4）.

［98］马永欢，吴初国，苏利阳，等．重构自然资源管理制度体系［J］．中国科学院院刊，2017，32（7）：757－765.

［99］马志娟，梁思源．大数据背景下政府环境责任审计监督全覆盖的路径研究

[J]．审计研究，2015（5）：28－34.

[100] 马志娟，谢莹莹．自然资源资产负债表编制与领导干部离任审计协同体系构建 [J]．中国行政管理，2020（1）：106－113.

[101] 毛显强，钟瑜，张胜．生态补偿的理论探讨 [J]．中国人口·资源与环境，2002（4）：40－43.

[102] 欧阳志云，王如松，赵景柱．生态系统服务功能及其生态经济价值评价 [J]．应用生态学报，1999（5）：3－5.

[103] 欧阳志云，赵同谦，王效科，等．水生态服务功能分析及其间接价值评价 [J]．生态学报，2004（10）：2091－2099.

[104] 欧阳志云，郑华，岳平．建立我国生态补偿机制的思路与措施 [J]．生态学报，2013，33（3）：686－692.

[105] 潘旺明，丁美玲，于军，等．领导干部自然资源资产离任审计实务模型初构——基于绍兴市的试点探索 [J]．审计研究，2018（3）：55－64.

[106] 齐亚芬．浅议自然资源资产价值计量 [N]．中国社会科学报，2017－03－01（8）.

[107] 齐援军．国内外绿色 GDP 研究的总体进展 [J]．经济研究参考，2004（88）：25－29＋34.

[108] 乔永波．我国实物量自然资源资产负债表编制问题研究 [J]．环境保护，2020（5）：56－59.

[109] 邱琳，俞洁，邓劲松，等．遥感和 GIS 支持下浙江省自然资源资产负债表编制研究 [J]．中国环境管理，2019（5）：36－41.

[110] 深化党和国家机构改革方案 [EB/OL]（2018－03－21）[2019－03－10]．中国政府网，http://www.gov.cn/zhengce/2018－03/21/content_ 5276191. htm#1.

[111] 沈洪涛，黄珍，郭肪汝．告白还是辩白——企业环境表现与环境信息披露关系研究 [J]．南开管理评论，2014，17（2）：56－63.

[112] 沈镭，钟帅，何利，等．复式记账下的自然资源核算与资产负债表编制框架研究 [J]．自然资源学报，2018，33（10）：1675－1685.

[113] 审计署上海特派办理论研究会课题组．领导干部自然资源资产离任审计实现路径研究——以 A 市水资源为例 [J]．审计研究，2017（1）：23－28.

[114] 盛明泉，姚智毅．基于政府视角的自然资源资产负债表编制探讨 [J]．审计与经济研究，2017，32（1）：59－67.

[115] 石薇，徐蔼婷，李金昌，等．自然资源资产负债表编制研究——以林木资源为例 [J]．自然资源学报，2018，33（4）：541－551.

［116］史丹，王俊杰．自然资源资产负债表研究现状、评述与改进方向［J］．中国人口·资源与环境，2020，30（1）：1-11．

［117］宋晓玲．社会核算矩阵 SAM 表的调平处理方法［J］．统计与决策，2020，36（9）：10-15．

［118］宋协法，燕鹏，黄志涛，等．基于成本法和收益法的海域价值评估研究——以山东荣成某海带筏式养殖海域为例［J］．中国海洋大学学报（社会科学版），2018（3）：33-38．

［119］孙鸿烈．中国资源科学百科全书［M］．北京：中国大百科全书出版社，2000．

［120］孙康慧，曾晓东，李芳．1980~2014 年中国生态脆弱区气候变化特征分析［J］．气候与环境研究，2019，24（4）：455-468．

［121］孙玥璠，徐灿宇．自然资源资产生态系统服务价值评估方法探究［J］．经济研究参考，2016（44）：103-108．

［122］谭劲松，宋顺林，吴立扬．公司透明度的决定因素——基于代理理论和信号理论的经验研究［J］．会计研究，2010（4）：28-35+97．

［123］唐德才，石宇，马婷玉．基于绿色社会核算矩阵的能源产业影响的乘数分析［J］．现代管理科学，2018（2）：90-93．

［124］唐东海．资源环境审计方法研究［J］．云南开放大学学报，2016，18（3）：86-89．

［125］唐孝辉．自然资源产权和用途管制的冲突与契合［J］．学术探索，2014（10）：27-30．

［126］唐勇军，李鹏，马文超．水资源资产负债表编制研究——基于领导干部离任审计视角［J］．水利经济，2018（5）：13-20，75-76．

［127］唐勇军，杨璐．行为导向视角下自然资源资产离任审计研究——以水资源为例［J］．财会通讯，2016（34）：84-87，4．

［128］唐勇军，张鹭鹭．基于流域管理的水资源资产负债表编制研究——以太湖流域为例［J］．水利经济，2020（1）：21-28，86．

［129］唐勇军，赵梦雪，王秀丽．我国自然资源审计的理论框架与实践路径——基于五大发展新理念的思考［J］．南京审计大学学报，2018，15（2）：16-24．

［130］陶建格，吕媛琦，何利，等．基于复式记账的土地资源资产核算与报表编制研究［J］．中国人口·资源与环境，2020，30（1）：22-29．

［131］陶建格，沈镭，何利，等．自然资源资产辨析和负债、权益账户设置与界定研究——基于复式记账的自然资源资产负债表框架［J］．自然资源学报，2018，33

（10）：1686 – 1696.

［132］田贵良，韦丁，孙晓婕．水资源资产负债表：要素、框架与试编研究［J］．人民黄河，2018（5）：65 – 68，73.

［133］汪劲松，石薇．我国水资源资产负债表编制探讨：基于澳大利亚水资源核算启示［J］．统计与决策，2019（14）：5 – 9.

［134］王斌，朱炜，王乐锦．双重目标的生物资源资产负债表编报：要素范畴与框架体系［J］．会计研究，2017（10）：3 – 10，96.

［135］王德发．综合环境与经济核算体系［J］．财经研究，2004，30（5）：104 – 113.

［136］王金龙，杨伶，张大红，等．京冀水源涵养林生态效益计量研究——基于森林生态系统服务价值理论［J］．生态经济，2016，32（1）：186 – 190.

［137］王军．基于能源经济 CGE 模型的我国社会核算矩阵 SAM 表编制［J］．统计与决策，2019，35（20）：5 – 10.

［138］王乐锦，朱炜，王斌．环境资产价值计量：理论基础、国际实践与中国选择——基于自然资源资产负债表编制视角［J］．会计研究，2016（12）：3 – 11.

［139］王立彦．环境成本核算与环境会计体系［J］．经济科学，1998（6）：53 – 63.

［140］王寿兵，王平建，胡泽园，等．用意愿评估法评价生态系统景观服务价值——以上海苏州河为实例［J］．复旦学报（自然科学版），2003（3）：463 – 467，475.

［141］王书明，蔡萌萌．基于新制度经济学视角的"河长制"评析［J］．中国人口·资源与环境，2011，21（9）：8 – 13.

［142］王田田．绿色 GDP 视野下地方政府绩效评估指标体系研究——以北京市为例［J］．商，2015（4）：63 – 65.

［143］王小芳，管锡展．多委托人代理关系——共同代理理论研究及其最新进展［J］．外国经济与管理，2004，26（10）：10 – 14.

［144］王彦．自然资源财产权的制度构建［D］．成都：西南财经大学，2016.

［145］王燕，高吉喜，王金生，等．生态系统服务价值评估方法述评［J］．中国人口·资源与环境，2013，23（S2）：337 – 339.

［146］王奕淇，李国平．基于能值拓展的流域生态外溢价值补偿研究——以渭河流域上游为例［J］．中国人口·资源与环境，2016，26（11）：69 – 75.

［147］王英哲，陈昕．自然资源资产负债表的应用研究［J］．商，2016（6）：177.

［148］王永瑜．资源租金核算理论与方法研究［J］．统计研究，2009，26（5）：47 – 53.

［149］王占宏，白穆，李宏建．地理空间大数据服务自然资源调查监测的方向分析［J］．地理信息世界，2019，26（1）：1-5.

［150］王中宇．社会系统与生态系统——观察生态问题的另类视角［J］．新华文摘，2010（13）：139-146.

［151］魏明，邱钰茹．国家审计参与国家治理的信号传递机制研究［J］．审计与经济研究，2015，30（3）：79-87.

［152］吴荷青．浅议自然资源耗减成本的核算——以石油天然气企业为例［J］．中国管理信息化，2009，12（14）：23-24.

［153］吴健．环境和自然资源的价值评估与价值实现［J］．中国人口·资源与环境，2007（6）：13-17.

［154］吴新民，潘根兴．自然资源价值的形成与评价方法浅议［J］．经济地理，2003，23（3）：323-326.

［155］向书坚，黄志新．SEE和NAMEA的比较分析［J］．统计研究，2015（10）：18-22.

［156］向书坚，郑瑞坤．自然资源资产负债表中的资产范畴问题研究［J］．统计研究，2015，32（12）：1-9.

［157］向书坚，郑瑞坤．自然资源资产负债表中的负债问题研究［J］．统计研究，2016，33（12）：74-83.

［158］向书坚，朱贺．政府资产负债中土地资源核算问题研究［J］．财政研究，2017（2）：25-37.

［159］肖继辉，张沁琳．论我国编制自然资源资产负债表的制度创新［J］．暨南学报（哲学社会科学版），2018（1）：27-35.

［160］肖序，王玉，周志方．自然资源资产负债表编制框架研究［J］．会计之友，2015（19）：21-29.

［161］谢地．论中国自然资源产权制度改革［J］．河南社会科学，2006，14（5），1-7.

［162］谢高地，张彩霞，张昌顺，等．中国生态系统服务的价值［J］．资源科学，2015，37（9）：1740-1746.

［163］谢诗芬．公允价值计量：中国引入绿色GDP理念和环境会计审计的重要前提［J］．财经理论与实践，2004（1）：72-76.

［164］谢兴勇，钱新，张玉超等．引江济巢对巢湖的水环境影响分析［J］．环境科学研究，2009，22（8）：897-901.

［165］徐广才，康慕谊，史亚军．自然资源适应性管理研究综述［J］．自然资源

学报，2013，28（10）：1797 – 1807.

［166］徐国君，姜毅．审计学革命——从物本审计到人本审计［J］．中国注册会计师，2012（10）：57 – 62.

［167］徐辉，张大伟．中国实施流域生态系统管理面临的机遇和挑战［J］．中国人口·资源与环境，2007，5：148 – 152.

［168］薛智超，闫慧敏，杨艳昭，等．自然资源资产负债表编制中土地资源核算体系设计与实证［J］．资源科学，2015，37（9）：1725 – 1731.

［169］闫慧敏，封志明，杨艳昭，等．湖州/安吉：全国首张市/县自然资源资产负债表编制［J］．资源科学，2017，39（9）：1634 – 1645.

［170］严金明，王晓莉，夏方舟．重塑自然资源管理新格局：目标定位、价值导向与战略选择［J］．中国土地科学，2018，32（4）：3 – 9.

［171］颜金．完善绿色 GDP 绩效考核的构想［J］．中南大学学报（社会科学版），2014，3（20）：13 – 17.

［172］韦燕飞，罗敬文．南宁市土地 – 社会核算矩阵的构建［J］．国土资源科技管理，2012，29（1）：61 – 67.

［173］杨多贵，周志田．"绿色 GDP"核算的理论与实践探索［J］．科学管理研究，2005（4）：20 – 24.

［174］杨海龙，杨艳昭，封志明．自然资源资产产权制度与自然资源资产负债表编制［J］．资源科学，2015，37（9）：1732 – 1739.

［175］杨继生，徐娟，吴相俊．经济增长与环境和社会健康成本［J］．经济研究，2013，48（12）：17 – 29.

［176］杨缅昆．环境资源核算的若干理论问题［J］．统计研究，2006（11）：15 – 19.

［177］杨世忠，曹梅梅．宏观环境会计核算体系框架构想［J］．会计研究，2010（8）：9 – 15 +95.

［178］杨艳昭，陈玥，宋晓谕，等．湖州市水资源资产负债表编制实践［J］．资源科学，2018，40（5）：908 – 918.

［179］杨艳昭，封志明，闫慧敏，等．自然资源资产负债表编制的"承德模式"［J］．资源科学，2017，39（9）：1646 – 1657.

［180］杨志宏，郑岩．政府资产负债表研究综述与展望［J］．当代经济研究，2014（8）：74 – 78.

［181］杨仲山．市场与政府之间的国民经济核算体系（SNA）［J］．统计研究，2001（4）：9 – 16.

［182］姚成胜，朱鹤健，刘耀彬．能值理论研究中存在的几个问题探讨［J］．生态环境，2008，17（5）：2117 - 2122．

［183］姚霖．自然资源资产负债表编制国家试点进展调研分析［J］．财会通讯，2017（4）：55 - 58．

［184］余海鹏，张小朋．我国绿色GDP核算及应用浅析［J］．经济师，2012（5）：46 - 47．

［185］余绪缨．帕乔利对复式簿记的历史性贡献为此后会计科学的发展奠定了坚实基础［J］．财会通讯，1994（S1）：37 - 40．

［186］岳健，穆桂金，杨发相，等．关于流域问题的讨论［J］．干旱区地理，2005（6）：775 - 780．

［187］岳文淙，徐琳瑜．基于生态系统服务的绿色GDP核算方法初探［J］．生态经济，2008（9）：50 - 52 + 98．

［188］昝欣，张玉玲，贾晓宇，等．永定河上游流域水生态系统服务价值评估［J］．自然资源学报，2020，35（6）：1326 - 1337．

［189］张彩仙，秦丽．地理信息技术在自然资源资产离任审计中的应用［J］．测绘与空间地理信息，2018，41（5）：14 - 17．

［190］张高丽．大力推进生态文明努力建设美丽中国［J］．求是，2013（24）：3 - 11．

［191］张宏亮，刘长翠，曹丽娟．地方领导人自然资源资产离任审计探讨——框架构建及案例运用［J］．审计研究，2015（2）：14 - 20．

［192］张宏亮．自然资源核算的估价理论与方法［J］．统计与决策（理论版），2007（4）：39 - 41．

［193］张婕，刘玉洁，潘韬，等．自然资源资产负债表编制中生态损益核算［J］．自然资源学报，2020，35（4）：755 - 766．

［194］张雷，鲁春霞，吴映梅，等．中国流域水资源综合开发［J］．自然资源学报，2014，29（2）：295 - 303．

［195］张鲁娜．自然资源资产审计［J］．经济研究导刊，2014（19）：169 - 171 + 175．

［196］张卫民，李辰颖．森林资源资产负债表核算系统研究［J］．自然资源学报，2019，34（6）：1245 - 1258．

［197］张颖，潘静．中国森林资源资产核算及负债表编制研究——基于森林资源清查数据［J］．中国地质大学学报（社会科学版），2016，16（6）：46 - 53．

［198］张友棠，刘帅，卢楠．自然资源资产负债表创建研究［J］．财会通讯，2014（10）：6 - 9．

［199］张长江，温作民，吴胜，等．基于环境福利的森林资源—环境—经济综合核算循环矩阵研究［J］．生态经济，2009（3）：38-40，51.

［200］张正勇，何新林，刘琳，等．中国天山冰川生态服务功能及价值评估［J］．地理学报，2018，73（5）：856-867.

［201］赵绘宇．生态系统管理法律研究［M］．上海：上海交通大学出版社，2006.

［202］赵军，杨凯．生态系统服务价值评估研究进展［J］．生态学报，2007（1）：346-356.

［203］赵奎涛，边晶莹，沈镭，等．浅析自然资源调查对自然资源资产负债表编制的重要意义［J］．中国矿业，2018，27（S2）：5-7.

［204］郑景明，等．森林生态系统管理的研究进展［J］．北京林业大学学报，2002，24（3）：103-109.

［205］郑志刚．对公司治理内涵的重新认识［J］．金融研究，2010（8）：184-198.

［206］中国共产党第十八届中央委员会．中共中央关于全面深化改革若干重大问题的决定［J］．党建，2013（12）：9-22.

［207］周国梅，周军．绿色国民经济核算［M］．北京：中国环境出版社，2009.

［208］周宏春．自然资源产权更加明晰生态环境明确谁来监管［J］．中国生态文明，2018（4）：25-30.

［209］周志方．关于编制自然资源资产负债表若干问题的探讨［A］//中国会计学会环境会计专业委员会．中国会计学会环境会计专业委员会2014学术年会论文集［C］．中国会计学会环境会计专业委员会：中国会计学会，2014，19.

［210］朱玫．论河长制的发展实践与推进［J］．环境保护，2017，45（Z1）：58-61.

［211］朱启贵．绿色国民经济核算的国际比较及借鉴［J］．上海交通大学学报（哲学社会科学版），2006，14（5）：5-12，18.

［212］朱永彬，史雅娟．中国主要城市水资源价值评价与定价研究［J］．资源科学，2018，40（5）：1040-1050.

［213］竹立家．党和国家机构改革的新特点［J］．人民论坛，2018（8）：20.

［214］自然资源部：掌握巨大职能统筹各类规划［J］．国土资源，2018（4）：10-12.

［215］Alfsen K H, Bye T A, Lorentsen L. Natural Resource Accounting and Analysis: the Norwegian Experience 1978~1986［R］. 1987.

［216］Boyd J. Nonmarket benefits of nature: What should be counted in green GDP?［J］. Ecological Economics, 2007（61）：716-723.

［217］Brebbia A, Anagnostopolos P. Integrated Management of Water Resource［C］

（Ⅱ），2002.

［218］Busch M，La Notte A，Laporte V，et al. Potentials of quantitative and qualitative approaches to assessing ecosystem services ［J］. Ecological Indicators，2012，21：89 – 103.

［219］Costanza R，Adrge R，Degroot R，et al. The Value of the World's Ecosystem Services and Natural Capital ［J］. Nature，1997，387（6330）：253 – 260.

［220］Costanza R. Social Goals and the Valuation of Ecosystem Services ［J］. Ecosystems，2000，3（1）：4 – 10.

［221］Dalyand Cobb. For the Common Good：Redirecting the Economy Toward Community，the Environment and a Sustainable Future ［M］. Boston：Beacon Press，1989.

［222］Garv Stoneham，Andrew O'Keefe，Mark Eigenraam，David Bain. Creating physical environmental asset accounts from markets for ecosystem conservation ［J］. Ecological Economics，2012（82）：1 – 140.

［223］Gilbert M. Measuring National Income as Affected by the War ［J］. Journal of the American Statistical Association，1942，37（218）：186 – 198.

［224］Golley. The Ecological Context of a National Policy of Sustainability ［M］. Ottawa：National Round Table on the Environment and the Economy，1990.

［225］Grumbine R E. What is Ecosystem Management? ［J］. Conservation Biology，1994（8）：27 – 38.

［226］Treasury H M . Introduction to Whole of Government Accounts ［EB/OL］. 2007，http：//www. wga. gov. uk/pages/introduction. html.

［227］Kelly F B，Tomas M K. Theory into Practice：Implementing Ecosystem Management Objectives in the USDA Forest Service ［J］. Environmental Management，2005，35：138 – 150.

［228］Keuning S，M De Haan. "Netherlands：What's in a NAMEA? Recent Results，" in Environmental Accounting in Theory and Practice ［M］. K Uno，P Bartelmus（eds）. Amsterdam：Dordrecht，1998.

［229］Milman A，A K Gerlak. International river basin organizations，science，and hydrodiplomacy ［J］. Environmental Science and Policy，2020，107：137 – 149.

［230］Nordhaus W D，Tobin J J. Is Growth Obsolete ［J］. Studies in Income and Wealth，1973（38）：509 – 532.

［231］Perande D R. Environmental Auditing—Overview ［J］. Journal of Environmental Engineering，2015（112）：638 – 646.

［232］Perrigne I，Vuong Q. Nonparametric Identification of a Contract Model with Adverse Selection and Moral Hazard [J]. Econometrica, 2011, 79 (5): 1499 –1539.

[233] Peskin H M. Alternative Resource and Environmental Accounting Approaches and Their Contribution to Policy [A] //Uno K, Dordrecht P B. Environmental Accounting in Theory and Practice [C]. Nerwell: Kluwer Academic Publishers, 1998.

[234] Robcrt F. Kennedy on What GNP Moans [EB/OL]. http: //www. mcomhs. utcxas. cdu/faculty/michacl. hrandl/main% 20pagc% 20itcms/Kcnncdv% 20 cn% 20GNP. htm, 2002.

[235] Spence M. Job Market Signaling [J]. Quarterly Journal of Economics, 1973, 87 (3): 355 –374.

[236] Stone R. Multiple Classification in Social Accounting [J]. Bulletin de l'institute International de Statistique, 1962 (3): 215 –233.

[237] UN etc. System of National Accounts (2008) [EB/OL]. (2009 – 05 – 01). http: //unstats. un. odoc/sna2008. pdf.

[238] UN. Ecosystem and Humanwell – being: Wetlands and Water [M]. Washing D. C: Island and Press, 2005.

[239] United Nations. Integrated Environmental and Economic Accounting [M]. Series F. No. 1. New York: United Nations, 2003.

[240] Uno K, Bartelmus P. Enviromental Accounting in Theory and Practice [M]. Hingham, MA, USA: Kluwer Academic Publishers, 1998.

[241] Vernon Kam. Accounting theory [M]. Wiley & C. Sons, 1986.

[242] Winjun J O. Accounting and the Rise of Capitalism: An Accounting's view [J]. Journal of Accounting Research, 1971, Autumn: 326 –358.